그래도
이혼해야 한다면

이혼수업

이혼법정에서 살아남는 최선의 전략

변호사 조성구 지음

베가북스
VegaBooks

이혼을 영어로는 divorce라고 합니다. 말 그대로 가정에서 '두 개(di)의 목소리(voice)가 들린다'는 뜻이죠. 두 사람이니까 두 개의 목소리를 내는 게 어찌 보면 당연할지 모르겠지만, 그 두 개의 목소리가 서로 조화를 이루지 못하고 불협화음만 만들어낸다면 함께 살기가 매우 힘들 겁니다. 그래서 중국에서는 예로부터 부부가 갈라서는 것을 '거울을 깨는 것'으로 표현했습니다. 이 표현에는 아주 의미심장한 고사(古事)가 담겨 있습니다. 중국 남북조시대 한 사내가 전쟁터에서 어쩔 수 없이 헤어지는 자신의 아내에게 지니고 있던 거울을 반쪽으로 잘라주죠. 그러면서 나중에라도 남경(南京)에 장이 서면 그 깨진 거울을 들고 있으면 자신을 만날 수 있을 거라고 약속합니다. 그래서 이 표현은 오늘도 '파경(破鏡)'이라는 말로 우리에게까지 전해지게 되었다고 합니다.

그런데 거울이 담고 있던 순애보는 이제 과거의 이야기가 되어버렸습니다. 백년해로라는 말은 옛말이 된 지 오래고, 요즘 심심찮게 신문지상을 오르내리는 유명 연예인들의 이혼 소식을 보면 이혼공화국이 된 한국의 실정에 격세지감마저 듭니다. 서로가 아니면 죽고 못 살 것처럼 그토록 사랑하던 두 사람의 이혼 소식이 들리면 식장에서 공개적으로 맹세했던 그들의 결혼서약이 무색하게 느껴집니다. 그러한 세태를 반영하듯 요즘 방송을 보면 자신의 이혼 경력을 당당히 밝히는 사람들도 많고, 소위 '돌싱'이라는 말이 생겨날 정도로 이혼에 대해 그간 가졌던 사회적 편견 역시 많이 사라진 것 같습니다.

만에 하나 나에게 이혼이 불가피한 선택이라면 과연 어떻게 이혼에 접근할 수 있을까요?

별 문제 없이 결혼생활을 하고 있는 사람들도 아마 살면서 한두 번쯤은 이혼을 고민해본 적이 있을 겁니다. 부부 사이에 문제가 있다고 하더라도 섣불리 이혼을 결심하기보다 먼저 문제의 원인을 찾고 관계를 개선하기 위해 노력해야겠지요. 그럼에도 불구하고 이혼을 해야겠다고 결심했다면, 먼저 이혼에 대한 부정적인 생각을 버리고 행복하게 이혼하려고 노력해야 합니다. 불행한 결혼생활이 개선될 여지가 없을 때, 배우자의 부정이나 외도가 용서되지 않을 때, 자녀들이 무너진 가정으로 상처를 받지 않고 성장하기를 바랄 때, 이혼은 더 이상 불행이 아니며 도리어 행복을 위한 새로운 시작이 될 수 있을 겁니다. 이미 깨진 거울을 억지로 붙이기보다는 어쩌면 새로운 거울을 사는 게 더 현명할지도 모릅니다.

행복한 이혼이 되려면 무엇이 필요할까요? 성공적인 이혼을 위해서는 무엇보다 이혼법률에 관한 제반 지식을 갖추려 노력해야 합니다. 이미 이혼을 선택했다면 낭만적인 생각은 금물입니다. 법을 아는 만큼 정확하게 이혼 절차에 돌입할 수 있습니다. 순조롭게 이혼을 하고, 재산과 자녀 부분에 대해서도 내가 원하는 결과를 얻으려면, 협의이혼, 이혼소송, 재산분할, 위자료, 양육권, 양육비, 면접교섭권과 관련한 기본적인 지식과 법률적 정보가 반드시 필요합니다. 이제는 이혼도 공부가 필요합니다. 이 책은 법이 정한 테두리 안에서 이혼을 생각하는 분들을 위해 썼습니다. 필자는 수년간 이혼법정을 드나들며 다양한 이혼사례들을 접해왔고, 현재도 법무법인 정향 이혼전담팀 소속 변호사로 수많은 이혼소송을 전담하고 있습니다. 이 책은 이러한 경험의 산물입니다. 이혼을 고민하는 분들이라면 이 책을 통해 속 시원한 해답을 찾을 수 있을 것이라 자부합니다.

이혼법정에서
변호사 조성구

제1부
이혼: 해야 돼, 말아야 돼?

아무리 생각해도 결혼생활이 너무 불행하다. 더 이상 같이 살기 싫다.

그래도 참고 살아야 하나? 아니면 이혼을 해야 하나?

이혼을 하면 행복해질 수 있을까? 혹시 더 불행해지는 것은 아닐까?

이혼을 생각하는 사람들은 하루에도 몇 번씩 생각이 바뀐다.

늘 걱정과 고민의 연속이다.

이혼을 해야 하나, 말아야 하나?

이 질문에는 어느 누구도 대신 답해줄 수 없다. 답을 찾을 수 있는 것은 다른

누구도 아닌 자기 자신이다. 단, 정말 현명하게 결정해야 한다.

왜 결혼생활이 불행해졌는지 그 원인을 정확히 진단하고, 부부 사이의 관계

를 회복할 수 있을지 없을지를 파악하여야 하며, 이혼을 했을 경우에 얻을 수

있는 것과 잃게 되는 것들을 면밀히 따져보아야 한다. 지금부터 여러분이 얻

게 될 여러 가지 지식과 정보는 바로 그 목적을 위한 것이다.

1장. 불행한 결혼생활

가. 웬만하면 참고 살라고?

"웬만하면 좀 참고 살지 그래?"

당신이 이혼을 해야겠다고 마음을 먹고 부모님이나 형제자매, 친구들에게 이혼이라는 것을 언급하게 되면, 아마도 상당수가 이런 말을 하면서 당신을 만류할 것이다. 웬만하면 참고 살라고? 어렵게 이혼 얘기를 꺼낸 당신에게는 가혹하게 들릴 수도 있다. 그러나 이것은 당연하고도 합리적인 얘기다. 주위의 사람들은 당신을 아끼고 있으며, 당신이 행복하기를 바랄 것이다. 그래서 당신이 행복한 가정을 유지하고 발전시켜나가길 원한다. 누구도 당신이 불행하게 결혼생활을 청산하길 바라지 않는 것이다.

그러나, 바꾸어 생각해보자. 현재 당신의 결혼생활은 불행하다. 이 또한 도저히 부정할 수 없는 사실이다. 행복한 결혼생활을 하고 있다면 왜 이혼을 생각하겠는가? 그렇다면, 불행한 결혼생활이라도 유지하는 것이 바람직할까, 아니면 이혼을 통해 새 삶을 찾아가는 것이 옳은 선택일까?

한때 이혼이라는 것을 상상하기도 어려웠던 우리나라에서 지금은 해마다 약 10만 쌍이 이혼을 한다. 1,000쌍의 부부 가운데 약 8쌍 이상이 이혼을 하고 있다. 전체적인 이혼 건수와 이혼율이 점차 줄어들고 있는 추세라고는 하지만, 여전히 많은 부부들이 이혼을 하고 있는 실정이다. 아니, 굳이 통계를 들먹이지 않더라도, 어느새 우리 주변에서도 이혼 가정을 보는 일은 그리 어렵지 않게 되었다. 이혼녀, 이혼남은 우리들의 회사 동료이기도 하고, 이웃이기도 하고, 학교 동창이기도 하다. 물론 당신 자신이 이혼녀, 이혼남이 될 수도 있고.

이러한 현실을 보면, 이혼에 대한 사람들의 인식이 많이 바뀌었다는 것을 알 수 있다. 두어 세대 전만 하더라도 사람들이 이혼이란 하늘이 두 쪽 나도 반드시 피해야 할 것, 생각조차 하지 말아야 할 금기사항쯤으로 여겼다면, 오늘날에는 상황에 따라 이혼을 할 수도 있다고 생각하게 되었다.

결국 중요한 것은 당신의 선택이다. 결혼생활에 문제가 있다면, 이러한 문제를 해결하고 결혼생활을 유지해야 하는지, 아니면 이혼을 통해 새로운 삶을 찾아야 하는지를 당신 스스로 결정해야 한다.

결혼생활을 하다 보면 부부 사이에 크고 작은 문제와 갈등이 있게 마련이다. 그렇다고 갈등을 겪는 부부들이 모두 이혼하는 것은 아니며, 부부 간의 갈등을 극복하고 행복한 결혼생활을 되찾는 이들도 얼마든지 많이 있다. 그러나 때로는 불행한 결혼생활을 유지하는 것보다는 이혼을 통해 행복을 찾는 것이 바람직한 길일 수도 있다. 그러므로 당신에게 이혼을 권장할 수도 없는 노릇이지만, 그렇다고 절대로 이혼은 안 된다고 조언해줄 수도 없다.

이혼을 고민하고 있는 당신 앞에 정답은 없다. 선택이 있을 뿐이다.

나. 결혼생활을 불행하게 만드는 것들

자, 그렇다면, 당신이 이혼을 고민하게 된 이유는 무엇인가? 무엇이 당신의 결혼생활을 불행하게 만들고 있는가? 그 원인을 찾아내는 것이 무엇보다 중요할 것 같다. 사람들이 이혼을 꿈꾸는 이유는 각양각색이지만, 통계적으로 볼 때 전형적인 이혼사유들은 아래와 같다.

① 성격 차이
② 부부관계 문제
③ 경제적인 문제
④ 배우자의 외도
⑤ 시댁, 처가와의 갈등
⑥ 배우자의 폭력과 폭언 등 부당한 행위

사람들이 이혼을 고민하게 된 것은 위와 같은 문제들이 불거지면서 결혼생활이 불행해졌기 때문이다. 실제로는 위의 여러 가지 문제 중 둘 이상이 겹쳐서 나타나는 경우도 많이 있다. 배우자와 성격이 잘 안 맞고, 부부관계도 만족스럽지 못한데, 게다가 배우자는 바람을 피우고 있고... 이런 사례들이 많이 있다.

이혼을 해야 할지, 힘겹더라도 결혼생활을 유지해야 할지를 결정하는 첫 단계는 바로 결혼생활을 불행하게 만드는 원인이 무엇인지를 정확히 파악하는 것이다. 앞으로 몇 가지 사례들을 통해 부부들이 어떠한 문제를 겪으며 이혼을 고민하게 되는지를 살펴보도록 하겠다.

내가 족집게처럼 정확할 수야 없지만, 당신은 아마도 배우자와의 성격 차이 때문에 이혼을 생각하고 있을 가능성이 높다. 통계적으로 봐도 이혼사유 중 제 1순위는 단연 성격 차이다. 이는 내가 이혼상담을 하고 이혼소송을 진행하면서 직접 경험으로 느끼고 있는 사실이기도 하다. 이혼소송까지 가지 않는 협의이혼의 경우에는 더더욱 성격 차이로 인한 이혼이 많으며, 또한 결혼 기간이 짧은 부부들이 성격 차이 때문에 이혼하는 경우가 많다.

단지 배우자와 성격이 맞지 않기 때문에 이혼을 한다는 것은, 어찌 보면 너무 경솔하게 느껴지기도 한다. 그러나 성격 차이 때문에 참기 힘든 고통을 호소하며 이혼을 원하는 이들이 많다는 것 또한 부정할 수 없는 현실이다. 늘 함께하고 서로에게 의지하며 살아가는 부부 사이에 있어, 성격 차이로 인한 불화는 결코 단순한 문제로만 치부할 수 없는 것이다.

↵사례1 꼼꼼한 남자, 털털한 여자

결혼 3년차의 부부 A남과 B녀. 둘은 정반대의 성격을 갖고 있다. A남은 매사에 꼼꼼하고 치밀한 성격으로, 무엇을 하든 여러 번 생각하고 실행에 옮기기 때문에 큰 실패를 겪지는 않는다. 그러나 이러한 성격 탓에 일을 할 때 진행이 더디다. 반면 B녀는 작은 것에 연연하는 스타일이 아니다. 털털한 성격의 그녀는 사소한 부분을 놓치기는 하지만, 그만큼 결단력과 추진력이 있는 편이다. A남과 B녀의 성격은 각기 다른 장점이 있기 때문에, 두 사람은 서로의 단점을 보완해주고 시너지 효과를 낼 수도 있다. 사실 A남과 B녀가 사랑에 빠져 결혼에 이르게 된 것도 자기와는 정반대인 상대의 성격에 호감을 느꼈기 때문이다. 그러나 아뿔싸, 두 사람은 결혼 이후 너무나도 다른 성격 때문에 사사건건 부딪히

게 된다.

어느 날 A남이 퇴근을 하고 집에 왔다. B녀는 A남을 위해 오일 파스타와 오믈렛을 준비했다. A남이 맛있게 먹어주기를 기대하면서 말이다. 그러나 A남은 테이블 위의 파스타가 아니라 주방 싱크대에 너저분하게 어질러져 있는 프라이팬과 그릇들, 깨진 달걀 껍데기들에 먼저 시선이 갔다. 꼼꼼한 A남은 일을 마치고 돌아왔을 때 집안의 모든 물건들이 질서 있게 정돈되어 있기를 원한다.

"그거 좀 치우고 나서 먹으면 안 될까?"

A남이 B녀에게 핀잔하듯 말한다.

"먹고 나면 어차피 설거지거리가 생길 텐데, 이따가 하면 되잖아."

B녀가 퉁명스럽게 대꾸한다. 그러자 A남은 톡 쏘듯이 B녀에게 말한다.

"당신이 언제 먹고 나서 제대로 치운 적이 있어?"

그리고서 A남은 옷을 갈아입으려 안방으로 들어가는데, B녀의 겉옷과 속옷 등이 온통 바닥에 아무렇게나 놓여있고, 옷장에는 먼지가 쌓여있다. A남은 참아온 화를 터뜨리고 만다.

"당신 도대체 왜 옷 정리를 안 하는 거야! 내가 한두 번 얘기한 것도 아닌데, 너무하는 거 아니야, 당신?"

주방에 있던 B녀 역시 화가 날 수밖에 없다. A남을 위해 몇 시간 동안 열심히 요리를 하고 테이블 세팅까지 해놨는데, A남은 언제나 그렇듯 시시콜콜한 것을 트집 잡아 잔소리를 하고 있는 것이다. 요리를 할 때는 맛있는 음식을 만드는 데 집중하고, 정리는 나중에 하면 될 것 아닌가? 옷은 내가 입기 편한 데에 놓고 그때그때 입으면 그만이잖아? 그런데도 A남은 그 모든 것을 하나하나 지적하고 있다. 더욱 화가 나는 건 자기 생각을 끊임없이 강요하고 있는 것이다.

"어이가 없네. 당신, 결벽증 같아. 사람이 정말 이상한 거 알아? 퇴근할 때 맞춰서 저녁 차려놨는데 왜 그런 쓸데없는 잔소리를 하는 거야? 정리가 그렇게 좋으면 당신 혼자나 해!"

부부싸움은 이처럼 사소한 부분에서 시작될 수 있다.

그런데 이 부부의 성격 차이가 저녁식사 자리에서처럼 사소한 문제만 발생시켜온 것은 아니었다. A남과 B녀 부부는 1년 전 경기도의 한 아파트를 매입하려고 했던 적이 있다. B녀는 앞으로 태어날 자녀들을 위해 지금 사는 곳보다 넓은 평수의 아파트가 반드시 필요하다고 생각했다. 그런데 A남은 B녀가 사려고 하는 아파트의 수익성에 대해 고민하며, 부동산 관련 뉴스기사와 칼럼을 보고, 각종 부동산 커뮤니티를 돌아다니며 매입에 신중을 기했다. 그 사이 B녀가 사고 싶어 했던 아파트는 이미 다른 사람에게 팔려버렸다. 1년이 지난 지금 그 집의 가격은 약 10% 상승했다. B녀는 이 상황에 화가 나 A남에게 싫은 소리를 할 수밖에 없었다. 그러나 A남은 B녀의 말이 결과론에 지나지 않는다고 생각했다. 3년 전 B녀가 확실한 정보를 들었다면서 자기 말만 믿으라고 해서 부부가 공동으로 매입했던 서울의 한 상가는 어떻게 되었던가? 첫 임차인이 나간 이후로 벌써 1년째 공실이다. 이게 다 B녀의 생각 없는 선택 때문이라고 A남은 술자리에서 친구들에게도 투덜댔다.

A남은 B녀를 게으르고, 정리정돈 못하고, 생각 없고, 계획성이라고는 찾아볼 수 없는 여자라고 생각하는 반면, B녀는 A남이야말로 한심할 정도로 사소한 것에 집착하고, 쓸 데 없는 계획만 세우다 정작 아무 것도 하지 못하는 앞뒤가 꽉 막힌 사람이라고 생각한다.

사례2 둘만의 시간이 필요해

경조사, 동창회, 회사 회식 등 각종 모임에 빠지는 법이 없이 항상 모습을 비추고, 늘 상황에 맞게 분위기를 맞춰줌으로써 함께 있는 사람들에게 좋은 인상을 주는 남자. 호감형 외모에다 화술의 달인이고, 매너까지 좋다. 이런 성격 탓에 엄청난 인맥을 자랑할 뿐만 아니라, 여자들에겐 연애 상대로 인기도 많다. 누구한테나 그렇듯이 애인에게 잘해줄 것이라 여겨지기 때문이다. 내가 알고 있는 소위 '잘 나가는' 대기업 영업사원 A남 얘기다.

　　그런데 정작 A남과 교제를 시작한 B녀는 A남의 성격 때문에 도리어 힘들 때가 많다. A남이 챙겨야 할 사람들이 얼마나 많은지, 막상 애인에게 쏟을 시간은 상대적으로 부족하다는 것이다. 그래도 B녀는 주말 저녁 짧은 데이트에서 A남과 함께 즐기는 샴페인과 카페 라테가 너무나 달콤하다고 느꼈다. 또한 A남이 어쨌거나 영업사원으로서 매우 적합한 성격을 갖고 있다고 생각했고, 분야를 가리지 않고 쌓아온 A남의 인맥이 멋져 보이기도 했다. 결국 B녀는 3년의 연애 끝에 A남과 결혼에 골인하게 된다.

　　문제는 결혼 이후. A남은 평일에 늘 회식이나 거래처 사람들과의 술자리로 인해 12시가 넘어 귀가한다. B녀는 A남을 기다리다 늦게 잠이 들거나, 먼저 자고 있다가 밤늦게 들어오는 A남 때문에 잠에서 깨기 일쑤다. 주말이라고 해서 멋진 데이트가 기다리고 있는 것도 아니다. A남은 아침부터 B녀를 데리고 거래처 사람들, 중·고등학교나 대학교 친구들, 회사 동료들의 결혼식에 참석하고, 저녁에는 동호회 사람들과 파티를 한다. 이러다보니 한 달 경조사비는 A남의 월급에 육박하고, 부부 둘만의 시간은 거의 없는 상황. B녀는 A남의 이러한 생활 패턴이 마뜩잖았고, 이로 인해 부부싸움이 잦게 되었다.

　　물론 A남이라고 할 말이 없는 것은 아니다. A남은 영업사원으로서 자신의 직업에 최선을 다하고 있는 것이고, 다양한 사람들과 교제하는 것이 나쁜 것은 아니지 않느냐고 말한다. 무엇보다, 자기는 없는 시간을 쪼개 B녀와 시간을 보내려 노력하고 있고, 각종 모임에도 자기 혼자 나가는 것이 아니라 B녀와 함께 참석하고 있지 않느냐는 것이다.

　　"지금도 너희들이랑 같이 술 먹는데 와이프랑 같이 왔잖아. 이게 같이 시간을 보내는 거지 뭐야?"

A남은 술자리에서 나와 친구들에게 이렇게 얘기를 하지만, 화장실에서 돌아오는 B녀는 이 술자리가 그다지 즐거워 보이지 않았다.

↙*사례3 프라이버시를 지켜달라는 남편*

신혼부부인 A남과 B녀는 부부 간 프라이버시에 대한 의견 차이로 어려움을 겪고 있다. 남편 A남은 개인주의적이고 리버럴한 성격을 갖고 있어, 아무리 부부 사이라 해도 자기만의 영역은 필요하다고 생각한다. 그런데 아내는 자꾸 나의 개인적인 영역을 침범하려 하는 게 아닌가? 반면 아내 B녀는 프라이버시가 물론 중요하긴 하지만, 부부 사이라면 비밀이 없어야 한다고 생각하는 편이다. 그런데 A남은 자꾸 모든 걸 감추려 하고 있다고 이야기한다.

"자기 문자 왔네."

A남은 서재에 있고, B녀는 거실에서 TV 드라마를 보고 있는 상황. 거실 소파 위에 놓여진 A남의 휴대폰에서 문자메시지 수신음이 들리자 B녀는 휴대폰 메시지를 확인하려 했다.

"당신 대체 뭐야? 남의 휴대폰을 왜 보는 건데?"

서재에 있던 A남이 거실로 나와 B녀에게 소리치며 휴대폰을 빼앗아갔다.

"뭐? 남의 휴대폰? 우리가 남이야?"

B녀는 화가 나 대꾸한다.

"아니, 지금 그런 말 하는 게 아니잖아. 내가 허락 없이 당신 휴대폰 보면 좋아?"

"난 상관없어. 무슨 비밀스러운 내용이 있는데 그걸 나한테 숨겨? 휴대폰 줘봐. 톡이랑 문자 수신함에 뭐 있는지 내가 확인해볼 테니까 빨리 줘봐!"

"아, 진짜! 당신 미친 거 아니야?"

A남과 B녀는 이 문제로 일주일째 냉전을 겪게 되었다.

이 냉전이 가까스로 끝난 이후에는 더 큰 다툼이 생겼다.

"자기야, 나 내일 가게 월세 내야 되는데, 200만 원만 좀 입금해줘."

어느 주말 저녁 B녀가 A남에게 말한다.

"미안한데, 지금 돈이 없네. 자기가 낼 수 없나?"

"응? 당신 저번에 1,000만 원 있었잖아?"

"아, 그거? 썼어."

"썼다고? 어디에?"

"어디에 좀 썼어."

B녀의 인상이 찌푸려지기 시작한다.

"그러니까 어디에 썼냐고?"

"어디에 좀 썼다니까. 왜 취조하듯 그래? 그걸 일일이 내가 다 얘기해야 해? 아무튼 없으니까 그런 줄 알아."

B녀가 간신히 화를 참고 있을 때, A남은 겉옷을 챙겨 입는다.

"나 밖에 좀 나갔다 올게."

"어딜 가는데?"

"누구 좀 만나러."

"누굴?"

"아, 왜 이래? 누군지 말하면 당신이 알아?"

"당신 정말!"

화가 난 B녀가 소리를 지른다.

"그만해 정말! 지금 바쁘니까 이따가 얘기하자. 나갔다 올게."

A남은 현관문을 박차고 나갔지만, 해결된 것은 아무 것도 없었다.

A남은 자기가 번 돈을 자기가 마음대로 쓰는 것은 당연하고, 어디에 쓰는지를 일일이 아내에게 말해줘야 할 이유는 없다고 생각한다. 외출할 때도 마찬가지다. 뭐 할 때마다 아내에게 카드 영수증을 보여주고 계좌 거래내역을 검사

받아야 하고, 외출 때마다 어디에 누굴 만나러 보고해야 한다면, 도대체 어떻게 살 수 있단 말인가? 그러나 B녀의 생각은 다르다. 부부가 함께 돈을 벌고 재산을 관리하는 것이기 때문에 서로가 서로의 수입과 지출을 어느 정도 파악하는 것이 맞다. 1,000만원이나 되는 큰돈을 아내와 상의도 없이 쓰고, 더군다나 어디에 썼는지조차 알려주지 않는 것은 말이 되지 않는다. 아, 그뿐인가, 누구를 만나러 간다면 만나는 사람과 목적 정도는 얘기해주는 것이 당연한 일이잖은가. 남편이 어디에 무얼 하러 가는지조차 알 수 없다면, 부부생활의 의미가 어디에 있단 말인가?

이렇게 A남과 B녀 부부의 갈등의 골은 점점 깊어져만 가고 있다.

2) 만족스럽지 못한 부부관계

부부 사이에 있어 성性이 차지하는 중요성은 아무리 강조해도 지나침이 없다. "사랑 없는 섹스는 있을 수 있어도, 섹스 없는 사랑은 있을 수 없다." 뭐, 그런 우스갯소리가 있을 정도 아닌가. 부부관계가 결혼생활의 모든 것이라고 할 수는 없지만, 원만하고 만족스러운 부부관계가 부부에게 행복을 가져다주는 것은 너무도 분명한 사실이다.

안타깝게도 우리 주변에는 만족스러운 부부관계를 갖지 못하는 부부들이 많이 있고, 이들 중 상당수는 부부관계 문제 때문에 이혼을 고민하기도 한다. 예전에 나를 찾아온 한 30대 후반의 주부는 두 명의 자녀를 낳은 이후부터 남편이 잠자리를 거부해서 몇 년째 부부관계를 갖지 못하고 있다고 고민을 토로했다. 그녀가 부부관계를 가지려 할 때마다 남편은 피곤하다, 힘들다는 말만 반복했다는 것이다. 흔히 말하는 섹스리스 부부다. 섹스리스의 문제점은 단지 성적 욕구를 채우지 못하는 데에만 있는 것이 아니다. 위의 30대 주부를 예로 들면, 그녀는 남편이 잠자리를 거부함으로 인하여 자존심에 큰 상처를 입었고, 자신이 여자로서의 매력이 떨어진 것이 아닌지 하는 생각이 들어 주눅 들기도 했으며, 급기야 남편의 외도를 의심하기에 이르렀다. 자연히 부부 사이는 점차 멀어졌다.

사실, 부부관계는 부부 간의 갈등을 해소하는 역할도 한다. 영어에도 'makeup sex(화해의 섹스)'라는 표현이 있듯이, 연인들이 싸운 다음에 관계를 가지면 자연스레 화해가 이루어지는 경우가 있다. 좋지 않았던 감정을 잠시 잊고 서로에게 격정을 쏟고 나면, 어느 정도 감정이 풀리는 것이다. 또한 잠자리 이후에 침대에 누워 진솔한 이야기를 나누면서 서로를 이해하며 앙금을 풀기도 한다. 그런데 섹스리스 부부에게는 이러한 갈등해소 장치가 없다. 그러다보니 사소한 감정다툼도 풀리지 않고, 더욱 큰 싸움으로 번질 위험이 도사리고 있는 것이다.

부부관계가 없어서 문제인 부부들만 있는 것은 아니다. 정반대로 배우자가 너무 많은 부부관계를 요구해서 힘들어하는 사람들이 있는가 하면, 흔히 말하는 '속궁합'이 맞지 않아 서로가 부부관계에 만족하지 못하는 경우도 많다.

사례4 섹스리스 부부

결혼한 지 5년차 되는 30대 부부 A남과 B녀는 벌써 2년 째 부부관계를 갖지 않고 있다. A남은 아내와의 잠자리를 원했지만, B녀는 계속 관계를 거부했다. A남은 별다른 이유가 없는데도 잠자리를 거부하는 B녀가 야속하고 원망스럽기만 했다. 그러나 B녀도 할 말은 있다. 결혼 후 첫 관계를 가졌을 때부터, B녀는 A남과의 관계에 만족한 적이 단 한 번도 없었다. 남편과의 섹스는 로맨틱하지도, 스릴이 있지도 않았다. 그럼에도 A남은 신혼 초부터 밤이면 밤마다 B

녀에게 달려들었다. 그럴 때마다 B녀는 좋아서가 아니라 그저 의무라고 생각하고 A남을 받아주곤 하였다.

부부는 결혼한 지 2년 만에 아이를 낳았다. 그때부터 B녀는 육아 때문에 지치고, 정신적으로도 스트레스를 받았는데, 이런 사정을 아는지 모르는지 A남은 종종 늦은 밤에 술에 취해 들어와 부부관계를 요구하곤 했다. 어느 날 참다못한 B녀가 몇 번 관계를 거부하자, A남은 몹시 속상해하며 몇 달 동안 B녀에게 말도 걸지 않았다. B녀는 그런 남편이 안쓰럽기도 하고, 미안한 마음도 들어 힘들더라도 웬만하면 부부관계에 응해주어야겠다는 생각이 들었다. 그러나 안타깝게도, A남의 잘못된 행동 때문에 B녀의 생각은 바뀌게 되었다. A남이 그 사이 퇴폐안마시술소에 몇 차례 드나들었고, 이 사실을 B녀가 알게 되었던 것이다.

"당신 대체 왜 그러는 거야? 애 아빠로서 부끄럽지도 않아요?"

"미안한데, 나도 할 말은 있어. 당신이 아무 이유 없이 같이 안 자는데, 그럼 난 화장실 가서 휴지나 잡고 있으란 거야?"

"무슨 말도 안 되는 소리 하고 있어, 지금! 당신이 무슨 짐승이야?"

그날의 사건이 있고 난 뒤, A남도 더 이상 B녀에게 부부관계를 요구하지 않았고, A남과 B녀는 섹스리스 부부가 되었다. 서로 대화를 나누는 일도 줄어들었고, 그나마 나누는 몇 마디조차 대부분 아이 얘기뿐이었다. A남은 매일 소파에서 TV를 보다 잠이 들었고, 어느새 안방은 B녀와 아이의 차지가 되었다. A남도, B녀도 이제는 서로가 부부라는 느낌이 들지 않았다.

3) 경제적인 문제

자본주의 사회를 살고 있는 우리들에게 돈이란 매우 중요한 문제다. 물론 돈이 많다고 해서 반드시 행복한 것은 아니고, 돈이 많지 않다는 이유만으로 반드시 불행한 것은 아니다. 그러나 돈이 너무 없으면 대체로 불행이 우리를 찾아오게 마련이다.

경제적인 이유로 가정이 파탄에 이르는 스토리 역시 마찬가지다. 가난한 시절을 보내다 갑자기 일확천금을 한 남편이 그 돈을 자기 혼자 갖기 위해서, 아니면 가난에 허덕일 때는 만날 수 없었던 다른 여자를 만나기 위해 아내와 이혼하려는 경우가 없는 것은 아니다. 가난했을 때는 순수했던 남편이 돈을 좀 만지자 돈에만 집착하고 향락에 빠진 모습에 실망을 느낀 아내가 이혼을 결심하는 경우도 있을 수 있다. 그러나 실제로 더 흔히 보게 되는 이혼의 경우는, 남편이 직장에서 해고를 당해서 극심한 생활고를 겪거나, 하던 사업이 망해서 빚더미에 앉게 되는 상황이다. 안타깝지만 부정할 수 없는 현실이다.

경제적 파탄이 부부에게 생활고만을 가져온다면 그나마 다행일 것이다. 하지만 거기서 그치는 것이 아니다. 만약 당신이 극구 만류했음에도 불구하고 남편이 무리하게 사업을 확장하려 드는 바람에 회사가 부도났다고 상상해보자. 남편이 싫어질 수밖에 없지 않겠는가? 집을 팔고 작은 월세 방으로 옮겨가고, 아이들에게 먹일 분유조차 살 수가 없어 친정어머니의 손을 빌리게 되었다면, 남편에 대한 사랑이 식는 것은 물론이요, 그를 향한 원망이 생길 수밖에 없다. 당신은 남편에게 원망을 토로하게 될 것이다. 하지만 남편 쪽에서 보면 어떨까? 가뜩이나 사업실패로 인해 힘든 와중에, 아내에게 잔소리까지 듣게 되어 화가 날 테고, 재기를 위한 노력은 고사하고 술에 절어 살거나 도박에 빠질지도 모를 일이다. 그러다 보면 결혼생활은 파탄에 이를 수밖에 없다. 이런 사례는 드라마나 영화에도 자주 나올 정도로 통속적이지만, 그만큼 경제적 문제로 인한 가정파탄의 메커니즘을 정확히 보여주기도 한다.

A남은 B녀와 결혼한 지 12년째가 되는 40대 가장으로 슬하에 아들 둘을 두고 있다. A남은 대형 식품업체에서 8년 동안 근무하다 퇴직하고, 그 동안 모아둔 돈으로 휴대폰 판매 대리점을 운영해봤지만 수익이 나지 않아 3년 만에 폐업하였다. 이후 A남은 친척이 운영하는 작은 제조업체에서 2년을 근무했는데, 회사 사정이 악화되면서 여기서도 실직을 하게 되었다. 그런데 A남은 그때부터 지금까지 3년이 넘는 기간 동안 아무 일도 하지 않은 채 쉬고 있다. 그러다보니 가정경제는 전적으로 법무사 사무실 직원인 아내 B녀가 이끌어가고 있는데, 사실 B녀의 수입만으로 곧 중학생이 될 아들 둘을 키우는 것은 결코 쉬운 일이 아니었다.

B녀는 집에서 놀고먹는 A남을 볼 때마다 울화가 치밀었다.

"당신 정말 계속 이러고만 살 거야?"

"내가 뭘 어떻게 사는데? 뭘 어쨌다고 또 잔소리를 하고 그래?"

"뭘 어떻게 사냐고? 나이 사십 넘게 먹어서 마누라한테 얹혀사는 게 자랑이니?"

"뭐? 얹혀살아? 이 사람이 진짜, 말이면 단 줄 아나!"

이런 식의 부부싸움은 매일 아침저녁이면 반복되는 일상이 된 지 오래다. B녀는 자신이 출근할 때 아직 자고 있는 A남을 볼 때라든지, 퇴근하고 집에 들어왔는데 남편이 소파에 누워 감자 칩을 먹으면서 TV를 보고 있는 모습을 볼 때면, 의문이 들지 않을 수 없다. "도대체 이 사람이 가족 생각을 하고 있기나 한 거야?" 물론 A남 입장에서도 할 말은 있다. "이봐, 나는 10년 넘게 가족을 위해 희생하며 직장생활과 사업을 하며 돈을 벌어왔잖아? 지금은 잠시 쉬고 있을 뿐이거든. 아니, 말이 좋아 쉬고 있다지만, 아침저녁으로 마누라가 잔소리를 해대는 통에 마음 편히 쉴 수도 없다고. 아내는 계속 취직을 하라고 하지만, 이 나이에 취직자리를 구하는 게 쉽지 않다는 건 누구나 다 아는 사실이잖아?"

그런데도 아내는 늘 의미도 없는 잔소리만 늘어놓을 뿐이다.

"제발 집에만 있지 말고 어디 나가서 막노동이라도 좀 해! 애들이 곧 중학생인데 지금 우리 형편이 어떤 줄 알기나 해?"

어느 날 저녁, B녀의 고함으로 또 다시 부부의 전쟁이 시작되었다. A남은 아내가 아이들 앞에서까지 이런 말을 해야 하는지 도저히 이해가 가지 않았다. A남은 아무런 대꾸도 하지 않고 안방으로 들어갔다. 그날 이후 부부싸움은 없어졌다. 대화가 없어졌으니 싸울 일도 저절로 없어진 거다. 부부는 서로에게 아무 말도 하지 않았다. A남은 B녀가 출근하기 전 PC방이나 당구장에서 하릴없이 시간을 때웠고, 그도 아니면 집 앞 공원을 혼자 산책했다. 그러다 B녀가 잠자리에 들 시간에 맞춰 집으로 가 소파에서 잠을 청했다. 두 사람의 머릿속에는 계속 '이혼'이라는 단어가 돌아다녔다.

사례6 남편 회사의 부도로 빚더미에 오르게 된 가정

50대의 A남은 불과 1년 전까지만 해도 잘 나가는 사업가였다. 젊은 시절 일찍이 사업에 눈을 뜬 그는 화장품 판매업으로 적지 않은 돈을 벌었고, 이를 프랜차이즈화하여 썩 괜찮은 성공을 거두었다. 이후에는 여성의류업에도 뛰어들어 훌륭한 성과를 냈다. 그 덕택에 A남의 아내 B녀는 강남의 유한마담으로 남 부럽지 않은 호사를 누렸고, 두 딸은 일찌감치 미국으로 유학을 떠날 수 있었다.

A남을 거부의 자리에 올려놓은 힘은 무엇보다 그의 공격적인 사업방식이었다. 그는 '된다' 싶은 분야에는 물불을 가리지 않고 비용을 쏟아 부었고, 이러한 투자는 곧 엄청난 수익으로 돌아왔던 것이다. 그러나 B녀는 A남의 그런 사업방식이 그리 마음에 들지 않았다. 잃을 게 없었던 과거와 달리, 지금은 지켜야 할 것들이 너무도 많아졌기 때문이다. 사업이라는 것이 잘 나가다가도 한 번

삐끗하면 나락으로 빠질 수 있는 것 아닌가 말이다. 조금 더 신중했으면 좋겠다는 생각이었다.

"당신이 사업에 대해 뭘 안다고 그래?"

B녀가 신중론을 이야기하면 A남은 늘 이런 식으로 대꾸하곤 했다.

3년 전, A남은 별도 법인을 설립하여 커피전문점 프랜차이즈사업을 시작했고, 한편으로는 중소 규모의 IT보안업체를 인수했다. B녀는 A남이 잘 알지도 못하는 사업 분야에 뛰어드려 하는 것이 못내 불안해서 A남을 만류했다.

"지금도 충분히 먹고 살만 하잖아요. 굳이 또 이런 일을 벌일 필요가 있을까요? 그리고 당신이 커피랑 IT에 대해서 잘 아는 것도 아니고요."

"이 사람아. 내가 화장품 장사할 때는 화장품 알고 했고, 의류사업 할 때는 옷에 대해 뭘 알고 했나? 그걸 내가 다 알 필요는 없어요. 잘 아는 사람을 쓰면 되는 거지. 사업은 그런 거야."

"세상 일이 그렇게 쉬우면 누구나 다 부자 되겠네요."

"어떤 사업이 잘 될지를 가려내는 '촉'을 가진 사람은 별로 없어. 잘 될 거라는 확신이 드는 곳으로 배포를 갖고 들어가는 사람은 더더욱 드물고. 그런 사람은 따로 있는 거야. 그게 나야. 걱정하지 마."

불행히도 B녀의 우려는 기우에 그치지 않았다. 예상과 달리, 커피전문점 프랜차이즈 사업의 매출이 부진했다. 그러자 가맹점주의 이탈이 계속 이어지고, 점주들은 끊임없이 본사에 컴플레인을 걸고, 몇몇은 소송까지 제기했다. 그 와중에 믿었던 직원의 배신까지 겹치면서 사태는 더욱 악화되었다. IT보안 회사의 경우에는 A남이 애초에 잘못된 정보에 근거하여 지나치게 고가로 매수를 했음이 드러났다. 매출은 전혀 나오지 않았고, 매수자금의 대출이자마저 연체될 상황에 이르렀다. A남은 화장품 및 의류업에서 번 돈으로 커피전문점과 IT보안 쪽의 적자를 메꾸려 하였는데, 그러자 건실하던 화장품 회사와 의류업체까지도 휘청거리게 되었다. 궁지에 몰린 A남은 급한 대로 자신 명의의 개인

재산들을 담보로 대출을 받아 사업자금에 충당하였다. 그도 모자라 A남은 부부가 거주하고 있는 B녀 명의의 강남의 빌라까지 처분하려 했다.

"당신 진짜 미쳤어요? 절대 안 돼요!"

"여보, 이번 위기는 정말 막아야 돼. 이것만 막으면 내가 어떻게든 다시 할 수 있어. 부탁해, 여보."

결국 A남은 살던 집까지 팔아 사태를 해결하려 안간힘을 썼지만, 실패로 끝나고 말았다. A남의 사업체들은 법인파산을 고려해야 할 상황이 되었고, A남 스스로도 빚더미에 올라앉았으며, 설상가상으로 A남은 횡령, 배임 등으로 몇 건의 고발까지 당했다.

그 결과 A남, B녀 부부는 살던 집에서 쫓기듯 나와 작은 아파트에 살게 되었다. 쉬이 상상할 수 있듯이, 그곳에서도 부부의 삶은 편치 못했다. 계속해서 이어지는 채권자들의 채무변제 압박에 사채업자들의 불법추심까지 이어지면서, B녀는 거의 노이로제에 걸릴 지경이었다. 한편, 미국에서 대학원에 진학하려 했던 두 딸은 서둘러 귀국하여 일자리를 알아볼 수밖에 없었다. 실의에 빠진 A남은 하루 종일 술에 곯아떨어져 있기 일쑤였고, 이를 타박하는 B녀와 전에 없던 부부싸움을 하게 되었다. 이렇게 A남과 B녀의 관계는 계속하여 악화되고 있다.

4) 내 남자, 내 여자가 바람을?

배우자의 외도로 인해 이혼을 고민하는 사람들은 헤아릴 수 없이 많고, 이 중 상당수가 이혼을 선택한다. 사실 배우자의 외도를 용인해준다는 것은 쉽지 않은 일이다. 결혼이란 기본적으로 남편과 아내의 결합이고, 더 정확히 말하면 이들 두 남녀"만"의 결합이다. 서로에 대한 "배타적인 권리"를 인정하는 것이다. 이 틈 사이로 다른 남자, 다른 여자가 끼어든다고 생각해보라. 결혼생활에 분열이 생길 수밖에 없지 않겠는가? 그렇기 때문에 민법은 배우자의 외도를 재판상 이혼사유로 규정하고 있다.

배우자 외도의 패턴은 크게 두 가지로 구분할 수 있다. 첫째, 배우자가 아닌 다른 이성과 깊은 관계를 맺는 경우. 당사자들은 그것을 사랑이라고 생각할 정도로 깊게 빠진 케이스다. 둘째, 단지 성적 욕구의 해소나 재미를 얻기 위해 가볍게 이성을 만나는 경우가 있다. 넓게 보면, 성매매 업소 같은 데를 드나드는 것도 이에 해당한다고 볼 수 있다. 내가 경험한 바로는, 전자의 경우가 더 위험하다.

사례7 내 남자의 오피스 와이프

직장인은 대부분의 시간을 회사에서 생활한다. 오전 9시에 출근해서 오후 6시에 퇴근한다고 하면, 하루에 직장에 있는 시간만 9시간이다. 직장 동료들은 하루의 대부분을 같은 공간에서 함께 일한다. 점심도 같이 먹고, 종종 저녁도 함께 한다. 같은 직장에서 일하는 동료들은 좋든 싫든 많은 시간을 공유하며 긴밀한 관계를 유지할 수밖에 없다. 그러다보면 남녀 직장 동료들 사이에는 단순한 호감 이상의 끈끈한 감정이 싹트기도 한다. 그들은 실제 부부도 아니고 애인도 아니지만, 적어도 회사 내에서만큼은 부부나 애인과 다름없이 긴밀한 관계를 맺고 서로에게 의지한다. 소위 오피스 와이프, 오피스 허즈번드 얘기다.

중소기업 과장인 A남은 입사동기인 X녀와 10년째 같은 부서에서 일하고 있다. 둘은 입사 초기부터 단짝으로, 수많은 업무를 함께 처리했다. 둘 다 사귀는 애인이 없던 입사 초에는 퇴근 후에도 종종 영화를 보거나 시간을 함께 보내기도 했다. 이후 A남이 B녀와 만나 교제를 시작하면서, A남과 X녀는 예전처럼 회사 밖에서 만나는 일은 없어졌다. 하지만 회사 내에서는 여전히 좋은 파트너였다. 이는 A남이 B녀와 결혼한 이후에도 마찬가지였다. A남과 X녀는 거의 매일 함께 점심식사를 했다. 물론 대부분은 부서 사람들과 어울려 먹었으나, 가끔씩은 둘이 오붓하게 식사를 하고 카페에서 커피를 한 잔씩 시켜놓고 두런두런 얘기를 나누곤 했다. A남이 아침에 출근을 하면 X녀가 커피를 타주곤 했고, A남이 출근길에 테이크아웃한 커피를 X녀에게 주는 일도 많았다. 회식이 있은 다음날이면, A남의 책상에는 숙취해소제와 함께 B녀가 직접 쓴 포스트잇이 붙어 있곤 했다. A남과 X녀를 잘 모르는 신입사원들은 이들을 부부나 애인으로 착각하기도 했고, 다른 동료들 역시 두 사람이 너무 친한 것 같다는 걱정 반 부러움 반의 시선을 줄 정도로 A남과 X녀의 관계는 각별했다.

그러나 A남이 퇴근 후 X녀와 데이트를 한다든지, 주말에 B녀 몰래 X녀를 만난다든지 하는 일은 없었다. A남이 생각하기에, X녀는 10년을 함께 한 동지요, 최고의 파트너였을 뿐이었다. A남은 X녀를 여자로 생각한 적은 없었다. 가끔 X녀가 예뻐 보이긴 했지만, 그건 객관적으로 X녀가 예쁘기 때문에 어쩔 수 없는 일이었다.

사정이 그 정도에서 끝났으면 괜찮았을 텐데, A남의 생각과는 달리 B녀는 처음부터 X녀의 존재가 달갑지 않았다. 결혼 초기에 집들이를 하겠다고 A남이 부서 동료들을 집에 데려온 적이 있었다. 그 때 B녀가 분주히 음식을 나르는 사이 X녀는 A남의 앞에 앉아 화기애애하게 술잔을 기울였다. 물론 다른 동료들도 함께 있었지만, A남과 X녀가 서로를 바라보는 눈빛에는 무언가 남다른 데가 있었다. 결정적으로, X녀는 동료들 대부분이 귀가할 때까지 남아 있었고, 서로를 바라보는 A남과 X녀의 눈빛은 시종일관 캐주얼한 직장 동료 이상의 감정이 섞여 있어 보였다. 그때부터 B녀는 A남과 X녀의 관계가 어딘지 이상하다고 느꼈다. 그러나 B녀는 오래지 않아 그런 의심을 거두었다. A남과 X녀가 오랜 시간을 함께 근무해왔기 때문에 친할 수도 있겠지, 정도로만 생각했다. 만약 A남이 X녀와 부적절한 관계라면 굳이 X녀를 집들이에 부르지는 않았을 것이라는 생

각도 들었다. 또한 A남은 다소 소심한 성격 탓에 누구와 바람을 피울 만한 위인
도 되지 못했다. 무엇보다, A남은 X녀의 존재와는 무관하게 한결같이 B녀에게
자상했고, 언제나 B녀를 아껴주었다.

그로부터 몇 년 후 B녀가 다시 A남과 X녀의 관계를 의심하게 만든 결정적
인 사건이 발생한다. B녀는 우연히 A남의 휴대폰 메신저 메시지를 보게 되었는
데, A남과 X녀의 대화 내용은 B녀를 충격에 빠뜨리기에 충분한 것이었다.

'오빠, 왜 안와? 어제 술 마시느라 힘들었어? ㅠㅠ'
'ㅠㅠ 속 쓰림'
'꿀물 준비해놨어 :)'
'오예~ 역시 우리 X녀밖에 없당~'
'점심에 사거리 쌀국수 콜?'
'콜~ 오빠가 쏜다 ♥'
'야호~~ 오빠 최고 ♥'

누가 봐도 단순한 회사 동료 간의 대화라고 보기에는 어려운 내용. B녀는
A남에게 휴대폰 메시지 내용을 보여주며 따져 물었다.
"자기 이게 대체 뭐야? 도대체 나 안 보는데서 뭐 하고 다니는 거냐고?"
A남은 당황했으나, 이내 침착하게 B녀를 달랬다.
"여보, 좀 오해가 있는 것 같아. 얘랑은 친구고 동료야. 오래 같이 일하다
보니까 좀 격의가 없어진 것뿐이야. 그냥 여자사람 친구라고 생각해주면 안될
까?"
"뭐? 동료? 친구? 친구 사이가 이래? 너밖에 없다고 하고, 하트를 붙이고,
이게 말이 된다고 생각하는 거야, 당신? 둘이 그렇고 그런 사이지? 맞지?"
"아니, 그건 그냥 장난 식으로 한 거야. 앞으론 정말 주의할게. 이런 일 절
대 없을 거야. 그리고 말이야... 걔 올해 말이면 결혼하면서 회사 그만둬. 곧 결

혼할 애가 무슨 유부남이랑… 오해야, 여보. 내가 미안해."

X녀가 곧 결혼을 한다는 말에 B녀는 또 다시 의심의 감정을 거두었다.

그런데 X녀의 결혼이 가까워지면서, A남은 알 수 없는 감정에 휩싸이게 되었다. X녀가 다른 남자에게 시집을 가면서 회사를 떠난다고 생각하자 마음 한 구석이 허전했고, 급기야는 아깝다는 생각이 들었다. X녀의 우뚝 솟은 콧날과 윤기 있게 흐르는 긴 생머리는 갈수록 아름다워 보였다. 무엇보다 세상에서 X녀보다 자신을 잘 이해해줄 여자는 없다는 생각이 들었다. 물론 아내도 좋은 여자지만, 집에서 B녀와 나누는 대화의 대부분은 아이들 문제나 돈 얘기가 전부가 된지 오래였다. A남의 개인적인 고민을 들어주고 회사 업무에서 오는 스트레스를 풀어준 것은 아내 B녀가 아니라 X녀가 아니었던가! 그런 X녀와 이별하게 된다니, 이 사실이 도저히 믿기지가 않았다.

A남이 X녀에 대한 감정으로 괴로워하고 있을 때쯤 마침 부서 회식이 있었고, A남과 X녀는 2차까지 이어진 회식이 끝난 이후 A남의 집 근처 바에서 둘만의 시간을 가졌다. A남이 조심스레 X녀에게 자신의 마음을 터놓았다. 그러자 X녀 역시 A남에 대해 비슷한 감정을 느끼고 있다고 말하였다. 그들은 달콤한 칵테일처럼 달아올랐고, 동시에 그 달아오른 감정의 실체를 본능적으로 느꼈다. 서로에 대한 사랑이었다. 그러나 그들은 처음 만났을 때의 철없던 사회 초년생이 아니라 30대의 유부남, 결혼을 앞둔 예비 신부였다. 서로에 대한 마음을 확인했지만, 그 마음을 대놓고 나눌 수는 없는 입장이었다. A남과 X녀는 황홀함과 안타까움이 섞인 감정에 웃기도 하고 울기도 하다가 누가 먼저랄 것도 없이 서로를 껴안고 키스를 했다.

그리고 이 장면은 그 바에 있던 같은 아파트 이웃에 의해 B녀에게 알려졌다. B녀는 A남에 대한 배신감과 X녀에 대한 증오로 불타올랐고, 이번에는 A남도 B녀의 마음을 진정시킬 수 없었다.

B녀는 훤칠한 키에 볼륨 있는 몸매를 가지고 있다. 매력적인 그녀의 주위에는 항상 많은 남자들이 맴돌았고, 그러다보니 B녀는 자연스레 자기가 인기 있는 여자라는 사실을 깨닫게 되고, 남자들과 노는 것을 즐기게 되었다. 대학 시절 그녀는 늘 두세 명의 남자친구와 동시에 교제를 하였고, 라운지 클럽 등을 전전하며 이름도 모르는 상대와 춤을 추고 술자리를 가졌다.

그러던 B녀에게도 운명 같은 사랑이 찾아왔다. 대학원 친구가 주선한 소개팅에서 만난 A남에게 완전히 반해버린 것이다. A남은 탄탄한 몸매와 선이 굵은 얼굴에다, 국내 굴지의 무역회사에 다니고 있다는 멋진 스펙까지 가지고 있다. 얼마 지나지 않아 A남과 B녀는 열애를 시작했다. B녀는 A남에게 완전히 빠져 지내느라 다른 남자친구도 만들지 않았고, 좋아하던 클럽과 나이트에도 발걸음을 끊었다. 그렇게 1년간의 짧지만 강렬한 열애 끝에, A남과 B녀는 부부가 되었다.

모두가 부러워하는 남편과 결혼한 B녀. 그러나 다소 무뚝뚝한 성격이었던 A남은 결혼 이후에는 지루한 남자로 바뀌었고, 직업 특성상 출장이 잦았다. 그렇다고 해서 A남이 B녀에게 딱히 소홀했던 것은 아니지만, B녀는 자신이 방치되고 있다는 생각이 들었고 권태를 느꼈다. 그렇게 몇 년의 시간이 흐르면서 B녀는 그동안 잊고 살았던 남자들과 휩쓸리는 재미가 그리워졌다. 쿵쾅거리는 비트와 형형색색 빛나는 조명, 무엇보다 이름도 성도 모르지만 언제나 자기에게 자상했던 그 익명의 남자들이 하나둘 떠오르기 시작한 것이다. 결국 B녀는 남편 A남이 러시아로 출장을 떠난 사이, 홀로 이태원의 클럽에 가서 스테이지와 VIP룸을 넘나들며 춤을 추고 보드카를 마셨다. 어느덧 30대에 들어선 유부녀임에도 그녀는 여전히 아름다웠고, 익명의 남자들은 여전히 그녀를 반겼다. 이후에도 A남이 출장을 갈 때마다 다시금 청담동과 이태원의 클럽을 드나들며 남자들과 이야기꽃을 피우고 춤을 추었다. 시간이 흐르면서 B녀는 더욱더 대담해져서 초저녁부터 영등포, 장안동의 성인나이트클럽을 찾아가 즐기다 A남이 퇴근하기 전에 집에 돌아오는 모험을 하기에 이르렀다.

꼬리가 길면 잡힐 수밖에 없는 법. 결국 A남은 B녀의 일탈을 알게 되었다. A남은 대노하여 B녀에게 당장 이혼하자고 소리쳤다.

"여보, 정말 미안해. 난 여전히 여보를 사랑해. 여보만한 남자는 없어. 그저 난 좀 지루했고, 나가서 노는 게 재밌었던 거고, 자기가 골프 좋아하는 것처럼... 그런 것뿐이야."

이것은 B녀의 솔직한 마음이었다. B녀는 여전히 A남을 사랑하고 있었고, 결혼한 이후로 A남 이외의 어떤 남자도 사랑한 적은 없었다. 그러나 이런 B녀의 해명을 들은 A남은 기가 찰 수밖에 없었다.

"다시는 안 그럴게, 여보. 용서해줘."

B녀는 눈물을 흘리며 거듭 용서를 구했고, 그런 B녀를 보며 A남의 마음도 약해졌다. 그러나 A남은 과연 B녀가 일탈을 그만둘 수 있을지, 그럴 의지가 있는지 확신할 수 없었다. 이런 불안한 마음을 갖고 B녀와 함께 산다면, 하루하루가 고통일 것 같았다.

사례9 룸살롱 드나드는 남편

B녀는 부동산 신탁회사에 근무하는 A남의 자상함과 성실함에 반해 그와 결혼했다. B녀는 다른 건 몰라도 A남이 자기에게 헌신하고 아껴준다는 것만큼은 굳건히 믿었다. 실제로 결혼 후에 A남은 한결같이 B녀를 아껴주었고, 두 사람의 사랑은 날로 커져가 그 결실로 예쁜 딸아이도 둘이나 얻었다.

행복할 것 같기만 했던 가정의 평화가 깨진 것은 한 통의 문자 때문이었다.

B녀가 우연히 A남의 휴대폰을 봤는데, 룸살롱 마담의 "자주 와주셔서 고맙다. 앞으로도 잘해드리겠다." 식의 문자 메시지가 와 있었던 것. B녀는 하늘이 무너지는 기분이 들었다. 룸살롱이라니! 내 남편이자 두 딸의 아버지인 A남이 그런 곳에 간다는 것은 상상해본 적도 없었다. 곰곰이 생각해보니 A남은 일주일에 두세 번은 술에 곯아떨어져 새벽녘에 집에 오곤 했는데, 그 때마다 룸살롱을 다녀왔던 모양이다.

B녀는 A남에게 문자 메시지를 보여주며 따져 물었다. 그러자 A남은 눈물을 흘리며 자초지종을 설명했다. 업무 특성상 부동산 개발업자나 건설업자, 건축업자들과 사업적으로 만나는 일이 잦을 수밖에 없고, 그 때마다 그들이 A남 회사의 부서 사람들에게 룸살롱이나 착석바 등에서 접대를 한다는 것. A남은 그런 곳을 싫어하지만, 부서 상사들과 동료들이 원하기 때문에 자기만 빠질 수가 없었다고 했다.

"정말 미안해, 여보. 이제는 진짜 안 갈게."
"갈 수밖에 없다며... 어떻게 안 간다는 거야?"
"어떻게 해서든 빠질게. 용서해줘 여보."
"당신 정말 한 번만 더 그런 데 가면..."
"알았어, 여보. 약속할게."

그러나 이후에도 A남은 종종 술에 취해 밤늦게 집에 들어왔고, 그 때마다 B녀는 A남을 의심할 수밖에 없었다. B녀가 또 룸살롱을 갔냐고 추궁하면 A남은 펄쩍 뛰며 아니라고 하였고, 이런 일이 몇 개월째 반복되며 부부 사이는 갈수록 멀어지게 되었다. B녀는 룸살롱에서 온 휴대폰 문자 메시지를 보고 A남에 대해 너무나 큰 실망을 했고, 이후 A남에 대한 신뢰가 사라져 더 이상 남편을 믿을 수가 없게 되었다. 딸들을 생각해서 어떻게든 참아보려 하지만, 이런 상황에서 결혼생활을 계속하는 것이 맞는 것인지 확신이 들지 않았다. A남은 A남대로, 물론 자신의 과오가 있기는 했지만, 그 일에 대해 해명하고 이후에는 룸살롱 출입을 하지 않았음에도 계속해서 자신을 의심하는 B녀가 점차 지긋지긋해져갔다.

5) 시댁이나 처가와의 갈등

결혼을 '두 사람의' 결합으로 보는 서구 사회와는 달리, 우리 사회에서는 결혼을 '두 집안의' 결합으로 보는 시각이 있다. 이는 결혼식 풍경만 봐도 명확한데, 신랑, 신부의 친구 100명이 결혼식에 참석한다면 그 부모님의 지인들은 500명이 넘게 온다. 그러다보니 결혼 후에도 양가에서 부부의 생활에 간섭하는 경우가 종종 있는 것이 사실이다. 또한 우리 전통사회에는 결혼을 하면 여자가 남자의 집안에 '들어온다는' 의식이 있었으며, 이러한 의식이 많이 약해지기는 하였지만 아직도 여전히 남아있다. 이러한 점들 때문에 고부 간 갈등은 오랫동안 결혼생활을 악화시키는 요인으로 작용해왔다. 물론 전통적인 시집살이가 사라지고 일단 결혼을 하면 분가를 하는 경우가 대부분이며 시부모 공양과 관련한 문제가 많이 사라지기는 하였으나, 여전히 시어머니와 며느리는 껄끄럽기 짝이 없는 관계다.

근래에는 아들, 딸 구별 않고 한 두 명의 자녀만 낳아 금이야 옥이야 기르는 경우가 많아졌다. 이에 더해 청년들의 사회진출 시기가 늦어져 그만큼 부모가 자식을 지원하는 기간이 길어지면서, 부모들이 자녀가 결혼을 한 이후에도 자녀를 여전히 자기 슬하의 자식 같이 보는 경향까지 생겨났다. 그러다보니 최근에는 전통적인 고부갈등 이외에도 장인, 장모와 사위 간의 갈등까지 발생하고 있는 실정이다.

배우자 집안과의 갈등은 종종 이혼을 불러온다. 부부 당사자 사이의 문제도 아닌, 시댁, 처가와의 갈등 때문에 이혼을 선택한다는 것은 정말이지 안타까운 일이다. 그러나 이 문제의 뿌리를 캐들어 가보면 결국 부부 간 갈등이다.

예컨대 아내가 시어머니와 갈등을 겪고 있다고 해도, 남편이 시어머니와 아내 사이를 잘 조율한다면 이런 갈등으로 이혼에까지 이를 가능성은 그다지 높지 않다. 실제로 시댁, 처가와의 문제로 이혼 상담을 받으러 오는 사람들과 대화해보면, 시어머니나 장모님과의 갈등 자체보다도 그 갈등을 해소할 노력을 하지 않는 배우자에게 실망한 경우가 많았다.

↵ 사례10 시동생의 유학자금을 대달라는 시어머니

A남은 30대 중반의 피부과 전문의다. A남은 명문대 의대를 졸업하고, 모교 병원에서 인턴과 레지던트를 거쳐 전문의 자격을 취득한 후, 강남 한복판에 피부과의원을 차려 대학 동기와 함께 공동으로 병원을 운영하고 있다. 일찍이 의료 마케팅에 눈을 떠 각종 언론 및 인터넷 광고를 통해 상당한 수입을 올리는 중이다. 그는 국산 대형차를 타고 병원에 출근하며, 주말에는 외제 스포츠카를 몬다. 젊은 나이에 남다른 성공을 거둔 셈이다. 이러한 조건 탓에 자연스레 A남은 여자들에게 인기가 많았고, 일등 신랑감의 표본과 같이 여겨졌다.

그렇기 때문에 A남과 사귀게 된 20대 후반의 광고대행사 직원 B녀는 우쭐한 기분이 들었다. 그녀의 남자친구는 늘 그녀의 친구들이나 직장동료들의 시샘 섞인 부러움의 대상이었다. 남자친구 A남이 B녀의 퇴근시간에 맞추어 회사 앞에 대형세단을 타고 나타날 때나, 고등학교 동창들과 술자리가 파할 때쯤 술집 앞에 스포츠카를 탄 A남이 기다리고 있을 때면, B녀는 "내가 성공했다. 이겼다."라는 생각마저 들었다. B녀는 그렇게 승리감에 취해 A남의 차에 오르곤 했다.

결혼에 이르기까지의 과정도 순조로웠다. 사실 B녀는 A남의 조건이 너무나 좋았기 때문에, A남의 부모님이 자신과의 결혼에 반대할까 마음을 졸였다. 또한 어느 정도 각오는 했지만, A남 측에서 과도한 혼수와 예물 등을 요구할까봐 부담스러웠다. 그러나 A남의 부모님은 큰아들인 A남이 사랑하는 사람과 결혼하는 데에 있어 어떠한 반대도 하지 않았고, B녀의 직업이나 학벌, 집안에 대하여 꼬투리를 잡지도 않았다. 혼수와 예물도 합리적인 선에서 간소히 하면 된다고 말씀하셔서, 이에 크게 고마움을 느낀 B녀의 부모님은 오히려 다소 분에 넘치는 금액의 고가 가구와 전자제품들로 신혼집을 채워주었다. 그렇게 2년의 불타는 연애와 순조로운 결혼준비 끝에 A남과 B녀는 식을 올리고 부부가 되었다. 모두가 탐을 내던 일등 신랑감 A남은 이렇게 B녀의 차지가 된 것이다.

그런데 B녀는 결혼 후에 뭔가 이상한 점을 발견했다. 남편의 수입에 비해 가계의 형편이 그렇게까지 여유롭지 않았던 것이다. A남이 본격적으로 돈을 벌기 시작한 것이 몇 년 되지 않았다는 점, 피부과 병원 개업을 위해 막대한 비용이 들어갔고, 그 모든 비용은 대출로 메워져 다달이 상당한 액수의 이자를 부담해야 한다는 점을 감안하더라도, 무언가 석연치 않은 점이 있었다. 그렇다고 해서 A남이 돈을 허투루 쓰는 스타일도 아니었고 B녀 자신도 무분별한 낭비와는 거리가 먼 사람으로, 부부는 실제로 벌이에 비해서는 검소한 생활을 하고 있었다. 물론 30대의 신혼부부가 두 대의 고가 자동차와 30평대 아파트에서 전세를 살고 있다는 것은 분명 다른 사람들보다 혜택 받은 출발이었다. 그러나 문제는 더 나은 삶을 위해 나아갈 수 있다는 믿음과 달리 가정경제는 제자리걸음을 하고 있다는 것이었다.

결혼한 지 몇 개월이 지나서야 B녀는 그 원인을 파악할 수 있었다. A남이 부모님에게 매달 상당한 액수의 용돈을 보내드리고 있었던 것. 자식이 부모님에게 용돈을 드리는 거야 뭐라 할 수 있을까마는, 문제는 그 액수가 너무나 크다는 데에 있었다. B녀는 A남에게 이 문제를 거론했다. 그러자 A남은 한숨을 쉬며 대답했다.

"나도 뭐, 사실 부담이 많이 되기는 해. 사실 부담되는 액수라는 걸 알기 때문에 자기한테 얘기하지 못했던 거지. 그런데 또, 부모님이 요구를 하시는

데, 내가 거절하기도 그렇고. 어떻게 해야 할지... 나도 답답하네.”

그러면서 A남은 그동안 하지 않았던 얘기를 꺼내놓았다. A남의 아버지는 작은 기업에서 30년간 일하다 은퇴했고, 어머니는 가정주부였다. 다행히 두 분이 강남 아파트에서 결혼생활을 시작해 집값 상승의 혜택을 누렸지만, 어머니는 아버지의 얼마 되지 않는 월급으로 장남인 A남의 사교육에 모든 것을 쏟아 부었기 때문에 늘 넉넉지 않은 형편이었다. 이후에는 A남의 대학 등록금과 병원 개업비용까지 일부 지원해주느라 퇴직금으로도 모자라 오랫동안 살던 집도 팔고 경기도로 이사를 가셨다.

“아, 자기한테 정말 많은 걸 해주셨구나. 감사한 일이네, 그건.”

“그래. 그 부분은 자기가 조금만 이해해줘라. 지금까지 받은 게 있어서 모른 척 하기가 좀 그래. 사실 내가 돈을 안 드리면 두 분 생활이 불가능하기도 하고.”

“알았어. 그건 자기가 알아서 잘 조절하고 그래.”

“그래, 여보. 고마워.”

그러나 똑 부러지는 성격의 A남은 유독 어머니의 요구에 대해서만은 우유부단한 태도를 보였고, 계속해서 매달 수백만 원을 용돈으로 드렸다. 그도 모자라 부모님이 타는 차량의 리스료, 가구비용, 해외여행비용까지 모두 A남이 부담하였다. A남의 부모는 아들에게 많은 돈을 투자해서 아들이 이만큼 살게 되었으니, 아들은 당연히 자신들에게 보답을 해야 한다고 생각하셨다. 보다 못한 B녀가 또다시 A남에게 말했다.

“자기야, 앞으로도 계속 그렇게 많은 돈을... 드려야 되는 거야? 당신 병원도 확장해야 하고, 아이가 태어나면 집도 사고 그래야 되는데...”

“내가 많이 벌게.”

“많이 버는 게 문제가 아니잖아. 많이 벌면 그만큼 더 많이 가져가실 텐데...”

“내가 알아서 할게. 믿고 좀 맡겨줘.”

　　B녀로서는 A남의 미적지근한 태도가 못미더웠고, 서운하기도 했다. B녀가 이 문제에 대해 언급하면 A남은 늘 '내가 알아서 할게,' '내가 더 많이 벌게.' 같은 말만 반복하였는데, 이는 문제의 해결에 전혀 도움이 되지 않는 답변이었다. 물론 A남 역시 부모님의 과도한 요구 때문에 스트레스를 받았지만, 그 요구를 거절할 수가 없었기에 답답한 심정이었다. 이 문제로 인해 좋았던 부부 사이가 점차 소원해지고, 이전 같으면 대수롭지 않게 넘겼을 사소한 일로 다투는 일도 잦아졌다.

　　그러던 중 B녀의 화가 제대로 폭발하는 사건이 발생했다.

　　"여보. 부모님께 한 1억 정도 보내드려야 될 것 같은데, 미안하지만, 허락 좀 해줘."

　　잠자리에 들기 전 침대에서 A남이 무겁게 말을 꺼냈다.

　　"아니, 1억? 여보! 곧 전세금도 올려줘야 하는데, 우리가 1억이 어디 있어?"

　　"마이너스 통장에 아직 한도가 남았으니까, 그걸로 일단…"

　　"뭐? 또 빚을 지자는 거야?"

　　"빚이 아니라 마이너스 통.."

　　B녀는 A남의 말이 채 끝나기도 전에 이불을 걷어차며 벌떡 일어섰다.

　　"당신 지금 장난하는 거지? 1억이 왜 필요하시대?"

　　"동생이 유학 간다고 해서… 알다시피 우리 부모님이 그만한 돈도 없고."

　　B녀는 어처구니가 없어 헛웃음이 나왔다.

　　"절대 못 드려! 당신이 얘기 못하면 내가 어머님을 만나 뵙고 말씀드려야겠어!"

　　"당신, 꼭 그래야겠어? 어쨌든 우리 집안일인데."

　　A남의 이 말은 B녀의 화를 더욱더 부채질했다.

　　"뭐? 우리 집안? 여보! 거긴 당신 부모님 집이지, 당신네 집이 아니야! 우리 집은 여기라고! 난 당신 마누라고!"

다음날 점심에 B녀는 흥분을 가라앉히고 본가 근처 한정식 집에서 시어머니와 마주했다. 며느리와 시어머니 사이에서 말할 법한 이런저런 일상적인 얘기들이 끝나고, 비로소 B녀는 본론으로 들어갔다.

"저, 어머니. 도련님이 미국을 간다고 들었는데요."

"응, 그래, 아가. 몇 년 후엔 우리 집안에 박사 하나 나올 것 같아 요새 기분이 좋아."

"아, 예. 도련님은 잘 하실 거예요. 박사 따고 나중에 교수도 되실 거구요. 그런데요, 어머니... 이런 말씀 드리기가 조심스럽기는 하지만, 그 유학비용을 저희가 내기엔 좀 부담스럽거든요. 곧 애도 태어나서 돈도 필요하고, 전세금도 올려줘야 하고요."

"아니, 애야. 다들 힘들게 산다. 그래도 조금씩 서로 돕고 살아야지. 다른 일도 아니고 네 남편 동생 일이잖아."

"어머니, 조금씩 돕는 수준이 아니잖아요. 저희가 1억이 어디에 있겠어요?"

"너희들이 좀 이해해라. 더는 말 안 하마."

시어머니는 표정이 굳어지며 숟가락을 놓았다. B녀는 시어머니가 화를 내는 모습이 처음이라 무서웠으나, 그래도 이렇게 계속 드리기만 하며 살 수는 없다는 생각을 하며 용기를 내 이야기했다.

"어머님, 이번에는 정말 어려워요. 그동안 저희가 못해드린 게 아니잖아요. 도련님 유학하는 것까지 저희가 해드릴 수는 없어요. 그럴 형편이 정말 안 된다고요, 어머님."

그러자 시어머니는 숟가락을 팽개치며 B녀에게 불호령을 내렸다.

"아니, 너! 보자보자 하니까 말이 참 이상하다? 내가 내 아들한테 돈 받겠다는데 네가 뭔 상관이니? 내가 아들한테 그깟 돈 1억 받는 거 땜에 네 허락까지 받아야 돼?"

시어머니와 헤어지고 집에 돌아오며 B녀는 절망적인 기분이 들었다. A남의 어머니는 아들에게 투자했기 때문에 그 보답을 받아야 한다는 수준이 아니라, 아들 돈은 자기 돈이라고 굳게 믿고 계셨다. 자기가 무슨 말을 해도 시어머니는 바뀌지 않을 것이고, 오히려 관계만 나빠질 것이었다. 그렇다면 믿을 것은 남편뿐이지만, 그간의 태도를 보았을 때 A남은 절대로 어머니의 요구를 거절할 수 있는 인물이 아니었다. 그렇다면 앞으로 어떤 일들이 벌어질까? 시동생의 유학자금을 대고 나면, 그 이후엔 시아버지의 사업자금, 시동생의 결혼준비 자금, 그 이후엔 집까지 사달라고 할 것이 아닌가? 이런 생각을 하자 갑자기 B녀는 눈앞이 캄캄해졌다.

사례11 옆집 사시는 장모님

A남은 소개팅에서 만난 B녀한테 첫눈에 반해 오랜 기간 그녀에게 구애한 끝에 연애를 시작하였다. B녀는 명문대를 우수한 성적으로 졸업하고 수백 대 일의 경쟁률을 뚫고 일류회사에 입사해서 승승장구하고 있었다. 큰 키에 외모 또한 훌륭한, 흔히 말하는 미모의 재원. A남은 B녀의 외모와 조건도 그렇지만, 무엇보다 그녀의 단아하고 순수한 성격이 좋았다. 얼핏 봐도 B녀는 좋은 집안에서 좋은 것 먹고 좋은 옷 입고 좋은 교육 받고 자란 것 같은 인상이었고, 누구에게나 친절하고 배려심이 깊었다. 딱 한 가지 아쉬운 점이 있다면, 너무 순수했던 탓인지 A남과 데이트를 하더라도 10시면 집에 들어가야 했다는 점.

"집이 좀 엄해요. 제가 외동딸이기도 하고."

어머니에게서 걸려온 전화를 받고 집에 일찍 들어갈 때면 B녀는 미안한 마음이 가득한 표정을 지으며 이렇게 말하곤 했는데, A남에게는 그 모습조차 예뻐 보였다. 사실 어머니 말씀 잘 듣고 집에 일찍 들어가는 여자가 안 좋게 보일 리는 없었다.

"헤어질 때면 좀 아쉽긴 해도, 요즘 세상에 이런 여자는 흔치 않잖아."

A남은 종종 친구들에게 이렇게 여자친구 자랑을 하곤 했다.

이상 징후는 결혼 준비를 하며 신혼집을 구하는 과정에서 발견되었다. 당초 A남은 자신과 B녀가 다니는 회사 근처에 신혼집을 마련하려 했으나, B녀는 일산에 살고 싶어 했다.

"일산? 웬 일산?"

A남은 의아해져서 물었다.

"우리 집이 일산이잖아요."

B녀의 말을 들어보니 일리가 있기는 했다. 맞벌이 부부가 될 A남과 B녀 입장에서 생각할 때, 친정어머니 집 근처에 살면 집안일 등 이것저것 도움을 받을 수 있고, 특히 아이를 낳게 되면 친정어머니가 아이를 키워줄 수도 있어 부부의 부담이 줄어든다는 얘기였다.

"그래, 그렇게 하자. 대신 아침에 좀 일찍 일어나야겠네."

B녀의 어머니는 상견례 자리에서 A남과 A남의 부모에게 신혼집을 일산에 구해줘서 고맙다고 연신 감사의 인사를 하였다.

"사실 우리 딸아이가 시집을 간다고 해서 어찌나 마음이 허전했는지요. 딸 가진 부모 마음이라는 게, 사돈도 예쁜 따님이 있으시니 아시죠?"

"예, 그럼요. 저도 얘 누나 시집보낼 때 마음이 그랬어요. 딸 잃었다고 생각하지 마시고, 아들 하나 새로 얻었다 생각해주세요, 사돈."

"예, 정말 감사드립니다."

상견례도 순조롭게 잘 끝났고, B녀의 어머니는 A남의 장모님이 되었다.

A남과 B녀는 신혼여행을 마치고 회사에 복귀해 A남의 차를 타고 함께 일산의 신혼집으로 퇴근했다. 그런데 현관문을 열고 들어선 A남 앞에는 놀라운 광경이 펼쳐져 있었다.

"어서 오시게, A서방. 그리고 우리 딸. 오랜만에 회사 나가 일하느라 힘들었지?"

B녀의 어머니, A남의 장모님은 부부의 신혼집 식탁에 된장찌개와 닭백숙을 차려놓았고, 소고기 등심을 구울 준비를 하고 계셨다. A남이 놀라서 대충

인사를 하고, 거실을 둘러보니, 신혼여행에 가져갔던 짐 등으로 어질러져 있던
거실이 깨끗하게 정리되어 있었다.

"아니, 장모님... 집도 치우셨어요?"

"아, 내가 정리 좀 하고, 청소 깨끗이 해놨네. 우리 딸아이가 일하느라 고
단했을 텐데, 집안일까지 하면 힘들잖아. 자! 어서 씻고 밥 먹을 준비하게."

장모님은 부부와 함께 저녁식사를 하고, 과일과 커피까지 먹고 나서야 신
혼집을 떠났다.

"자기야. 장모님이 자기를 진짜 사랑하시나보다. 결혼까지 했는데도 말이
야. 그렇지?"

"에이, 그보다는 당신을 좋아하시는 것 같은데요. 좀 불편해요?"

"아니, 뭐, 불편하다기보다는..."

"내가 일을 하다보니까 집안 살림 같은 거 신경 쓰지 못하고 그럴까봐, 걱
정되시나 봐요."

"그거야 내가 같이 하면 되는데, 뭐."

"당신도 바쁘잖아요. 좀 이해해요. 당신이 불편하면 밥만 차려놓고 가시라
고 할게요."

장모님은 다음날도 그 다음날도 부부의 집을 열심히 청소하였고, 부부가
퇴근할 때면 식탁에는 진수성찬이 차려져 있었다. 장모님은 부부가 퇴근한 모
습을 보고서야 집을 나섰다. 집안일을 하지 않아도 된다는 점은 편했지만, 아
무리 그래도 이건 좀 과한 것 같다는 생각이 들었다.

"여보, 이건 좀... 집안 청소야 아주머니를 써도 되고, 밥이야 우리가 차려
먹어도 되는데."

A남이 조심스레 장모님 얘기를 꺼내자, B녀는 고개를 저었다.

"나 요리 잘 못해요. 청소도 잘 못하구."

"여보, 내가 하면 되잖아. 나 잘해."

"에이! 당신 피곤한데, 그런 일까지 시킬 수 있나요."

아무리 생각해도 이상한 일이었지만, 무던한 성격의 A남은 부부가 집안일 신경 쓰지 않고 일에 열중할 수 있으니 그건 좋네... 하면서 긍정적으로 받아들이기로 했다. 그러나 몇 달 후에는 도저히 긍정적으로 받아들일 수 없는 일이 발생하고 만다.

"자네들, 요새 관계는 갖나?"

어느 날 저녁, A남이 식사를 차려주고 집으로 돌아가는 장모님을 현관 앞까지 배웅하는데, 장모님이 이렇게 물었다. A남은 당황해서 되물었다.

"과... 관계요? 그게 무슨?"

"아니, 부부관계 말일세. 결혼한 지 6개월이 넘어가는데 아직 소식이 없으니 말이야."

"아, 예... 자주 부지런히 하고 있습니다."

"우리 애는 너무 거칠고 그런 건 안 좋아하거든. 그거 좀 신경 쓰고, 매달 16일에는 꼭 하는 게 좋을 거야. 자네가 알아서 잘 하겠지만, 아무튼 부탁하네!"

A남은 어안이 벙벙해져 뭐라 대꾸조차 할 수 없었다.

매달 16일마다 관계를 가졌는지는 따져보지 않아서 모르지만, 어쨌든 B녀는 얼마 지나지 않아 임신을 했고, 귀여운 아들이 태어났다. 아이가 태어난 이후의 풍경은 더더욱 놀라웠다. A남이 퇴근하면, B녀와 장모님이 함께 아이를 보고 있고, 장모님은 저녁을 차려준 후에도 아이가 잘 때까지 부부의 집에 머물렀다. 참다못한 A남이 B녀에게 베이비시터를 쓸 테니까 장모님은 좀 쉬는 것이 좋겠다고 하자, B녀는 남들은 장모님이 애를 봐주면 좋아하는데, 당신은 왜 이런 일에 민감하냐며 타박을 했다.

"그렇다고 광주에 계신 어머님이 애를 봐주실 수도 없는 거잖아요. 그리고 우리가 아줌마 쓸 형편이 되는 것도 아니고, 생판 모르는 남보다는 우리 엄마가 애 봐주는 게 낫지 않아요?"

"낫기는 개뿔이 나아? 여기 우리 부부가 사는 집이야. 아무리 당신 어머니라도 왜 장모님이 우리 집에서 우리 애랑 24시간 붙어 있어야 되냐고!"

"여보! 엄마가 우리 도와주시는 거잖아요. 고마워하지는 못할망정, 정말! 애 깨겠어요. 내일 얘기해요."

A남은 장모님도 장모님이지만 아내 B녀의 태도가 못마땅했고, 자기를 이해해주지 못한다는 사실에 서운했다. 그리고 이러한 서운함은 시간이 지나면서 원망으로 발전해나갔다.

6) 배우자의 폭력과 폭언

요즘 세상에도 맞고 사는 사람이 있나, 아직도 아내를 때리는 남편이 있을까, 라고 건성 얘기할 수도 있겠지만, 가정폭력은 여전히 우리 사회에 만연해 있다. 가정폭력사범에 대한 신고 및 검거 건수는 해가 갈수록 많아져 작년 한 해에는 이런 범죄로 검거된 케이스가 무려 4만 건이 넘는 것으로 기록되었다. 물론 가정폭력을 당하면서도 신고를 하지 않는 경우가 많이 있었던 과거와는 달리, 최근에는 가정폭력을 당하면 적극적으로 경찰 등 기관에 신고를 하는 경향이 높아지면서 검거 건수가 증가한 측면도 있을 것이다. 어쨌든 경찰 조사 결과에 따르면 공식적으로 작년 한 해 4만 건 이상의 가정폭력이 발생하였고, 경찰 당국에 신고되지 않은 가정폭력 사례도 있다는 점을 생각하면 실로 많은 사람들이 배우자의 폭력에 노출되어 있다는 것은 분명한 사실이다. 배우자에게 폭행을 당하고 폭언을 듣는다면, 당연히 이혼을 고민할 수밖에 없다. 나와 가장 가까운 사이이고 누구보다 나를 아껴주어야 할 배우자에게 폭행을 당하면, 육체적인 피해도 피해이지만 정신적인 고통 역시 너무나 크다. 배우자를 폭행하는 행위는 당연히 재판상 이혼사유에 해당되기 때문에, 이혼소송을 제기하여 배우자의 폭행 사실을 증명할 수 있다면 이혼이 가능하다.

A남은 유순하고 순박한 성격을 갖고 있다. 경우에 따라서는 좀 소심하다는 얘기를 듣기도 하지만, 다른 사람의 이야기를 잘 들어주고 여간해서는 자기주장을 내세우지 않기 때문에, 호인이라는 평가를 받으며 원만한 사회생활을 하고 있다. B녀가 선을 보는 자리에서 처음 A남을 마주했을 때 받았던 느낌도, 모나지 않고 착하며 성실한 사람이라는 것이었다. 아버지의 도박과 외도로 인해 힘들어하는 어머니를 지켜보았던 B녀는 A남과 결혼을 하면 적어도 아버지처럼 아내를 고생시키지는 않을 것이란 생각을 했다. B녀는 이렇게 A남에 대해 긍정적인 생각을 갖고 그와 교제를 시작하였고, B녀의 기대와 같이 A남은 그렇게 로맨틱하거나 유머러스하지는 못했어도, 늘 순박하고 친절한 모습을 보여주었다. 6개월 후 B녀는 A남의 아기를 갖게 되었다. 둘 다 나이도 차 있었던 상태라, A남과 B녀는 임신 사실을 확인하자마자 양가의 허락을 받아 서둘러 결혼식을 올렸다.

그런데 결혼한 이후 A남은 연애 때의 모습과는 달리, 아내의 말을 잘 듣지 않고 자기 고집만 부리는 경우가 잦았다. B녀와 의견 충돌이 발생하면 소리를 지르거나 혼잣말로 욕설을 내뱉기도 했다. 이런 일이 반복되던 과정에서, B녀를 충격에 빠뜨리게 한 사건이 발생했다. 주말 오후 A남과 B녀는 가벼운 말다툼을 했다. A남 어머니의 생신선물로 무엇을 사드릴까 하는 사소한 문제로 의견이 충돌했던 것이지만, A남은 B녀가 자기 의견을 굽히지 않자 욕을 하며 휴대폰을 TV에 던져버렸다. B녀는 처음 보는 A남의 모습에 충격을 받아, 잠시 집을 나갔다가 몇 시간 후에 돌아왔다. 그런데 A남은 B녀가 집에 들어오자마자 따귀를 때리며 소리쳤다.

"대체 당신 그거 누구한테 배운 버릇이야? 앞으로 그러면 진짜 가만 안 둬!"

A남은 씩씩대며 거실 소파에 누웠고, B녀는 침실로 가 침대에 누워 이불을

뒤집어썼다. B녀는 A남에 대해 너무나 화가 났지만, 흥분해 있는 A남에게 뭐라 말할 용기가 나지 않았다. B녀는 그저 이불 속에 눈물을 흘릴 수밖에 없었다.

　다음날 아침 A남은 B녀에게 정말 미안하다고 사과를 했고, 눈물까지 보이며 용서를 구했다. 그러자 B녀는 앞으로는 다시는 이런 일이 없을 것이란 A남의 약속을 받고, 남편의 잘못을 용서해주었다.

　그러나 그 일이 있은 후 며칠 지나지도 않아 비슷한 일이 발생했다. A남이 이틀 연속으로 술을 마시고 집에 늦게 들어와서 B녀가 가볍게 A남을 나무라는 소리를 하자, 두 손으로 B녀를 밀쳐 넘어뜨린 것이다. B녀는 임신한 아내에게 폭력을 쓰는 A남을 도저히 용서할 수 없었지만, 며칠 후 A남은 이전과 같이 정말 미안하다고 싹싹 빌었다. 이후에도 A남은 또다시 사소한 다툼에 이어 B녀에게 손찌검을 하고 그 다음날이나 며칠 후에 사과를 하는 행태를 반복했다. 그 사이 A남이 휘두르는 폭력의 수위는 점점 높아졌다. B녀는 자기가 가정폭력의 피해자가 될 것이라고는 상상도 못해봤기 때문에 이 상황이 너무 당황스러웠고, 이제는 A남에 대해 공포감마저 들기 시작했다. B녀는 곧 태어날 아이를 생각해 참아보려 했지만, A남의 심기를 건드릴까봐 하고 싶은 말도 못하고 늘 조심하면서 사는 것이 너무나 답답하고 하루하루가 두려웠다.

2장. 끝내 이혼해야 할까?

위에서 언급한 몇 가지 전형적인 사례가 아니더라도 이혼을 고민하게 하는 불행요소는 수도 없이 많고, 가지각색의 이유로 이혼을 고민하고 있는 사람들도 부지기수다. 그러나 결혼생활을 방해하는 문제가 있다고 해서 모든 부부가 이혼을 하는 것은 아니고, 또 그래서도 안 된다. 부부 사이에 문제가 있다는 이유만으로 성급하게 이혼을 하려는 것은 현명하지 못한 일이다. 당신이 이혼을 고민할 정도로 부부 사이에 문제가 있다면, 섣불리 이혼을 결심하기에 앞서, 우선 부부 사이를 악화시킨 원인을 정확히 파악하고 문제를 해결하여 부부 관계를 개선할 수 있을지를 판단해야 한다.

가. 관계는 개선할 수 있다

1) 대화가 필요해

불화를 겪고 있는 부부들의 대부분은 서로 간의 대화가 부족하다. 사이가 좋지 않기 때문에 대화가 없어지기도 하지만, 대화의 단절로 인해 점차 사이가 멀어지기도 한다. 부부싸움을 하거나 서로에게 마음에 들지 않는 점이 있으면 부부 간에 대화를 하지 않게 되고, 그러다보니 서로서로 쌓인 앙금이 풀리지 않으며, 이로 인해 더욱더 관계가 악화되는 식이다. 이러한 악순환의 굴레에서 벗어나기 위해서는 부부가 대화를 통해 서로의 생각을 이해하고 입장을 조율하는 것이 무엇보다 먼저 필요하다.

위에서 들었던 **#사례1**의 경우를 보자. 꼼꼼한 성격의 A남이 어질러진 주방과 안방을 보며 아내 B녀에게 화를 내기보다는, 이런 식의 다정한 말을 건넨다면 어떨까. "나는 집안을 깨끗하게 정리하는 걸 좋아한다. 당신 성격이 털털한 걸 알지만, 이런 부분을 조금만 더 신경써주면 좋겠다. 나도 내 성격이 지나치게 꼼꼼한 걸 알고 있고, 고치려고 노력하겠다. 당신이 스트레스 받지 않게 하겠다." 아마 더 이상의 큰 부부싸움은 없었을 것이다. 부부가 서로에게 불만족스러운 부분에 대해 차분히 대화를 나눈다면, 서로 고칠 것은 고치고 양보할 건 양보하면서 화목한 가정을 회복할 수 있을 것이다.

그럼 **#사례2**는 어떨까? 아내 B녀는 남편 A남의 사교적인 성격 탓에 부부 둘만의 시간을 보내지 못하는 것이 불만인 경우였다. 이럴 때 속으로 화를 삭이거나, 반대로 무턱대고 화를 내지 말고, "당신이 사회생활을 열심히 하고 대인관계가 좋은 건 분명 장점이지만, 우리는 부부이기 때문에 우리 둘만의 시간이 필요하다. 적어도 일주일에 하루 이틀 정도는 둘이 오붓하게 있고 싶다."라고 차분하게 얘기하면 어떨까? 사실을 냉정하게 들여다보면 A남은 B녀가 원하는 걸 정확히 알지 못하고 있다. B녀와 함께 지인의 결혼식에 참석하고, 친구들과의 술자리에 B녀를 데리고 가기만 하면 'B녀와 함께 시간을 보내는 것'이라고 생각하고 있으니 말이다. 따라서 B녀는 자신이 A남에게 원하는 것을 정확하게 이야기해줄 필요가 있다. 물론 A남 역시 아내가 원하는 게 정확히 무엇인지 물어봄으로써 B녀를 이해하려는 노력이 필요하다.

프라이버시에 대한 의견 차이로 갈등을 겪고 있는 **#사례3**의 부부 역시 마찬가지. 사실 A남의 생각에도 일리가 있고 B녀의 입장에도 일리가 없지 않기 때문에, A남과 B녀가 부부 간의 프라이버시를 어느 선까지 인정할 것인지에 대해서 차분한 대화를 나눈다면, 얼마든지 타협의 여지가 있다. 예를 들어, '서로의 휴대폰을 보는 짓은 하지 말자,' '자잘한 돈을 쓰는 것은 몰라도 큰돈을 지출하는 경우엔 사전에 배우자와 상의하자' 등, 부부 나름대로의 프라이버시에 대한 규칙을 만든다면, 이런 문제로 인해 얼굴을 붉히고 싸울 일은 없지 않을까?

또 #사례4를 생각해보자. 부부가 '섹스리스' 상황에 빠진 것은 상호 이해가 부족하고 상대방의 입장을 헤아리지 못하였기 때문이다. A남은 아내 B녀를 만족시켜주는 부부관계를 갖기 위해 노력했어야만 했다. 그러나 A남은 자신의 욕구만 채웠을 뿐 B녀의 기분은 생각조차 하지 않았고, 심지어 B녀가 출산과 육아 때문에 정신적, 육체적 여유가 없는데도 부부관계를 요구했다. B녀 또한 남편에게 자신이 부부관계에 만족하지 못한다는 점을 털어놓고 이야기함으로써 A남이 자신의 문제를 인식하고 고쳐나갈 수 있는 기회를 주었어야 했다. 그런데 B녀는 아무런 설명도, 이유도 제공하지 않으면서 부부관계를 거부했기 때문에, A남은 왜 B녀가 그런 반응을 보이는지 이유도 모른 채 속앓이를 해온 것이다. 지금이라도 부부가 서로의 마음을 터놓고 이야기할 필요가 있다.

2) 경제적 위기에 대처하는 부부의 자세

각각 남편의 실직과 사업 실패로 결혼생활의 위기를 겪고 있는 #사례5, #사례6의 부부를 생각해보자. 이들 부부의 갈등은 오로지 경제적 위기 때문에 발생한 것일까? 그렇지 않다. 남편이 실직을 했다거나 남편의 회사가 부도가 났다고 하여 부부 간의 사랑이 하루아침에 사라지는 것은 아니지 않은가? 경제적 위기는 결혼생활 파탄의 계기일 뿐, 그 진정한 원인은 아니다. 물론 경우에 따라서는 이 말에 의문을 제기할 수도 있겠지만, 우선은 그렇게 믿고 경제적 위기 때문에 무너진 부부 사이를 회복시키려는 노력을 기울이는 것이 보다 현명한 행동이다.

예컨대 **#사례5**의 부부가 갈등을 겪고 있는 것은 단지 남편 A남이 실직했기 때문만은 아니다. 물론 A남이 실직을 하지 않았다면 갈등이 생기지 않았을지도 모른다. 그러나 중요한 것은, A남이 실직 후 재취업을 하려는 의지가 없었다는 점이다. 만약 A남이 자신의 실직 때문에 경제적 어려움을 겪고 있는 아내를 위해서라도 다시 취업을 하거나 창업을 하여 재기하려는 모습을 보여준다면, 부부의 갈등은 해결될 수 있다. 또한, 아내 B녀도 실직으로 인해 좌절감을 겪고 있는 남편에게 비난과 질책만 퍼붓기보다는, A남을 어루만져주고 재기를 도와줄 필요가 있다.

#사례6은 어떨까? 이 경우, 부부는 엄청난 부자였다가 한 순간에 경제적으로 몰락하였다. 그리고 A남은 아내 B녀의 조언을 듣지 않고 무리한 사업 확장을 함으로써 실패를 자초한 측면이 있다. 이런 상황에서 B녀가 받았을 충격과 실망은 이루 말할 수 없을 것이다. 그러므로 A남은 아내 B녀에게 자신의 과오에 대해 진심으로 사과하고, 그녀의 상처 받은 가슴을 위로해주어야 한다. 그리고 스스로 재기를 위해 노력함은 물론이거니와, 반드시 다시 일어설 수 있다는 믿음을 아내 B녀에게 주어야 한다. 반대로 B녀 역시 남편이 받았을 충격과 좌절에 대해 공감해주고, 무너진 그의 자신감을 일으켜 세우려는 노력을 기울여야 한다.

이렇듯 남편은 재기를 위해 노력하는 불굴의 모습을 보여주고, 아내는 좌절감을 겪고 있는 남편을 따뜻하게 어루만져준다면, 이혼이라는 극단적인 결과에까지 이르지 않아도 될 것이다. 설령 경제적으로 완전한 재기를 못한다 할지라도, 부부가 힘을 합쳐 위기에 대처한다면 그 과정에서 쌓인 신뢰와 사랑의 힘으로 적어도 가정은 오롯이 지킬 수 있을지 모른다. 돈 때문에 사랑이 깨질 수도 있지만, 거꾸로 생각해보면 사랑의 힘으로 경제적 위기를 극복할 수도 있는 것이다.

3) 바람피우는 배우자 마음 되돌리기

부부 간의 신뢰와 정조 의무를 저버리고 외도를 한 배우자를 용서하는 것은 쉬운 일이 아니다. 그러나 배우자의 외도에도 불구하고 가정을 지키고 싶어 하는 사람들 또한 상당히 많다. 그런데 문제는 불륜에 빠진 배우자의 마음을 돌려놓는 것도 쉬운 일이 아니라는 점이다. 정작 부부 간의 신뢰를 깨고 불륜을 저지른 것은 남편인데, 오히려 그 남편이 이혼을 원하고 아내는 가정을 지키고자 하는 사례들을 적잖이 보아왔다. 이런 사례를 보면 안타까운 마음이 든다. 물론 우리 법은 특별한 경우를 제외하고는 유책배우자의 이혼청구를 허용하지 않기 때문에, 불륜을 저지른 배우자가 이혼을 원한다 하더라도 법적으로는 얼마든지 가정의 틀을 유지할 수 있다. 그러나 껍데기뿐이고 형식적인 가정의 유지가 아니라 진정 행복한 결혼생활의 회복이 목적이라면, 반드시 배우자의 마음을 되돌려야 한다.

외도에 빠진 배우자를 가정으로 돌아오게 하기 위해서는, 배우자의 입장을 이해하고 헤아려주는 자세가 필요하다. 우선은 배우자가 왜 외도의 길로 빠졌는지를 알아야 한다. 혹시 배우자가 당신에게 만족하지 못하는 부분이 있는지, 부부 간의 관계에 어떤 문제가 있는 것은 아닌지, 확인해보자. 만약 배우자가 당신에게 만족하지 못하는 부분이 있거나 부부 사이에 문제가 있어서 외도를 한 것이라면, 이 부분을 개선함으로써 배우자가 당신에게 돌아오게 만들 수 있다.

소위 '오피스 와이프'와 사랑에 빠진 남편 때문에 결혼생활의 위기에 놓인 **#사례7**의 부부를 생각해볼까. 물론 결혼생활 파탄의 원인은 아내를 두고 다른 여자와 사랑에 빠진 A남에게 있고, B녀가 A남의 외도를 자초했다는 식의 표현은 적절하지 않다. 그러나 만약 B녀가 A남의 마음을 돌리고 싶다면, A남의 외도 원인 중 하나가 B녀의 행동이라는 것을 파악하고 이를 개선하려는 노력을 해야 한다. A남은 수년째 고된 회사 일을 하고 있다. 이러한 노력은 A남 자신을 위해서이기도 하지만, 무엇보다 가족을 위한 것이었다. 그런데 안타깝게도 아내 B녀는 그에게 아무런 위로가 되어주지 못했다. A남이 야근을 마치고 집에 들어서면, B녀는 남편에 대한 얘기라든지 자신들의 삶에 관한 대화가 아니라, 아이들 얘기나 돈 얘기만 하였을 뿐이다. 이런 상황에서 A남은 가정 속에서 휴식을 얻기는커녕, 오히려 또 다른 일터에 온 것과 같은 기분을 느끼게 되었을 것이다. B녀가 A남의 마음을 되돌리려면 이제부터라도 자신이 A남의 고충을 이해해주고, 그에게 힘이 되어주기 위해 노력을 기울여야 한다.

한편 **#사례8**에 등장했던 남편 A남은 아내 B녀가 나이트클럽 등을 전전하게 된 원인을 진지하게 찾아봐야 한다. 아내 B녀가 솔직하게 자신의 심정을 말할 수 있게 해주고, 대화 과정에서 B녀가 A남에게 만족하지 못하는 부분을 발견하면 그 부분을 채워주기 위해 노력해야 한다. B녀는 A남의 무뚝뚝한 성격 탓에 결혼생활의 재미를 찾지 못하고 권태를 느끼고 있는데, 이러한 문제는 A남의 노력으로 충분히 극복할 수 있다.

남편의 룸살롱 출입으로 적지 않은 갈등을 겪고 있는 **#사례9**를 보자. 이런 문제는 필자가 주변의 지인들로부터도 많이 듣는 케이스 중의 하나다. 룸살롱 같은 유흥업소에 출입하는 관행 때문에 결혼생활의 위기에 몰린 남자들이 주로 하는 얘기는 이런 식이다. "우리나라 문화가 그런 걸…" "회사 업무상 피할 수 없는 자리인데 어떻게 하냐고?" 물론 내가 이런 남자들을 두둔하려는 것은 아니다. 하지만 그들 중에는 정말 어쩔 수 없이 유흥업소를 출입하는 사람들이 있는 것도 사실이다. 만약 회사의 분위기를 고려할 때 정말로 A남이 룸살롱을 출입할 수밖에 없다면, A남으로서는 룸살롱 출입을 문제 삼는 B녀에게 서운한 감정을 가질 수도 있다. 반대로 B녀가 조금이나마 A남의 고충을 이해해주는 태도를 보여준다면, A남은 고맙고 미안한 마음에 어떻게 해서든 유흥업소에서의 술자리를 피하려 노력할지도 모른다.

4) '시월드', '처월드' 극복하는 법

위에서도 이미 언급했던 것처럼, 시댁이나 처가와의 갈등의 본질은 결국 부부 간 갈등이다. 따라서 이러한 갈등은 결국 당사자인 부부가 풀어야 할 숙제다. 여기서 가장 중요한 것은 역시 배우자에 대한 이해다.

시어머니의 경제적 요구로 갈등을 겪고 있는 **#사례10**의 부부를 생각해보라. 갈등의 본질적 원인은 시어머니가 아니라 남편 A남이다. 시어머니 입장에서는 자신의 아들인 A남에게 금전적인 요구를 할 수 있지만, 누가 보더라도 그 요구는 과도하며 가정경제에 악영향을 준다. 이런 사실을 알고 있다면, A남은 아내 B녀를 위해서라도 어머니를 설득함으로써 적절한 선에서만 경제적 지원을 해드리도록 해야 하고, 이 문제로 아내와 어머니가 갈등을 빚지 않도록 이들의 관계를 조율하여야 한다.

장모님이 지나치게 부부 사이를 간섭하고 있는 **#사례11**의 부부 역시 아내 B녀의 현명한 대처가 필요한 상황이다. 다른 무엇보다, B녀는 부부생활의 주체가 자신의 어머니가 아닌 A남과 B녀라는 사실을 깨달아야 하고, 어머니의 과도한 간섭이 남편 A남에게 불편과 고통이 될 수 있다는 점을 이해해야 한다. 이것이 핵심이다. 이렇듯 B녀가 A남의 입장을 이해한다면, 어머니가 매일 부부의 집에 드나들게 놔둘 수는 없을 것이다.

한편, **#사례10**의 아내 B녀나 **#사례11**의 남편 A남 역시 배우자의 입장을 이해하고, 그들의 입장에서 생각하려는 노력을 해야 한다. 나에게는 시어머니요, 장모님이지만, 그들에게는 어머니다. 그들이 남편, 혹은 아내와 어머니 사이에 끼어 이러지도 저러지도 못할 수밖에 없는 상황을 이해해주고, 그들이 어머니와의 관계를 현명히 풀어나갈 수 있도록 도와주는 태도가 필요하다.

5) 사랑은 돌아오는 거야!

많은 부부들이 서로 싸우고 갈등을 겪는다. 그것이 우리네 부부들의 모습이요, 이 세상 어디를 가더라도 사정은 크게 다르지 않을 것이다. 그러나 부부 간 다툼과 갈등의 결과가 항상 이혼인 것은 아니고, 또 그래서도 안 된다. 차분히 불화의 원인을 파악하고, 대화로써 서로의 마음을 이해하려 애쓴다면 갈등을 극복할 수 있다. "비 온 후에 땅이 굳는다."라는 말도 있고, "위기 뒤에 기회가 온다."는 격언도 있지 않은가? 회피하지 말고 슬기롭게 부부 간의 갈등을 극복한다면, 오히려 이전보다 더 행복한 결혼생활이 찾아올 수 있을 것이다.

나. 그러나 사람을 바꿀 수는 없다

사람과의 관계는 개선할 수 있지만, 사람을 바꿀 수는 없다. 배우자를 이해하고 그(녀)의 입장에서 생각하고 의견을 조율하여 맞춰갈 수는 있지만, 근본적인 부분을 바꿀 수는 없다는 얘기다. 당신은 당신 스스로를 바꿀 수도 없고, 당신의 배우자를 바꿀 수도 없다.

앞서 들어봤던 #사례1, 2, 3의 경우와 같이 배우자와 성격이 맞지 않아 부부갈등을 겪는다고 하자. 당신이 배우자와 성격을 맞춰보려고 노력했지만, 도저히 둘 사이의 간극이 좁혀지지 않는다면? 당신은 자신의 성격도, 배우자의 성격도 바꿀 수 없다는 것이 증명된 것이고, 더 이상 배우자와 행복한 결혼생활을 할 수 없음이 명백해진 것이다.

또 #사례4와 같은 섹스리스 부부의 경우를 보자. 만약 아내 B녀의 조언과 요구에도 남편 A남이 계속 아무런 무드도 없는 부부관계를 하려 들고, 심신이 지친 B녀에게 술에 취해 덤빈다면? B녀가 잠자리를 거부할 때마다 성매매업소를 전전한다면? 남편 A남은 그런 사람인 것이고, B녀는 그런 남편을 바꿀 수 없는 것이다.

#사례5, 6와 같이 남편이 경제적 위기를 겪고 경우는 또 어떤가? 남편이 실직했거나 사업에 실패했을 때 아내가 위로해주고 재기를 위해 용기를 북돋아주었음에도 불구하고, 남편은 여전히 집에서 빈둥거리고 있고 술에 절어 가정 경제를 나 몰라라 한다면, 남편은 개선의 여지가 없는 것이라 볼 수밖에 없다.

#사례7, 8, 9와 같은 배우자의 외도 역시 마찬가지다. 외도를 한 배우자를 용서하고, 배우자가 만족하지 못하는 부분을 채워주려 하였음에도, 배우자가 다른 여자와 불륜을 계속한다든지 나이트클럽이나 유흥업소를 전전한다면, 배우자의 외도를 멈추게 할 방법은 없는 것이다. 이 상황에서 배우자의 거듭되는 외도를 참을 수 없다면, 안타깝게도 답은 이혼밖에 없다.

#사례10과 같은 상황에서 남편 A남이 시어머니의 과도한 경제적 요구를 거절하지 못하고 시어머니에게 계속 끌려 다닌다면, 상황이 개선될 여지는 없다. #사례11의 아내 B녀가 장모님의 부당한 간섭을 용인하고, 이에 불만을 제기하는 남편의 말을 아무렇지도 않게 생각한다면, A남은 B녀라는 사람을 바꿀 수 없는 노릇이다.

남편의 폭력 때문에 고통을 겪고 있는 #사례12에서, B녀가 A남과의 결혼생활을 이어나가기 위해서는 A남의 폭력적인 성향을 바꾸어야 한다. 물론 B녀는 A남에게 폭력을 사용하지 말라고 단호하게 이야기하고, 이런 일이 또다시 반복될 경우엔 절대 참을 수 없다는 점을 분명히 밝혀야 한다. 가정폭력 가해자 상담을 받게 하거나 정신과 치료를 받도록 유도함으로써 개선을 시도해볼 필요도 있다. 그러나 A남이 B녀의 충고를 받아들이지 않고 이후에도 계속 폭력을 사용한다면, B녀가 A남의 폭력적인 성향을 잠재울 수는 없는 것이다. 그렇다면 계속 맞고 살든지, 아니면 이혼을 하든지 둘 중 하나를 택할 수밖에 없다.

이처럼 노력으로 바꿀 수 없는 부분이 분명 존재하는 것이고, 이럴 때는 결혼생활의 유지보다 오히려 이혼이 현명한 선택일 수 있다.

다. 이혼의 득과 실을 저울질해보자

배우자와의 관계를 개선할 수 없다는 판단이 섰다 하더라도, 이혼을 결심하기 전에 생각해봐야 할 것들이 있다. 배우자와 잘 맞지 않아서 함께 사는 것이 힘들다 하더라도, 결혼생활을 유지함으로써 얻을 수 있는 장점도 분명히 있다는 사실이다. 바꾸어 얘기하면, 이혼을 함으로써 잃게 되는 것들이 있다는 점을 알아야 하는 것이다.

자, 우선, 이혼을 하게 되면 '이혼남', '이혼녀'라는 꼬리표를 달게 된다. 이혼에 대한 우리 사회의 인식이 많이 달라졌다고는 하지만, 그래도 이혼에 대한 부정적인 인식은 여전히 남아 있다. 이혼 이력으로 인하여 사회적 차별을 받는 경우도 없지 않고, 새로운 사람과 만나 다시 결혼을 하는 데에 장애가 될 수도 있다.

둘째, 경제적 문제도 빠뜨릴 수 없다. 만약 당신이 수입이 없는 가정주부로 지금껏 남편의 수입으로 생활을 해왔다면, 이혼 후에 당신은 일자리를 구해야 할 수도 있다. 반대로 만약 당신에게 많은 재산이 있다면, 이혼으로 인하여 배우자에게 상당한 재산을 분할해주어야 하는 문제가 발생할 수도 있다.

셋째, 미성년의 자녀가 있는 부부라면, 아이들 문제도 생각해보아야 한다. 이혼 시 자녀에 대한 양육자가 배우자로 정해진다면, 당신은 더 이상 아이를 키울 수 없고 제한적인 면접교섭만 할 수 있게 된다. 이런 상황은 아이를 사랑하는 부모에게 어마어마하게 큰 아픔이 될 수 있다. 그뿐인가, 부모가 이혼했다는 사실이 아이에게 정신적 고통으로 다가올 가능성도 상당히 높다.

결국 이러한 문제들을 모두 고려해본 다음, 그럼에도 배우자와 헤어지는 것이 최선이라고 판단되는 경우에만 이혼을 택하는 것이 옳다.

라. 이혼은 불행? 경우에 따라선 행복의 열쇠일 수도!

"결국 이렇게 되었네요."

내가 알고 있던 어떤 지인이 이혼소송을 마치고 슬픈 표정을 지으며 나에게 했던 말이다. 그녀가 소송에서 패소했냐고? 아니다. 그녀는 남편의 외도와 폭력으로 인하여 이혼소송을 제기하였고, 재판과정에서 유리한 조정이 이루어져 위자료와 재산분할로 수억 원의 재산을 받았다. 그녀가 원하는 대로 되었던 것이다. 그럼에도 그녀의 얼굴에는 왜 검은 구름이 뒤덮였을까? 나는 그녀의 슬픔 속에서 '이혼'이라는 것 자체에 대한 부정적인 인식을 읽을 수 있었다. 그녀는 이혼을 했다는 사실 그 자체를 슬퍼하고 있었던 것이다.

자, 그렇다면, 그녀에게 이혼은 과연 불행한 것이었을까? 그녀에게 이혼이 불행이라면, 외도를 반복하고 습관처럼 폭력을 휘두르는 남편과 계속 함께하는 편이 행복이라는 의미일까? 혹은 그나마 덜 불행한 것이었을까?

이혼을 할 것인지 말 것인지에 대한 선택을 할 때, 이혼하는 편이 당연히 불행하다는 생각만큼은 버려야 한다. 이혼으로 인하여 잃는 부분이 있다는 것과 이혼 자체가 불행하다는 것은 전혀 다른 얘기다. 이런 가정을 해보자.

"당신은 배우자와 갈등을 겪었고, 그 갈등을 해소하려는 노력을 해보았지만 실패했다. 당신은 부부 사이가 개선될 수 없다고 판단했다. 물론 이혼으로 잃을 것이 있다는 것은 알지만, 그럼에도 불구하고 결혼생활을 계속하는 것은 의미가 없다고 생각했다."

어떤가?

이런 경우라면, 필자는 감히 단언할 수 있다. 그런 상황의 당신에게 이혼은 불행이 아니라고. 오히려 당신은 이혼을 통해 행복을 얻을 수 있다.

이혼이 행복을 보장해주는 것은 아니다. 그러나 불행한 결혼생활을 하고 있는 당신에게, 이혼은 행복의 문을 여는 열쇠가 될 수 있다.

제2부
그래도
이혼해야 한다면

아무리 생각해도 더 이상 결혼생활을 계속할 수 없다면? 이혼으로 인해 잃게 되는 것이 적지 않음을 알지만, 그래도 이혼할 수밖에 없는 상황이라면?

많은 사람들이 이혼 때문에 힘들어 한다. 이혼은 힘든 결심이며, 힘든 과정이다. 가뜩이나 정신적으로도 힘든데, 주판알 튕기듯 따져야 할 것도 많아서 더더욱 힘들다.

그래도 이혼, 이왕 해야 할 거라면 행복하게 이혼해야 하고, 성공적으로 이혼해야 한다. 이혼에 이르는 과정이 가능한 한 순조로워야 하고, 양육권, 양육비, 위자료, 재산분할 등에서 원하는 결과도 얻어내야 한다. 그래야 행복한 이혼이고, 성공적인 이혼이다.

여기 제2부에서는 성공적인 이혼을 위해 필요한 것들이 무엇인지 살펴보기로 한다.

1장. 이혼, 대수롭지 않게 바라볼 것!

이혼을 결심하기 전에는 이혼을 심각하게 바라보아야 한다. 제1부에서 누누이 설명한 바와 같이, 부부 갈등의 원인을 면밀히 파악하고 관계 개선을 위해 최대한 노력하여야 하며, 관계가 개선되지 않는 경우에도 이혼의 득과 실을 고려하여 정말 이혼을 하는 것이 바람직한 일인지를 신중하게 판단하여야 한다. 이혼은 그야말로 최후의 선택이라고 생각해야 하는 것이다.

그러나 이 모든 과정을 거쳐 이혼을 결심했다면, 그 때부터는 이혼을 너무 심각하게만 바라보지 말고, 캐주얼하게 바라볼 필요가 있다. 그렇다, 다소 의외로 들릴지 모르지만, 이제부터는 이혼을 대수롭지 않게 바라봐야 한다.

이혼을 결심했다고 하더라도, 실제로 이혼에까지 이르는 과정은 길고도 복잡하다. 재산 문제나 자녀 문제에 대해 거듭 고민해야 하고, 배우자가 이혼을 원치 않을 경우나 재산과 자녀 문제에 대해 합의가 되지 않는 경우에는 배우자를 설득해야 하며, 그조차 안 될 때엔 이혼소송까지 가야 하는 실로 험난한 과정이다. 이런 상황에서 이혼 그 자체에 대해서까지 무겁고 암울하게만 생각한다면, 일이 잘 풀릴 수가 없다. "이혼? 그래, 그거 별 거 아니야!" 억지로라도 이런 식으로 마음을 다잡고 편하게 생각하는 것이 좋다. 일종의 마인드 컨트롤이다.

　이혼에 이르는 과정에 관해서도 너무 심각하게 생각하지 않는 것이 좋다. 물론 이혼을 준비하는 과정이야 힘들지 않을 수 없겠지만, 그럴 때마다 기억해야 할 것이 있다. 당신이 이혼을 선택한 것은 이혼을 통해 새로운 삶을 찾는 것이 행복이라고 판단했기 때문이라는 사실이다. 다시 말해서, 이혼 준비가 새로운 행복을 찾는 과정의 시작이라고 생각하면 마음이 편해지지 않을까?

2장. 배우자와 감정적으로 대립하지 말 것!

배우자와의 갈등으로 이혼을 결심한 당신에게, 배우자와 감정적으로 대립하지 말라고? 이렇게 부탁하는 것은 어찌 보면 난센스 같은 주문일지도 모른다. 그러나 생각해보라, 당신이 어렵사리 이혼을 결심했다면, 더 이상 배우자에게 감정을 소모하는 것은 어리석은 일이 아니겠는가.

물론 당신은 끈적끈적하고 지루한 이혼소송을 거치기보다는 깔끔하게 부부가 협의하여 쿨하게 이혼서류에 도장을 찍는 것을 원할 것이다. 그런데 당신이 배우자와 감정싸움을 벌이면, 이혼에 대한 원만한 협의가 제대로 이루어질 수 있을까? 이혼, 양육권, 양육비, 면접교섭권, 위자료, 재산분할 등등... 이 수많은 이슈에 대해 내키지 않더라도 배우자와 대화를 나누어야 한다. 이 과정에서 이성보다 감정이 앞서다보면, 결코 제대로 된 합의에 이를 수 없다.

이혼소송이 진행될 경우에도 감정을 앞세우는 것은 전혀 도움이 되지 않는다. (이혼소송을 포함해서) 소송은 스포츠고, 기술이다. 철저히 이성적으로 판단하여 상대로부터 원하는 것을 얻어내야 한다. 이 과정에서 배우자와 감정적으로 대립하게 되면 이성적인 판단을 기대할 수 없으며, 오히려 배우자를 자극하게 되어 불리한 결과가 나올 수도 있다.

예를 들어보겠다.

어떤 가정주부가 남편의 외도로 시달리던 끝에 이혼을 결심하고, 이혼 및 위자료 청구 소송을 제기했다. 남편은 자신도 이혼을 원한다고 하였으나, 외도를 한 사실이 없다면서 위자료 청구가 부당하다고 항변했다. 이 주부는 소송과정에서 끊임없이 외도 문제를 걸고넘어지며 남편을 자극했고, 있지도 않은 사실을 이야기하거나 사실을 부풀리는 진술도 마다하지 않았다. 이에 분개한 남편은 모든 방법을 동원해 아내의 약점을 찾기 시작했고, 결국 그녀가 과거에 외도를 했다는 증거를 찾아내어, 이를 근거로 그녀에 대하여 위자료 청구의 반소를 제기하였다. 이에 법원은 부부가 서로 부정행위를 저질렀으므로 두 사람 모두에게 혼인 파탄의 책임이 있다며 본소와 반소 위자료 청구를 모두 기각하였다. 결국 이 주부는 이혼은 할 수 있었지만, 위자료는 한 푼도 지급받지 못하였다. 무엇이 그런 결과를 가져왔는지 생각해볼 일이다.

반면, 위 사건과 마찬가지로 남편의 외도 때문에 이혼을 결심한 다른 주부는 남편과 감정적으로 대립하지 않고 차분한 태도로 이성적인 판단을 하여 좋은 결과를 얻었다. 그녀는 먼저 남편에게 이런 식으로 이야기를 풀어갔다. "당신이 나에게서 마음이 떠난 것은 알고 있다. 그러나 내가 마냥 당신을 원망하는 것은 아니다. 오히려 나는 당신이 그 여자와 잘 살기를 바란다. 다만, 당신이 나에게 잘못한 것은 솔직하게 인정해야 하지 않겠는가?" 그러자 남편은 미안한 기색을 보이며 사과를 했다. 그녀는 이어 조금씩 고삐를 죄어나갔다. "난 우리 아이는 포기할 수 없어. 내가 잘 키우고 싶어. 그러니까 우리가 갖고 있는 재산의 절반을 나에게 주면 좋겠어." 남편은 내연녀와 새 출발을 위해 아이는 포기할 생각이었지만, 그래도 아내에게 절반의 재산을 주는 것은 곤란하다고 대답했다. 그러자 그녀는 좀 더 단호하게 이런 식으로 압박을 가했다. "그렇다면 나도 당신과 이혼해줄 수 없지. 바람을 피운 것은 당신이고 나는 아무런 유책행위도 한 적이 없으니까, 당신이 이혼을 원해도 내가 원치 않으면 이혼은 쉽지 않을 거야. 그러니 당신이 정말 그 여자와 살고 싶다면 재산의 반을 주는 것이 현명하지 않을까." 결국 그녀는 자신이 아이의 양육권을 가지며, 남편은 매달 상당한 액수의 양육비를 지급하는 조건으로 협의이혼을 하였고, 남편으로부터 부부 공동재산의 절반 가까이를 받는 재산분할 합의도 할 수 있었다. 배우자와의 감정싸움을 자제하고 이성적인 접근을 하여 이혼소송까지는 가지도 않고 최선의 결과를 얻어낸 것이다.

3장. 이혼을 위해서라도 배우자와 대화할 것!

가. 상대방도 확실히 이혼할 의사가 있는가?

제대로 이혼을 하기 위해서라도 끈기 있게 배우자와 대화해야 한다. 이혼의 당사자는 결국 부부이기 때문이다.

우선적으로 해야 할 일은 이혼에 대한 배우자의 의사를 확인하는 것이다. 배우자 역시 기꺼이 이혼을 받아들인다면, 이후의 과정은 비교적 수월하다. 물론 미성년 자녀가 있는 경우에는 이혼 후의 자녀양육권 문제에 대해서 별도의 합의를 해야 되긴 하지만, 그래도 이혼 자체에 합의했다면 일단 큰 산을 넘긴 것이다.

만약 배우자에게 이혼할 확고한 의사가 없다면, 시작부터 험난한 과제를 만난 꼴이다. 배우자가 끝까지 이혼을 원치 않으면, 불가피하게 이혼소송을 제기할 수밖에 없다. 그런데, 이혼소송을 통해 재판에 의한 이혼을 하기 위해서는 법률이 열거한 6가지 이혼사유가 있어야 한다. 뒤에서 자세히 설명하겠지만, 재판상 이혼을 할 수 있는 경우를 간략히 열거하자면 다음과 같다.

① 배우자의 부정한 행위가 있을 때

② 배우자가 악의로 다른 일방을 유기한 때

③ 배우자 또는 그 직계존속으로부터 심히 부당한 대우를 받았을 때

④ 자기의 직계존속이 배우자로부터 심히 부당한 대우를 받았을 때

⑤ 배우자의 생사가 3년 이상 분명하지 않을 때

⑥ 그 밖에 혼인을 계속하기 어려운 중대한 사유가 있을 때

쉽게 말해서 배우자가 외도를 했다든지 폭행을 했다든지 생활비를 주지 않았다든지 하는 경우에는 재판상 이혼을 할 수 있지만, 단순한 성격 차이 등의 경우에는 혼인관계가 사실상 파탄되지 않은 한 상대방이 이혼을 원치 않는다면 이혼소송을 제기하더라도 반드시 승소한다는 보장이 없다는 얘기다.

또한, 재판상 이혼사유가 있다 하더라도, 소송에서 증거로써 이러한 사실을 증명하는 것이 간단한 일은 아니며, 게다가 소송이 종결될 때까지는 평균적으로 수개월에서 1년 정도의 시간이 걸린다. 이처럼 쉽사리 끝이 안 보이는 싸움을 피하기 위해서는 어떻게 해서든지 배우자를 설득하는 것이 좋다. 배우자에게서 당신의 마음이 완전히 떠났음을 확실히 인지시키고, 이혼에 대한 당신의 의사가 확고하다는 점을 명확히 이야기해야 한다. 그러면서도 부드러운 어조로 배우자를 위해서도 이혼을 하고 새로운 출발을 하는 것이 바람직하다는 점을 강조하는 방식으로 배우자를 설득할 필요가 있다.

나. 자녀양육권, 재산분할, 위자료 등을 협의할 것

배우자에게 이혼 의사를 알리고 이혼에 대해 합의하였다면, 그 다음에 할 일은 이혼 후 자녀는 누가 양육할 것이며, 양육비는 얼마로 정할 것인지, 또한 이혼을 하면서 부부 재산을 어떻게 나눌 것인지, 위자료를 얼마로 정할 것인

지, 등에 대해 논의하는 일이다.

배우자와 이혼 합의를 하였다면, 협의이혼이 가능하다. 그러나 부부에게 미성년 자녀가 있을 경우에는 그들의 양육권 문제에 대해 반드시 합의에 이르러야만 협의이혼을 할 수 있다. 또한, 부부의 공동재산을 청산하는 재산분할 합의도 이루여야 한다. 배우자가 외도 등 유책행위를 하였다면, 위자료에 대한 문제도 논의해야 한다.

부부 쌍방에게 이혼 의사가 확실히 있다 하더라도 양육권, 양육비, 재산분할, 위자료 등에 대한 생각까지 일치하는 것은 아닐 수 있기 때문에, 이럴 때는 부부 간의 의견 차이를 조율하는 것이 필요하다. 이때에도 역시 감정적인 태도를 지양하여, 차분하고 이성적으로 배우자를 설득하여 최선의 결과를 얻을 수 있도록 해야 한다.

만약 배우자가 이혼에 동의하지 않거나, 양육권 문제 등을 두고 쌍방의 의견에 차이가 있어 이혼소송을 해야 할 상황이라 하더라도, 소송 전에 배우자와 양육권, 재산분할, 위자료 문제에 대해 충분한 대화를 하는 것이 좋다. 배우자가 무엇을 원하는지를 알고, 당신의 생각과 차이가 있는 부분을 정확히 파악할 수 있다면, 향후 이혼 조정 및 소송과정에서의 전략을 세우는 데 도움이 되기 때문이다.

4장. 이혼법률: 아는 것이 힘이다

성공적인 이혼이란, '내가 원하는 것'을 얻어내는 이혼이다. 영혼의 고통 속에서 어렵게 이혼을 결심한 이상, 순조롭게 이혼이라는 결과에 이르러야 함은 물론이고, 위자료 및 재산분할, 자녀 양육자 지정, 양육비에 대해서도 모두 원하는 결과를 얻어내야 한다.

이혼을 통해 원하는 것을 얻기 위해서는 이혼법률에 대한 기본적인 이해가 필요하다. 즉, 당신이 이혼을 결심했다면, 이혼과 관련된 법률정보와 지식을 얻기 위해 노력을 아끼지 말아야 한다. 이혼, 위자료, 재산분할, 자녀 양육문제 등 이혼법률 전반에 대해 어느 정도는 알아야 행복한 이혼을 위한 현명한 전략을 수립할 수 있기 때문이다.

변호사 등 법률전문가와 이혼상담을 하거나 변호사에게 이혼소송을 위임한다고 해도, 본인이 최소한의 지식을 갖고 있어야 그 과정이 수월할 수 있다. 이혼의 경우에도 아는 것이 힘이다. 물론 안다고 해서 항상 원하는 결과를 얻을 수 있는 것은 아니지만, 적어도 무지나 잘못된 지식으로 인해 원하는 바를 놓쳐버리는 상황은 미리 방지할 수 있다.

이제부터 제3부~제7부를 통해 알려드리고자 것이 바로 이혼법률이다.

　* 이혼의 방법에는 어떠한 것이 있는가?

　* 이혼의 절차는 구체적으로 어떻게 되는가?

　* 우리 두 사람이 겪고 있는 갈등은 재판상 이혼사유가 되는가?

　* 위자료와 재산분할은 얼마나 어떻게 받을 수 있는가?

　* 이혼 후 자녀 양육자는 어떻게 결정되는가?

이처럼 이혼 과정에서 알아야 할 필수적인 법률정보를 제공하면서, 이를 통하여 효과적인 이혼소송 전략을 수립할 수 있게 도와드리고자 한다.

제3부
협의이혼:
가장 간단한
이혼방법

가능하다면 이혼소송을 제기하기보다는 협의이혼을 하는 편이 좋다. 협의이혼은 그 조건과 절차가 간단하다. 부부 쌍방이 이혼에 대해 합의하였다면, 즉, 두 사람이 모두 이혼을 원한다면, 이것만으로 협의이혼을 할 수 있다. 어려운 절차도 없고, 이혼까지 걸리는 기간도 1~3개월 정도에 불과하다.

협의이혼이 아니라 이혼소송을 거쳐야 한다면, 이혼에 이르기 위해서는 재판상 이혼사유의 존재를 밝혀야 한다. 이혼사유가 없는 경우에는 이혼소송을 제기해봤자 이혼에 이를 수가 없고, 또 이혼사유가 있다 하더라도 이를 증명하는 것이 반드시 용이한 것도 아니다.

또 한 가지 중요한 것이 시간과 비용이다. 이혼소송에서 변호사를 선임할 경우 최소 수백만 원의 변호사 선임 비용과 성공보수를 부담해야 하며, 최소 몇 개월에서 최대 몇 년이 걸릴지도 모르는 긴 시간동안 이혼 문제로 엄청난 스트레스를 받을 수 있다. 이에 반해, 협의이혼은 부부의 이혼 합의만으로도 간단히 이혼에 이를 수 있기 때문에 비용과 시간은 말할 것도 없고, 정신적인 측면에서도 가장 합리적인 이혼 방법이다.

할 수만 있다면, 협의이혼이 최선이다.

1장. 몸이 멀어지니 마음도 멀어진다?
사랑이 식어버린 주말부부

서울 서초구에 거주하고 있는 B녀는 대학교수인 A남과 결혼한 지 올해로 12년이 되었고, 이 두 사람은 11살과 5살인 두 아들을 두고 있다. B녀는 보험설계사로 일하며 오랜 시간 남편 A남을 뒷바라지해왔다. A남은 일찍이 박사학위를 취득하였지만 오랫동안 교수 자리를 얻지 못하고 대학 시간강사와 번역 등으로 얼마 되지도 않는 수입이나마 올리기 위해서 진을 빼고 있었다. 남편의 변변찮은 월급으로는 부부의 생활비와 두 아들에게 드는 비용을 감당할 수가 없었고, 이 때문에 가정주부였던 B녀는 생업전선에 나설 수밖에 없었다. B녀는 보험회사에 취직하여 돈을 벌며 남편을 뒷바라지하고, 아이들을 키웠다. 아이들의 양육에 있어서는 친정어머니의 도움을 받았지만, 일과 육아와 가사를 병행하는 것은 쉬운 일이 아니었다. 그래도 B녀는 최선을 다해 일과 가정 모두에 최선을 다했다.

그런데 A남은 B녀의 그런 헌신에 대해 고마움을 표시하는 일이 좀처럼 없었다. 오히려 그녀가 직장 일을 하느라 가사에 소홀하고 두 아들에게 신경을 써주지 못하는 부분을 핀잔하는 일이 잦았다.

"당신, 도대체 뭘 하는지를 모르겠어."

"집안 꼴이 엉망이잖아. 신경 좀 써."

"장모님이 도와주시는 건 좋은데, 연세가 있으시니 아무래도 힘들잖아. 당신이 신경 좀 더 써."

"애들 성적이 이게 뭐냐? 신경 좀 써."

B녀는 A남에게 이런 말을 들을 때마다 서운하고 가슴이 아팠다. 게다가 A남은 이렇게 B녀를 책망하면서도, B녀가 벌어온 돈으로 고급 정장이나 구두를 사고 학계 사람들의 선물을 샀다. 그러면서 B녀에게는 고맙다는 말 한 마디조차 하지 않았다.

당연히 힘든 시간이었지만, 그나마 B녀가 버틸 수 있었던 것은 언젠가 남편이 교수가 될 것이라는 희망 때문이었다. 그렇게만 된다면, 그간의 고생을 모두 다 보상받을 수 있을 것이라는 생각이 들었다.

지성이면 감천이라고 했던가. B녀의 간절한 바람과 내조 덕분인지, A남의 노력 덕분인지, A남은 드디어 한 지방대학의 전임강사로 부임하게 되었다.

A남의 교수 임용을 축하하며, 모처럼 부부와 아들이 모여 가족끼리 오붓하게 외식을 하게 된 자리.

"여보, 정말 축하해. 이제 나도 교수 사모님이네."

"하하. 그래, 당신도 고생 많았어."

"아빠. 축하해요."

B녀는 진심으로 A남을 축하해주었다. 그녀는 남편이 자랑스럽기도 했고, 지금껏 남편을 뒷바라지한 스스로에 대해 뿌듯한 마음도 들었다.

"그런데 여보, 앞으로 지방에 내려갈 일이 걱정이네. 승훈이, 승준이 전학도 시켜야 하고, 집도 알아봐야 하고 할 일이 많을 것 같네."

B녀가 이렇게 얘기하자, A남은 고개를 갸우뚱했다.

"그게 무슨 소리야? 무슨 전학을 하고 집을 알아본다고 그래? 나만 내려가면 되는 걸."

"뭐? 다 같이 춘천으로 가는 게 아니고?"

"뭘 다 같이 가. 당신 돈 안 벌 거야? 그리고 애들 교육은 어떻게 하고?"

"교육은 거기 가서 시키면 되는 거구. 당신도 이제 돈을 버는데 내가 굳이…"

"이 사람아. 교수 월급이 얼마나 된다고 그래. 나 혼자 벌어서 우리 가족 어떻게 먹고 살아?"

"아무리 그래도, 가족끼리 따로 산다는 게 좀…"

B녀는 사실 서울을 떠나 새로운 도시에서 살게 된다는 생각에 걱정 반 설렘 반의 심정이었다. 이제부턴 직장을 그만두고 아이들을 키우며 교육하는 데에 전념할 생각이었고, 솔직히 직장을 다니며 했던 고생에서 해방될 기대를 하고 있었던 것도 사실이었다. 그런데 A남이 이렇게 나오니 당황스럽기 그지없었고, 남편에 대한 배신감마저 들었다.

기분 좋아야 할 축하파티가 엉망이 되어버린 이후 부부는 며칠 동안 말 한마디 하지 않고 지냈지만, 결국 A남이 화해의 손길을 내밀었다.

"당신 생각을 못해줘서 미안해, 여보. 그런데 우리 가족 미래를 위해서는 당분간 이렇게 지내는 게 최선인 것 같아. 주말마다 올라올 거니까 영영 헤어지는 것도 아니고 말이야. 내가 학교에서 자리 잡고, 애들도 좀 크고 하면, 그때 같이 지내도 되고, 아니면 내가 서울로 학교를 옮길 수도 있잖아. 조금만 참아줘."

사실 A남의 생각도 나름대로 일리는 있었다. 전임강사가 되어 지금까지에 비해서는 수입이 좋아질 테지만 국립대학 교수 월급으로 두 아이를 키우며 돈을 모으기는 쉽지 않은 일이었다. B녀는 A남에 대해 서운한 마음이 들긴 하였지만, 그래도 남편을 이해해주기로 하고 못이기는 척 일단 화해를 했다.

A남이 대학에 부임한 이후 B녀의 직장 동료, 친구들은 모두 '교수 사모님'이 된 B녀를 축하해주었고, B녀는 그때마다 우쭐한 기분이 들었다.

"남편 교수 된 것도 그렇지만, 주말부부가 된 게 더 부럽다, 얘. 남편 안보고 사니 귀찮지도 않고 얼마나 좋아?"

몇몇 친구들은 B녀 부부가 주말부부가 된 것이 부럽다는 식으로 얘기하기도 했는데, 아닌 게 아니라 A남이 춘천으로 떠난 뒤에는 정말 편하기도 했다. 남편의 잔소리를 듣지 않아도 되고, 아침밥, 저녁밥 차려줄 일도 없으니 홀가분한 기분이 들었던 것이다. 이렇게 몇 달이 지나면서 B녀는 이렇게 생각하게 되었다. "그래, 주말부부도 생각했던 것만큼 나쁘진 않네."

문제는 B녀가 일주일에 5, 6일을 A남과 떨어져 지내면서, 점점 남편이라는 존재가 갖는 의미를 잃어간다는 것이었다. 오래지 않아 '생각만큼 나쁘지 않다'는 '생각보다 좋다'로 변했고, 언제부턴가는 A남이 집에 오는 주말이 되면 오히려 짜증스럽고 부담스러운 기분마저 들었다.

A남이 춘천에 내려간 지 1년이 지나면서, A남은 가끔씩 주말에도 서울의 집에 올라오지 않고 춘천에 머물렀다. 논문 준비, 워크숍, 특강 등 서울에 올라오지 않는 이유는 다양했다. 예전 같으면 서운한 마음이 들었겠지만, B녀는 이제 오히려 남편이 없는 편이 더 좋았기 때문에 이 일로 A남에게 싫은 소리를 하지는 않았다. 이렇게 시간이 흐르며 어느새 A남은 한두 달에 한번 정도만 서울에 올라오게 되었다.

이런 상황이 계속되던 어느 날 B녀는 문득 불안한 마음이 들었다. 이대로 남편의 존재를 잊어버리는 것은 아닐까, 이렇게 남편이 귀찮고 부담스럽고 굳이 안 봐도 상관없다는 마음이 든다면 이 결혼생활에 무슨 의미가 있는 것일까, 하는 생각이 든 것이다.

"논문 준비 때문에 못 올라갈 것 같아. 다음 주에 봐."

B녀가 그런 생각을 하던 차에 A남으로부터 SNS 메시지가 왔다. A남이 보내는 '바빠서 서울 못 올라간다'는 메시지가 이 부부 사이의 소통의 전부가 된 지 오래였다.

A남에게 메시지를 받은 다음날인 토요일 이른 아침, B녀는 아이들을 학원에 보내놓고 춘천에 있는 A남의 학교로 향했다. B녀는 논문 준비로 바쁜 나날을 보내고 있을 A남에게 점심 도시락을 전해줄 생각이었던 것이다. 나름대로의 깜짝 이벤트인 셈. 이번 기회를 통해 점점 사라져가는 남편에 대한 사랑을 어떻게든 붙잡아보려고 했던 것이다.

서울에서 춘천으로 향하면서, B녀는 자기가 남편을 찾아 춘천으로 가는 것이 처음이라는 사실을 떠올렸다. 그러고 보니 A남에 대한 미안한 마음도 들었다. 오히려 A남이 교수자리를 잡지 못할 때는 최선을 다해 A남을 내조해주었는데, A남이 교수가 된 이후에는 자기가 너무 무심했던 것이 아닐까, 하는 자책감도 살짝 들었다.

마침내 학교에 도착해 A남의 연구실 앞에 선 B녀. 그러나 남편은 자리에 없었다. B녀는 A남에게 전화를 할까 하다가 마음을 고쳐먹었다. 이왕 깜짝 이벤트를 할 거라면 집으로 찾아가는 편이 나을 것 같았고, 내킨 김에 혼자 사는 남편 집을 정리해주고 청소도 해주면 좋지 않을까…

연구실에서 주차장으로 향하며 대학 캠퍼스를 걷다보니, 문득 A남을 처음 만났던 대학생 시절의 추억이 떠올랐다. 그땐 누구보다 뜨거운 사랑을 했고, 작은 것에도 설레고 고맙고 했었는데. 다시 그 풋풋했던 시절로 돌아갈 수 있을까? B녀는 이런 생각을 하며 A남의 집으로 향했다.

B녀가 A남 집에 도착해서 현관 벨을 누르니 인터폰에서 여자 목소리가 들렸다.

"누구세요?"

B녀는 자기가 집 주소를 잘못 알았나 하는 생각이 들어, 휴대폰 메모장에 적어놓은 A남 집 주소를 다시 확인했다. 그러나 거기는 분명 A남의 집이었다.

"누구지? 찾아올 사람이 없는데."

현관문이 열리며 남편이 나왔다. A남은 반바지에 러닝셔츠만을 입고 있었고, 그 뒤에는 A남과 비슷하게 너무도 편한 슬리브리스 차림의 중년 여자가 서 있었다.

B녀는 너무나 당황하여 머릿속이 하얘졌다. 무슨 말을 해야 할지 생각도 나지 않아 무의식적으로 현관문을 닫아버리고 복도를 내달려 엘리베이터를 탔다.

"여보, 오해야."

지하주차장에서 자동차 문을 열려는 B녀를 붙잡으며, A남이 말했다. 급하게 뛰어나왔는지 집에서의 모습 그대로 반바지에 러닝셔츠 차림이었다.

"오해라고?"

B녀는 남편의 손을 거세게 뿌리치며 물었다.

"같은 오피스텔에 사는 교수인데 상의할 게 좀 있어서 집에 부른 거야."

"상의? 무슨 상의를 해?"

"아니, 그냥 논문..."

"이 상황에서 그런 변명이 나와? 너무하다 정말! 나 올라갈 테니까 그런 줄 알아. 이 도시락은... 그 여자랑 둘이 먹든지 버리든지 맘대로 하고!"

B녀는 A남을 위해 준비했던 도시락을 내버리듯 남편의 손에 건네고는, 곧장 시동을 걸고 그 자리를 떠났다.

A남은 다음날 아침 일찍 서울 집에 올라왔다.

"여보. 내가 변명하지 않고, 솔직히 말할게."

A남은 B녀에게 그간에 있었던 일을 설명했다. 몸이 멀어지면 마음까지 멀어진다고, 교수 임용이 되어 서울을 떠난 이후로 B녀에 대한 감정이 점차 식어

가서 부부 사이가 서먹서먹해졌고, 가끔 서울에 올라가도 아내 B녀는 물론이고 아이들마저 자기를 반겨주지 않는다는 느낌을 받았으며, 이런 시기를 보내고 있을 때 마침 이혼녀인 동료 교수와 가까워져 연인이 된 사실을 솔직히 털어놓았다.

"미안해. 당신한테는 입이 열 개라도 할 말이 없어."

A남의 말을 들은 B녀는, 이상하게도 화가 나지 않았다. 그저 마음이 훅 가라앉는 듯한 느낌이었다. 한편으로는 묘하게도 편안한 기분마저 들었다. B녀는 남편 A남의 마음이 자신에게서 멀어져갔듯이, 자신 역시 남편에 대한 사랑이 식어버렸음을 깨닫게 된 것이다. 누구의 잘못인지를 떠나, 부부 사이는 이미 끝이 났다는 생각이 들었다.

"당신이 원망스러워. 지금까지 내가 당신을 위해 고생했던 것, 당신이 물거품으로 만든 거야. 날 아주 바보로 만들었잖아."

"미안해."

A남은 한숨을 쉬며 미안하다는 말을 반복했다.

"그런데... 딱히 당신을 탓하려는 건 아니야. 사실 나도 당신이 춘천 내려간 이후로 당신에게서 마음이 떠난 것 같아. 어제 그걸 확실히 깨달았어. 당신도 나에 대한 마음이 식었다고 했잖아? 우리가 이대로 계속 같이 살 이유가 있을까?"

"여보. 내가 계속 미안하다고 하잖아."

"여보... 당신 탓하려는 거 아니라고 했잖아. 앞으로의 우리 관계에 대해 진지하게 생각해보자는 거야. 미안하지만, 당신 지금 다시 춘천 내려가. 아니면 내가 애들 데리고 밖에 나가서 있을게. 혼자서 생각할 시간이 필요해. 당신도 잘 생각해보고, 우리 일주일 뒤에 얘기해보자."

2장. 여보, 우리 이혼해! (이혼서류에 도장 찍기)

가. 위기의 부부, 이혼에 합의하다

어느덧 일주일이 흐르고, 부부는 서울 집 앞 카페에서 만났다.

"이혼하자, 우리. 이게 일주일동안 고민해서 나온 내 결론이야."

B녀는 힘겹게 말을 꺼냈다.

"후..."

A남은 긴 한숨을 내쉬고는 한동안 말이 없었다. 주문한 아이스 아메리카노 두 잔이 나오고, 부부는 어색한 침묵 속에 손끝만 바라보았다.

"그래."

커피를 한 모금 마신 A남이, 드디어 입을 열었다.

"그래, 이혼하자. 솔직히 아직도 뭐가 맞는 건지 헷갈리긴 하는데, 당신 말이 맞는 것 같아. 예전으로 돌아간다면 다시 잘해볼 수 있겠지만..."

"그럴 수도 있겠지. 그런데 다시 예전으로 돌아갈 수는 없잖아."

B녀가 A남의 말을 자르며 말했다.

"맞아, 그렇지. 생각해보면, 당신한테 미안한 마음이 커. 그동안 나 때문에 고생만 했잖아."

"아니야. 나도 당신에게 신경써주지 못해서 미안해. 자책할 필요 없어, 여보. 그냥 우리가 잘 안 맞았다고 생각해.”

“그래, 당신이 그렇게 말해주니 마음이 편하네.”

A남은 애써 웃음을 지어보였다.

“담배 좀 피고 올게.”

B녀는 카페 밖으로 나가 바지 주머니를 뒤지는 남편의 모습을 바라보았다. 그는 지금 무슨 생각을 하고 있을까? A남은 주머니에서 담배를 꺼내 한 개비 물고 라이터로 불을 붙였다. 봄날의 홍차같이 맑고 따스한 5월의 하늘 속으로, 담배 연기가 아스라이 피어올라왔다.

나. 아이들은 내가 키울게

B녀의 A남이 담배를 피우고 돌아와 자리에 앉았다. 곧 있으면 남이 될 남편을 생각하며 잠깐 감상에 젖어있던 B녀는 정신을 차리고 A남을 바라보며 말했다.

“애들은 둘 다 내가 키우고 싶어.”

A남은 말없이 머리를 긁적였다. B녀는 혹시 A남이 자기가 아이들을 키우겠다고 하는 것이 아닌지 걱정이 되었다.

“당신이 애들 키우기는 어렵잖아. 당신은 낮에 학교에 있어야 하고, 애들 봐줄 사람도 없지. 애들 입장에서도 갑자기 전학 가서 새로운 곳에서 생활하는 게 쉽지 않을 거고.”

A남은 잠시 고민하다가 고개를 끄덕이며 B녀의 말에 동의했다.

“그렇게 해. 당신이 둘 다 키워. 아무래도 승훈이, 승준이를 위해서 그 편이 나을 테니까.”

A남이 이렇게 말하니, B녀는 적이 안심이 되었다. 그러나 A남이 뒤에 덧붙인 말이 B녀의 심기를 건드리고 말았다.

“그런데 당신이 애들 둘을 혼자 키우면 너무 힘들 것 같은데. 승훈이야 그렇지만, 승준이는 아직 학교 들어가기 전이니 지금부터 내가 키워보는 건 어떨까?"

"당신이 언제 애들 키우는 거 도와준 적 있어? 춘천 내려간 뒤로 한 달에 한 번 서울 올라올까 말까 했던 사람이 갑자기 무슨 애들 걱정을 한다고 그래?"

순간적으로 B녀의 목소리가 커졌다. 사실을 말하자면, 뭐, 그랬다, A남은 자녀들에게 신경을 쓰는 아버지가 아니었다. 춘천의 대학에 부임한 이후에도 그렇지만, 그 전에도 아이들의 육아와 교육에 대해서는 전적으로 아내에게 일임해오지 않았던가?

"하긴 그렇네... 미안해."

"나도 흥분해서 미안해. 애들도 이제 많이 컸고, 엄마가 봐주시고 하니까 걱정하지 마."

목이 타서 B녀는 커피를 한 모금 마시고 말을 이었다.

"분명히 얘기하는데, 승훈이든 승준이든 그 아이들 장래를 위해서는 내가 같이 키우는 게 나아. 당신이 아버지로서 진정 애들을 위하는 길이 무엇일까를 생각해봐. 내가 키울 수 있게 해줘."

"알았어. 당신이 둘 다 키워."

A남은 체념한 듯 B녀의 말에 동의했다. B녀는 비로소 안도의 한숨을 내쉬었다.

"고마워. 양보해줘서."

"가끔 주말에는 애들 볼 수 있겠지?"

"물론이지. 언제 만날지 정하면 되는 거야."

"돈은? 애들 양육비 얼마나 주면 될까?"

"승훈이 학원비만 한 달에 100만원 넘게 들어. 당신이 매달 200만 원 정도 줬으면 좋겠어."

"200만 원... 너무 과한 거 아니야?"

"그만큼 돈이 든다니까."

"알았어. 나도 좀 알아보고 결정할게. 그래도 되겠지?"

"응, 그렇게 해."

"다음 주 토요일에 다시 만나서 얘기하자."

"그래, 다음 주에는 이혼서류 챙겨올 테니까, 그때 만나서 결정하자."

어느덧 일주일이 흐르고, 부부는 다시 카페에 마주보고 앉았다.

"그동안 생각을 해보고, 아는 변호사와도 상의를 해봤는데, 내가 200만 원까지 부담할 건 아닌 것 같아."

"애들한테 돈 쓰는 게 그렇게 아까워?"

A남의 말에 B녀가 화가 나서 대꾸했다.

"아니, 내 말은 그게 아니라, 승훈이 학원비로 100만 원씩이나 쓸 필요가 있냐는 거야. 아직 초등학생인데, 애한테 그게 정말 필요한지 의문이라고."

"애들 핑계대지 말고 당신 얘기를 해. 솔직히 당신이 애들한테 돈 쓰기 아까워서 그런 거 아니야?"

"그래, 솔직히 부담되는 액수기도 해. 한 달에 200만 원을 주면 내 생활하기가 힘들어. 부모로서의 의무도 좋은데, 내 생활을 포기하면서까지 다 해줄 수는 없는 거잖아. 변호사한테 물어보니, 양육비라는 게 법으로 정해진 건 아니지만, 만약 당신과 내가 양육비 합의를 못해서 양육비 심판까지 갔을 때 200만 원까지 인정되긴 어려울 거래."

B녀는 남편의 태도가 못마땅했지만, 남편의 말에 반박할 수가 없었다. B녀가 알아본 바에 의해도, 200만 원의 양육비는 다소 과한 액수였던 것이다.

"매달 130만원씩 줄게. 아이들 나이와 당신과 내 수입을 보면 이 정도가 적당한 액수래. 교수 월급 얼마 안 돼. 당신도 알잖아?"

부부는 양육비 액수에 대해 한참을 다투다 남편이 매달 150만원의 양육비를 지급하는 것으로 합의를 마쳤다.

"이혼서류야. 엊그제 법원에서 가져왔어."

B녀는 가방에서 협의이혼의사확인신청서, 자녀양육권 및 양육비 협의서를 꺼내 테이블에 올려놓았다. 부부는 지금까지 합의한 내용을 확인하고, 그 내용

을 이혼서류에 기재하였다. 부부가 이혼에 합의하고, B녀가 아들 두 명의 친권자 및 양육자가 되고, A남은 B녀에게 매월 25일 150만 원을 지급하며, A남이 매월 2째, 4째 주 토요일 오전 11시에 B녀의 집에서 아들들을 데리고 나와 본가(남편의 부모님 집)에서 오후 6시까지 함께 있기로 하는 내용이었다.

"다음 주중에 시간 내서 법원에 같이 가자. 언제가 괜찮아?"

"수요일에 시간 낼게."

"그래, 그때 봐."

다. 꼭 알아둘 법률상식 : 협의이혼 할 때 뭘 협의하나?

1) 부부의 이혼합의

협의이혼을 할 때 가장 중요한 협의의 내용은 부부가 자유로운 의사로 이혼에 합의하는 것이다. 부부는 이혼에 합의한 사실을 법원으로부터 확인받기 위해, 협의이혼의사확인신청서를 작성하여 가정법원에 제출하여야 한다. 협의이혼의사확인신청서는 법원에 비치되어 있으니 이를 이용하면 되고, 인터넷에서 내려 받을 수도 있다. 협의이혼의사확인신청서의 내용은 '남편과 아내 사이에 진의에 따라 서로 이혼하기로 합의함으로써 이혼의사가 확인되었다'라는 확인을 구하는 것으로, 이혼을 하겠다는 의사의 합의만 있으면 되고, 이혼에 이르게 된 이유나 경위 및 기타 어떠한 점도 따로 적을 필요가 없다. 협의이혼이라는 것이 부부의 이혼 합의만으로 성립되는 것이기 때문에 이혼 합의 외의 것은 불필요한 것이다.

여기서 꼭 유의할 점이 있다. 위와 같은 부부의 이혼 합의는 협의이혼의사확인신청서를 작성하여 제출할 때에만 있으면 되는 것이 아니라, 이후 이혼신고서 수리 시까지도 존재하여야 협의이혼이 성립된다는 점이다. 위의 사례에 나오는 A남과 B녀가 이혼에 합의하여 부부가 협의이혼의사확인을 신청하였다 하더라도, 이혼신고 전에 둘 중 한 사람이 마음을 바꾸어 협의이혼을 원치 않아 협의이혼의사확인 신청을 철회하는 경우에는 협의이혼이 성립되지 않는다.

2) 자녀가 있다면 친권 및 양육권, 양육비 합의도 필요

협의이혼을 하려는 부부에게 미성년의 양육할 자녀가 있는 경우에는 반드시 자녀에 대한 양육과 친권자 결정에 대한 합의를 해야 한다. 만약 부부가 자녀 양육과 친권에 대한 합의 없이 이혼에 이르게 된다면, 자녀는 부모의 이혼으로 인하여 제대로 된 양육을 받을 수 없게 될 가능성이 있기 때문이다. 따라서 우리 법은 협의이혼을 하는 경우 양육과 친권에 대한 합의를 '강제'함으로써, 미성년 자녀의 양육환경을 보호하고자 한다. 위 사례의 부부는 슬하에 두 아들을 두고 있으므로, 이혼 합의 외에 양육 사항에 관한 합의도 하여야만 협의이혼에 이를 수 있다.

부부는 협의이혼의사확인신청서를 낼 때, 자녀 친권 및 양육에 대한 협의서를 함께 제출해야 하고, 만약 협의이혼의사확인 신청 시에 이를 제출하지 않았다면 이혼의사 확인기일 1개월 전까지 제출하여야 한다.

그럼, 자녀 양육에 대해 협의할 사항에는 구체적으로 어떤 것이 있을까? ① 친권자 및 양육자 지정, ② 양육비 부담, ③ 면접교섭권의 행사 여부 및 방법, 이렇게 세 가지다.

첫째, 부부는 자녀(들)의 친권자와 양육자를 결정해야 한다. 친권과 양육권의 개념은 뒤에서 자세히 설명하겠지만, 실무상 친권자와 양육권자가 분리되는 경우는 드물기 때문에 일단은 양자를 같은 개념이라고 생각하면 된다. 쉽게 말해, 친권자 및 양육자를 정하는 것은 자녀를 어머니가 키울 것인지, 아버지가 키울 것인지를 정하는 것이다. 위의 사례에 나온 부부의 경우 어머니인 B녀가 두 아들의 친권자 및 양육자가 되기로 합의하였다.

둘째, 자녀를 양육하지 않는 비양육자는 양육자에게 양육비를 지급하여야 하는데, 이 때 어떠한 방식으로 얼마의 양육비를 지급할 것인지를 협의해서 결정해야 한다. 양육비는 일시금으로 지급할 수도 있고, 정기금 형식으로 매달 지급할 수도 있다. 통상 정기금 형식으로 합의하는 경우가 많다. 위의 부부 역시 비양육자인 A남이 양육자인 B녀에게 매월 150만 원의 양육비를 지급하기로 합의하였다.

부부가 양육비 지급방식 및 액수에 대하여 합의하면, 가정법원은 그 내용을 확인하는 양육비부담조서를 작성하여준다. 양육비부담조서가 있으면, 비양육자(양육비 부담자)가 양육비를 지급하지 않았을 때는 양육비부담조서로써 비양육자에게 양육비를 청구하고 그 재산에 대해 강제집행을 할 수도 있다. 그런데 만약 부부 간의 양육 사항에 대한 합의가 자녀의 복리에 반하는 경우에는 가정법원이 이에 대해 보정補正을 명할 수 있고, 법원이 직권으로 양육에 관한 사항을 정할 수 있다. A남이 B녀에게 지급하기로 한 양육비의 액수가 자녀들을 양육하고 교육하는 데 지나치게 부족하다고 판단되는 경우 등을 그 예로 들 수 있다.

한편, 부부 간에 양육권에 대한 합의가 원만히 이루어지지 않는다면 어떻게 될까? 이런 경우 부부는 법원에 양육자 지정 및 양육비 지급에 대한 심판을 해달라고 청구할 수 있다. 부부 사이에 이혼에 대한 합의는 이루어졌으나 양육에 대한 합의가 이루어지지 않았기 때문에 법원이 대신 양육에 대한 사항을 정해달라고 청구하는 것이다. 이러한 청구가 있으면, 법원은 양육자 지정 등에 대한 결정을 내려준다. 이 때 법원은 자녀가 누구와 살기를 원하는지, 부모 양측의 재산이나 소득이 어떠한지 등을 참고하여 양육자를 지정한다. 법원이 양육자 지정 등에 대한 심판을 내려주면, 이 심판정본을 받아 자녀 양육에 대한 협의서 대신 제출하면 된다. 심판정본은 협의이혼의사확인 신청서와 함께 제출하면 되고, 이 때 제출하지 못했다면 확인기일까지 제출하여도 된다.

셋째, 면접교섭권의 행사 여부 및 방식을 정하여야 한다. 자녀를 양육하지 않는 비양육자라 하더라도 자녀와 만날 수 있는 권리가 있는데, 이를 면접교섭권이라 한다. 이는 부모의 당연한 권리인 것이, 자녀를 키우지 않는다고 하여 자녀를 만나는 것조차 막을 수는 없기 때문이다. (참고로, 면접교섭권은 자녀에게 인정되는 권리이기도 하다. 즉, 자녀 역시 비양육자인 부모와 면접–교섭할 권리를 갖는다.) 위에서 예로 든 부부의 경우 이혼 후 B녀가 아들들을 양육하기로 했지만, 비양육자인 A남 역시 아버지로서 아들들과 만나 시간을 보낼 면접교섭권을 갖는다.

다만, 부부의 합의에 의하여 일시적으로 면접교섭을 중지할 수 있고, 자녀 복리를 위해 필요한 경우에는 법원에 의하여 면접교섭권이 제한되거나 배제될 수도 있다.

면접교섭의 일시와 방식에 대하여는, 면접교섭의 일시를 규칙적으로 정하고, 면접교섭 시간, 인도장소, 면접장소 등을 자세하게 정하는 것이 좋다. 이렇게 하여야 자녀가 안정적으로 생활할 수 있고, 부모 간의 분쟁을 예방할 수 있다. 위 사례의 부부의 경우, 비양육자인 A남이 매월 2째 및 4째 주 토요일 오전 11시에 B녀의 집에서 아들들을 데리고 나와 본가에서 오후 6시까지 함께 면접교섭을 하기로 합의하였다. 이러한 합의는 면접교섭의 일시가 규칙적이고, 면접교섭 시간, 인도장소, 면접장소도 명확히 한 것으로, 바람직한 면접교섭 합의내용이라고 할 수 있다.

3장. 이혼서류 들고 가정법원으로

가. 이혼서류 제출하다

부부는 서울가정법원 정문 앞에서 만났다.

"서류 잘 챙겨왔지?"

"응. 혼인관계증명서랑 다 떼서 왔어."

부부는 서로 간단한 안부를 묻고, 아이들 얘기를 나눴다. 그러고 나니 더이상 할 말이 없었다. A남은 이런 상황이 어색한 것 같았고, 그 점에서는 B녀도 마찬가지였다.

"빨리 올라가서 접수하자."

A남의 말에 B녀는 고개를 끄덕였다. A남이 먼저 걸어갔고, B녀는 그 뒤를 따라갔다.

협의이혼 접수실 앞에 도착하자, B녀는 왠지 움츠러드는 느낌이 들었다. 심사숙고해서 이혼을 결정하였음에도, 막상 이혼서류를 접수하려니 이혼에 대한 막연한 두려움이 생긴 것이다.

"협의이혼 접수하러 왔습니다."

"서류 준비하셨어요?"

"네, 여기..."

망설이던 B녀가 용기를 내어 접수계 직원에게 이혼서류를 내밀었다. A남과 B녀는 접수계에서 협의이혼서류를 검토 받고, 이혼상담실로 안내되어 상담위원의 상담을 받았다. 부부는 상담위원에게 부부 사이의 문제에 대해 가감 없이 털어놓았다.

상담위원은 부부의 말을 경청한 후 질문을 던졌다.

"제가 보기에 두 분 사이의 문제에 있어선 말이죠... 최근에 주말부부로 서로 떨어져서 지내서 발생한 것인지, 아니면 떨어져 지내면서 문제가 있다는 것을 알게 된 것인지가 중요한 것 같습니다."

상담위원의 말에 A남과 B녀는 모두 고개를 끄덕였다.

"어떻게 생각하세요? 아내 분부터 말씀해보시죠."

"문제는 계속 있었어요. 그걸 느끼고 있었는데, 느끼고 있으면서도, 문제가 아니라고 착각해왔던 거예요. 떨어져 살다보니 문제가 있다는 걸 깨닫게 되었던 것이죠."

"남편 분 생각은 어떠십니까?"

"글쎄요, 지금 선생님 말씀을 들으면서 생각해봤는데요. 아내가 말하는 우리 부부 사이의 문제라는 게, 정확히 어떤 것인지 모르겠어요."

"문제가 어떤 것인지 모르겠다고요?"

"제가 춘천의 대학에 부임하기 전까지 저는 우리 사이에 어떤 문제가 있다는 생각을 해본 적이 없어요. 주말부부가 된 이후로는 뭔가 잘못되고 있다 하는 생각을 했죠. 예를 들어서, 주말에 집에 올라가도 편하지가 않았어요. 아내가 예전 같지 않다는 생각이 들었고, 아이들과도 서먹하고, 그런 느낌이 들기 시작했죠. 지금도 그렇고요."

"그렇다면, 두 분 사이의 관계에 개선의 여지가 있다고 보시는 겁니까?"

"모르겠습니다."

"사실과 다른 부분이 있어요. 아니, 남편은 그렇게 생각할 수도 있어요. 원래는 우리 사이에 아무런 문제가 없었다고요. 그런데 제 입장은 달라요, 선생님."

B녀가 말했다.

"어떻게 다른가요?"

"전 최선을 다해 남편을 내조했어요. 남편 일에 신경 쓰면서, 아이들도 키우고, 남편 수입이 얼마 안 되니까 가계를 위해 직장생활도 하고, 그렇게 살았던 거예요. 그런데 남편은 한 번도 절 위해준 적이 없었어요. 고맙다고 한 적이 없어요. 저에 대해서는 전혀 신경써주지 않았고, 자기 일만 했어요. 오히려 제게는 불만만 토로했죠. 집안일, 애들 교육, 이런 데에 무심한 사람이면서도, 이런 부분에서 문제가 생기면 다 제 잘못이라고..."

눈물이 날 것 같아, B녀는 더 이상 말을 잇지 못하였다. 그런 B녀를 보며, A남은 괴로운 듯 고개를 숙였다.

"사모님, 진정하시고 천천히 말씀해보세요."

"네. 제가 말씀드린 대로, 남편은 그런 사람이었어요. 그럼에도 불구하고 저는 이 사람이 교수가 되는 것이 마치 제 목표인 것처럼, 그렇게만 되면 내 고생도 보상받겠다는 생각을 하고 참았어요. 이런 생각을 하니 부부 사이에 문제가 있었는데도, 문제가 없다, 아직 때가 아닌 것뿐이다, 나중에는 좋아질 것이다, 이런 생각을 한 거예요."

"네. 무슨 말씀이신지 알겠습니다."

"그런데 그게 다 착각이었던 거죠. 떨어져 지내면서 그걸 알게 된 거고, 그런 상태에서 남편이 동료교수와 바람을 피우고 있는 걸 알게 되었어요. 그때 확실히 깨달은 거죠. 모든 것이 다 착각이었다는 것을요."

"남편 분도 아내 분 말씀에 동의하시나요?"

"제가 잘못한 부분이 있는 것 같습니다. 하지만, 저는 아내가 이런 생각을 하고 있는지 미처 몰랐어요. 외도 부분에 대해서는... 저도 사실 외로워서 그랬던 겁니다. 아내가 예전 같지 않고, 혼자 지내고 있던 상황에서..."

"다 핑계일 뿐이지."

B녀는 A남의 말을 끊고 끼어들며, A남을 노려보았다.

"네. 제 잘못이 맞습니다. 집사람한테 미안해요."

"예. 알겠습니다. 두 분 사이에 어떤 갈등이 있는지 잘 알겠어요."

이어진 상담 끝에, 부부는 이혼을 하는 것이 바람직하다는 결론을 내렸다. B녀는 결혼생활을 지속하는 것이 의미 없다고 생각했고, A남도 자신의 잘못을 인정하고, 관계를 개선하기 어렵다는 데에 동의했기 때문이다.

부부는 최종적으로 협의이혼의사확인신청서 접수를 마치고 이혼안내실에서 이혼 후의 친권, 양육권, 재산분할 등에 이혼에 관한 안내를 받고, 자녀 양육에 관한 부모교육을 받았다. 안내 및 교육을 받은 내용은 대부분 B녀가 사전에 알아보고 생각했던 것이지만, 이혼에 대해 다시 한 번 생각하고 이혼 후의 계획을 정리할 수 있는 시간이었다. B녀가 유일하게 걱정되는 것은 부모의 이혼이 아이들의 성장에 악영향을 끼칠 수 있다는 점이었다. 이런 생각을 하니 이혼이라는 것이 정말 옳은 선택인지 고민이 되기도 하였다.

나. 석 달 후에 봐!

부부는 모든 절차를 끝마치고, 협의이혼의사 확인기일을 지정받았다.
"이혼숙려기간이 세 달이나 되는구나."
A남은 가정법원을 나오며 혼잣말처럼 중얼거렸다.
"어때? 지금도 이혼이 맞는 거 같아?"
A남이 B녀에게 물었다.
"당신이랑 끝내는 게 옳은 선택일 것 같아. 앞으로도 우리 사이가 나아질 것 같지가 않으니까."
"동의해."
"그런데 솔직히... 아직도 확신이 안 서."
"나도 그래. 그래서 당신한테 물어본 거야. 나도 헷갈려서. 이혼하는 게 맞는 것 같다는 생각이 들긴 하는데, 아이들이 좀 걸려. 아까 교육 받고 나니 좀 그렇네."

A남의 말에 B녀는 고개를 끄덕였다.

"나도 승훈이, 승준이한테 미안해. 어쩌면 우리가 그동안 너무 우리 생각만 한 게 아닐까 싶기도 하고. 엄마 아빠가 이혼하면 애들이 많이 힘들어할까?"

"승준이는 아직 어려서 엄마 아빠가 이혼한다는 게 어떤 의미인지도 모를 거야."

"그래도, 커가면서 알게 되겠지."

"그건 그렇지. 승훈이나 승준이나 둘 다 씩씩한 애들이어서 큰 문제가 없을 것 같긴 하지만... 아직 시간이 있으니까, 그동안 한번 생각해보자."

"그래. 당신도 잘 생각해봐."

"생각 정해지면 연락해. 혹시 의논할 일이 있어도 언제든 전화 주고."

협의이혼 서류를 제출한 이후 B녀는 하루에도 몇 번씩 생각이 왔다 갔다 했다. 이혼이 정답이라고 생각했다가, 아이들 생각이 나며 주저하는 마음이 들었다. A남과 이혼한다고 해도 A남은 한 달에 두 번 아이들과 면접교섭을 하게 될 것이니 아이들에게서 아빠가 없어지는 것은 아니지 않는가 하는 생각이 들었다가도, 엄마 아빠가 이혼한다는 사실에 아이들이 충격을 받을까 걱정되기도 했다.

이렇게 B녀의 고민은 깊어갔다.

다. 드디어 남남이 되다

길 것만 같았던 세 달이라는 시간은 의외로 금세 흘러 어느덧 협의이혼의사 확인기일이 코앞으로 다가왔다. 부부는 이혼숙려기간동안 서로 연락을 주고받으며 이혼이 바람직한 선택인지에 대해 의논을 하였는데, 그 결과 결국 이혼을 하는 것으로 합의를 보았다. 이미 서로에 대한 마음이 떠났다는 것이 분명했고, 자녀 문제가 걸리기는 하나, A남이 한 달에 두 번 아이들과 시간을 보내기로 면접교섭 협의를 하였기 때문에 아이들이 아버지의 부재를 느낄 일은 없을 것이라 생각했다. 더욱이, 남편은 춘천의 대학에 부임한 이후 아이들과 자주 만나지도 않았었다.

"사실 한 달에 두 번 보는 거면, 그동안 당신이 서울에 오던 거랑 별 차이도 없는 것 같아."

확인기일을 앞두고 B녀가 A남과 통화를 하며 이런 말을 하였는데, A남도 B녀의 말에 동의할 수밖에 없었다.

"그래. 가끔 서울에 올라올 때도 애들과 놀아주지도 않았었지. 그러다보니 승훈이, 승준이가 나한테 별다른 애정도 못 느꼈던 것 같고. 오히려 이제 아이들과 즐거운 시간을 보낼 기회를 찾은 것일 수도 있어."

"제발 그래줬으면 좋겠네."

다행인 것은, B녀로부터 이혼 계획 얘기를 들은 장남 승훈이의 반응이었다.

"저는 걱정하지 마세요, 엄마. 다 이해해요."

B녀는 이렇게 말해주는 큰아들에게 너무나 고맙고 미안했으며, 한편으로는 아들의 존재가 듬직하게 느껴졌다. B녀는 그런 아들을 꼬옥 안아주고 흐느끼며 사랑한다고 말해주었다.

부부는 협의이혼의사 확인기일에 다시 가정법원에 출석하였다.

"이혼하시겠습니까?"

"네."

"이혼하겠습니다."

A남과 B녀는 담당판사 앞에서 차례로 이혼의사를 진술하였다. B녀는 드디어 모든 것이 다 끝났다는 생각에 안도감이 들기도 했지만, 한편으로는 허무하기도 했고, 이혼 후의 생활이 두렵기도 하였다.

부부가 최종적으로 이혼의사를 진술하자, 담당판사는 이혼의사확인서와 양육비부담조서를 작성하였고, 법원 사무관이 이를 부부에게 건네주었다.

"그동안 고생했어."

가정법원 1층 로비에서, A남이 B녀에게 손을 내밀며 악수를 청했다.

"당신도."

B녀는 애써 웃으며 남편의 손을 마주잡았다.

"우리 사이는 끝났지만, 아이들한테 멋지고 자상한 아빠가 되어줘. 부탁할게."

"걱정 마. 예전보다 훨씬 좋은 아빠 될게."

"고마워."

"갈게. 이혼신고는 당신이 해줘."

"그래. 내가 바로 구청 가서 신고한 다음 연락할게. 잘 지내."

A남과 인사를 나눈 B녀는 정문으로 걸어갔다. 긴장이 풀려서일까? B녀는 손에 들고 있던 가방을 그만 떨어뜨렸다. 가방을 줍기 위해 뒤를 돌아본 순간, 엘리베이터 앞에 서 있는 A남의 뒷모습이 눈에 들어왔다. 10여년을 봐왔던 남편의 뒷모습이, 오늘따라 굉장히 낯설게 느껴졌다.

가정법원을 나온 B녀는 이혼신고를 하기 위해 서초구청으로 걸어갔다. 그녀의 왼편으로, 결혼식장 건물이 눈에 들어왔다. 생각해보니, 이번 주말 직장 후배가 결혼식을 하는 장소가 바로 이곳이었다. B녀는 가정법원 바로 근처에 예식장이 있다는 것이 아이러니하다고 느꼈다.

괜히 허허로운 마음이 들어, 친구에게 전화를 걸었다. 이혼과정에서 B녀의 고민을 열심히 들어주었던 절친한 친구였고, 그녀 역시 한 번의 이혼을 경험한 여자였다. B녀는 구청으로 걸어가는 동안 친구에게 가정법원에서 협의이혼 의사확인을 받고 나서 이혼신고를 하러 간다는 이야기를 전했다. 친구는 괜찮다, 혼자인 것도 나쁘지 않다 등 위로의 말을 건네주었다. 친구와 얘기하다보니 기분이 나아지고 의지가 생기는 듯하였다.

"그런데 너 그거 아니? 가정법원 바로 옆에 결혼식장 있는 거? 내 직장 후배가 이번에 여기서 결혼해."

"아, 양재역에?"

"그래. 재밌지 않아?"

"그게 세상이지 뭐. 누구는 결혼을 하고, 누구는 이혼을 하는 거야. 자연스러운 거야. 네가 가정법원에 이혼하러 간 거나, 또 누군가가 웨딩홀에서 결혼하는 거나, 뭐가 다르겠니? 다를 게 없다고 생각하는 편이 너한테 좋을 거야. 그 예식장에서 결혼하는 사람들도 몇 년 뒤에 그 바로 옆의 가정법원에서 이혼할 수 있는 거 아니겠어?"

"얘도 참. 그게 어떻게 같니?"

B녀는 피식 웃으며 친구에게 핀잔을 주었지만, 전화를 끊고 나서 계속 '누구는 결혼을 하고, 누구는 이혼을 한다. 자연스러운 일이다.' 라는 말을 속으로 되뇌었다.

라. 꼭 알아둘 법률상식 : 협의이혼 절차의 흐름

1) 협의이혼의사확인 신청

이미 설명한 바와 같이, 협의이혼이 성립하기 위해서는 부부가 이혼에 대하여 합의하여야 한다. 이러한 합의는 부부가 법원으로부터 '협의이혼의사확인'을 받음으로써 객관적으로 증명된다. 그러므로 부부는 협의이혼의사확인신청서를 법원에 제출하여 법원으로부터 협의이혼의사확인을 받아야 한다. 협의이혼의사확인을 신청할 때는 부부가 법원에 함께 출석하여 신청서를 제출하여야 하고, 부부 일방만 출석하는 것이나 대리인이 출석하는 것은 허용되지 않는다.

부부가 협의이혼의사확인신청서를 제출할 법원은 부부의 등록기준지 또는 주소지를 관할하는 가정법원이다. 부부의 등록기준지 또는 주소지가 상이할 경우에는 그 중 일방의 등록기준지 또는 주소지를 관할하는 가정법원에 제출하면 된다. 위 사례의 A남은 춘천, B녀는 서울 서초구에 거주하고 있고, B녀의 주소지 관할법원인 서울가정법원에 협의이혼의사확인 신청서를 제출하였다.

협의이혼의사확인신청서에 기재하여야 할 내용은 특별한 것이 있는 것은 아니고, 부부가 이혼에 합의하였으므로 이를 확인하여달라는 내용만 적으면 된다. 부부가 진정한 의사로 이혼하기로 합의하였으므로 이혼의사를 확인하여 달라고 법원에 요청하는 것으로, 이외의 내용은 불필요하다.

한편, 협의이혼을 하려는 부부에게 미성년의 양육하여야 할 자녀가 있는 경우에는, 협의이혼의사확인신청서와는 별도로 자녀 양육과 친권자 결정에 대한 협의서나 법원의 양육자 및 친권자 지정에 대한 심판정본을 제출해야 한다.

협의이혼의사확인을 신청하기 위하여 제출할 서류를 정리하면 아래와 같다.

① 협의이혼의사확인신청서 1부
② 부부 각자의 가족관계증명서 각 1부
③ 부부 각자의 혼인관계증명서 각 1부
④ (미성년의 양육하여야 할 자녀가 있는 경우) 자녀의 양육과 친권자 결정에 관한 협의서 1부 및 사본 2부 또는 법원의 심판정본 및 확정증명서 각 3부
⑤ (주소지 관할법원에 이혼의사확인 신청을 하는 경우) 주민등록등본 1부

2) 법원으로부터 이혼 안내 받기

협의이혼의사확인을 신청한 부부는 법원이 제공하는 이혼에 관한 안내를 받아야 한다. 법원은 협의이혼의사확인 후의 이혼 절차, 이혼 후의 재산분할,

자녀 양육 등에 대해서 안내를 해준다. 또한 법원은 필요할 경우 부부가 전문상 담인의 상담을 받을 것을 권고할 수 있고, 특히 부부에게 미성년인 자가 있는 경우에는 양육과 친권자 결정에 관하여 상담위원의 상담을 받도록 권고하도록 하고 있다.

일부 가정법원, 지방법원에서는 사실상 의무적으로 상담을 받게 하는 곳들 도 있다. 예를 들어, 서울가정법원의 경우 '협의이혼의사확인신청 전 의무면담 제도'를 시행하여 협의이혼을 하려는 부부들이 의무적으로 전문 상담위원으로 부터 상담을 받게 하고 있으며, 이혼숙려기간 중에도 다양한 상담을 제공하고 있다.

3) 협의이혼의사 확인기일 지정 및 숙려기간 진행

우리 법은 충동적인 이혼을 방지하고자 이혼숙려기간 제도를 운영하고 있 다. 이혼하려는 부부에게 일정한 기간 동안 숙려熟慮하며 이혼에 대하여 다시 한 번 생각할 시간을 주고, 이 기간이 끝난 후에도 부부가 계속 이혼을 원하는 경우에만 법원이 이혼의사를 확인하여주는 것이다.

부부의 협의이혼의사확인 신청을 받으면, 법원은 이혼의사 확인기일을 지 정해주고 부부가 이 날에 출석하여 이혼의사를 확인받도록 안내한다. 확인기일 은 부부가 이혼에 대한 안내를 받은 날로부터 1개월 또는 3개월이 지난 후이다. 이 기간이 바로 이혼 숙려기간이다.

숙려기간은 부부에게 양육하여야 할 자녀가 있는 경우와 그렇지 않은 경우 로 구분되어 기간이 다르게 정해져 있다. 부부에게 양육하여야 할 자녀가 있는 경우에는 3개월의 숙려기간이 지난 후 이혼의사 확인을 받을 수 있고, 양육하 여야 할 자녀가 없는 경우에는 1개월의 숙려기간이 지난 후 이혼의사를 확인받을 수 있다. 양육할 자녀가 있는 경우에는 보다 신중하게 생각해보고 이혼을 결정하라는 취지다. 앞선 사례의 부부는 슬하에 두 아들을 두고 있으므로, 3개월의 이혼숙려기간이 주어졌다.

다만, 가정폭력으로 인해 부부 중 한 사람에게 참을 수 없는 고통이 예상되는 등, 이혼을 해야 할 급박한 사정이 있는 경우에는 숙려기간이 단축되거나 면제될 수 있다. 이러한 경우는 이혼에 대한 숙려보다 신속한 이혼이 우선이기 때문에 숙려기간을 단축하거나 면제해주는 것이다. 만약 이러한 사유가 존재한다면, 단축 또는 면제 사유를 적시한 서면을 법원에 제출함으로써 숙려기간 단축 또는 면제를 요구하면 된다.

4) 확인기일에 법원에 출석하여 이혼의사 확인받기

3개월 또는 1개월의 숙려기간이 경과하면 법원은 부부의 협의이혼의사를 확인하여준다. 부부는 숙려기간이 지난 이후 법원에 함께 출석하여 이혼에 대한 최종적인 의사를 진술하고, 이혼 의사가 있다면 이혼의사를 확인 받는다. 부부에게 미성년의 양육하여야 할 자녀가 있다면 자녀 양육에 대한 협의서나 법원의 심판정본도 확인받게 된다.

법원은 부부의 이혼의사를 확인하면 이혼의사확인서를 작성하여 부부에게 각 1부씩 교부하여준다. 또한, 자녀 양육에 대한 협의를 확인하여 비양육자의 양육비 지급을 강제하는 양육비부담조서도 작성한다. 다만, 자녀 양육에 대한 협의가 자녀의 복리에 반한다고 판단할 경우 법원은 그 보정을 명할 수 있고, 부부 쌍방이 이에 불응할 경우 이혼의사확인서 및 양육비부담조서를 작성해주지 않는다.

만약 부부 중 일방이라도 법원이 지정한 확인기일에 출석하지 않으면, 법원은 다시 확인기일을 지정하여준다. 그러나 법원이 다시 정한 두 번째 확인기일에도 출석하지 않으면 협의이혼의사확인 신청을 취하한 것으로 간주하여 절차가 종료된다.

5) 협의이혼의사를 철회하고 싶다면?

부부가 협의이혼의사확인 신청을 제출한 후라도, 숙려기간이 경과하여 법원의 이혼의사 확인을 받기 전까지는 언제든 협의이혼의사확인 신청을 취하할 수 있다. 또한 법원이 지정한 확인기일에 2차례 불출석한 경우에는 신청을 취하한 것으로 간주된다.

한편, 숙려기간이 지나 법원의 이혼의사 확인까지 받은 이후에도 부부 쌍방 또는 일방이 마음이 바뀌어 협의이혼을 원치 않는 경우가 간혹 생기곤 한다. 부부가 극적으로 갈등을 해소하여 결혼생활을 이어나가려는 경우도 있고, 양육권 문제나 재산 문제에 이견이 있어 협의이혼이 아니라 이혼소송을 통해 이혼에 이르고자 하는 경우도 있다. 이유야 어찌되었든 이렇게 법원으로부터 이혼의사 확인을 받은 후에 마음이 바뀌어 협의이혼을 원치 않는 경우에는 두 가지 방법이 있다. 첫째, 이혼신고서를 제출하지 않으면 된다. 이혼의사 확인을 받은 지 3개월이 지나면 이혼의사 확인의 효력이 상실되기 때문이다. 둘째, 등록기준지 또는 주소지 관할 시청·구청·읍사무소·면사무소에 협의이혼의사확인서를 첨부하여 협의이혼의사철회서를 제출하면 된다.

한 가지 주의할 점은, 이혼의사철회서는 이혼신고서가 수리되기 전에 제출해야 효력이 있다는 것이다. 만약 이혼신고서가 수리된 이후라면 이혼의사 철회서를 제출해봤자 이혼의사 철회의 효력이 없다.

<u>6) 이혼신고</u>

법원으로부터 이혼의사를 확인받았다면, 이혼의사확인서 등본을 교부, 송달받은 날로부터 3개월 이내에 이혼신고를 하여야 한다. 이혼의사를 확인받았다 하더라도 이혼신고를 하지 않으면 협의이혼의 효력은 발생하지 않는다. 반드시 법에 따라 이혼신고를 해야 한다는 뜻이다.

이혼신고는 반드시 부부가 함께 하여야 하는 것은 아니고, 부부 중 한쪽이 해도 무방하다. 부부 일방 또는 쌍방은 법원의 이혼의사확인서 등본을 교부, 송달받은 날로부터 3개월 내에 등록기준지 또는 주소지를 관할하는 시청·구청·읍사무소·면사무소에 이혼신고서를 제출하면 된다. 위에서 예로 든 부부의 경우, B녀가 혼자 이혼신고를 하러 갔다.

이혼신고서 제출 시에는 법원으로부터 받은 이혼의사확인서 등본을 함께 제출하여야 하며, 양육하여야 할 자녀가 있는 경우에는 자녀 양육에 관한 협의서 또는 법원의 심판정본도 제출하여야 한다.

이혼신고 시 제출서류를 정리하면 다음과 같다.

① 이혼신고서 1부
② 이혼의사확인서 1부
③ 신고인의 신분증명서(주민등록증)
④ (미성년의 양육하여야 할 자녀가 있는 경우) 자의 양육과 친권자
　　결정에 관한 협의서 1부 또는 법원 의 심판정본 및 확정증명서 각 1부

이혼신고서를 제출하면, 비로소 협의이혼의 효력이 발생하여 부부는 법적으로 이혼하게 된다.

만약 이혼의사확인서 등본을 교부, 송달받은 날로부터 3개월이 경과할 때까지 이혼신고를 하지 않으면, 법원의 이혼의사 확인은 효력을 잃게 된다. 이렇게 되면, 협의이혼의사확인신청부터 다시 진행해야 하는 것이다.

4장. 재산분할, 위자료: 절대 놓치면 안 돼!

가. 재산분할과 위자료, 어떻게 합의하나?

A남과 B녀 부부는 가정법원으로부터 이혼의사를 확인받고 구청에 이혼신고를 함으로써 이혼하였다. 그런데 B녀의 이혼 스토리에는 무언가 허전한 점이 있지 않은가? 그렇다, 중요한데도 빠져 있는 것이 있다. 바로 재산문제다.

B녀는 협의이혼 과정에서 A남과 재산분할에 대한 이야기를 나눴다.
"반반씩 나누면 되겠지?"
B녀가 묻자 A남은 고개를 끄덕였다.
"그래, 반반씩."
부부는 맞벌이를 하며 함께 돈을 벌었기 때문에 재산을 반반씩 나누는 것에 의견이 일치했다. 사실 재산분할 때문에 부부 간의 의견이 충돌하는 경우가 많다. 이혼 자체에는 협의했다 하더라도 재산분할에 대해 이견이 있어 협의이혼을 하지 못하고 이혼소송까지 나아가는 사례도 상당히 많다. 이런 점을 보면, A남과 B녀가 재산분할 비율에 대하여 생각이 일치한 것은 그나마 다행이었다.

그런데 문제는 재산을 "어떻게" 반반씩 나누느냐, 하는 것이었다. 부부의 재산은 서초구에 있는 시가 6억 원 상당의 아파트(A남 명의), A남이 살고 있는 춘천의 오피스텔 전세금 5,000만 원(A남 명의), A남 소유의 시가 3,000만 원 상당의 소렌토 자동차, B녀 소유의 시가 2,000만 원 상당 아반떼 자동차 등이었다. 그렇다면, 부부의 적극재산은 7억 원(6억 원 + 5,000만 원 + 3,000만 원 + 2,000만 원)이다. 한편, A남은 위 서초구 아파트 매입을 위해 아파트를 담보로 하여 은행에 3억 원의 주택담보대출채무를 부담하고 있다. 따라서 부부의 순재산은 4억 원(적극재산 7억 원 − 대출채무 3억 원)이라 평가된다.

그렇다면 부부는 이론상 2억 원씩을 나누어 가지면 될 것인데, 그 방법이 마땅치가 않았다. 가장 단순한 방법은 서초구 아파트를 파는 것이었다. 부부가 각자 소유 차량을 계속 보유하면서, 서초구 아파트를 6억 원에 팔아서 3억 원의 대출을 갚고, 남은 3억 원 중 1억 2,000만 원을 A남이 갖고, 1억 8,000만 원을 B녀가 가지면 되었다. 그러면, A남은 1억 2,000만 원, 춘천 오피스텔 전세금 5,000만 원, 소렌토 자동차(3,000만 원) 합계 2억 원을 갖게 되고, B녀는 1억 8,000만 원, 아반떼 자동차(2,000만 원) 합계 2억 원을 갖게 되는 것이므로, 편리한 재산분할 방법이었다.

"그런데, 그렇게 되면 승훈이, 승준이랑 내가 살 집이 없어. 1억 8천으로 세 식구 살 수 있는 집을 구하기도 힘들고…"

"알아. 나도 그건 원하지 않아."

"집을 내놓는다고 금방 팔리는 것도 아니고 말이야."

"그것도 그래."

부부는 재산분할 문제로 고민하다가 함께 강남역의 로펌을 찾았다. 이혼변호사에게 부부의 사정을 설명하고, 어떻게 재산을 나누는 것이 좋은지 의견을 구했다.

"서초구 아파트에서 부인과 아이들이 계속 살려고 하신다는 거죠?"

"네, 맞습니다."

"그러면 제 생각에는 말이죠… 이런 방식이 좋을 것 같습니다. 일단 남편

분이 아내 분에게 아파트 소유권을 넘기시는 겁니다. 그러면서 동시에 대출금 3억 원도 아내 분에게 넘기는 거죠. 그럼 아내분이 아파트를 갖게 되시는 것이고, 아파트 가격 6억 원에다 담보대출이 3억 원 있으니, 실제로는 3억 원을 갖게 되는 거죠. 여기에 아내 분 차량 가액까지 합치면 3억 2,000만 원입니다. 아내 분이 3억 2,000만 원을 갖는 거로 보면 되는 겁니다.”

“네, 변호사님.”

“그런 다음 아내 분이 남편 분에게 1억 2,000만 원을 지급하시는 겁니다.”

“제가 남편한테 1억 2,000만 원을요?”

“네. 그렇게 되면 사모님도 2억, 교수님도 2억을 갖게 되는 거지요. 여기서 또 생각해보셔야 하는 부분이 위자료입니다. 이런 말씀드리기는 좀 죄송한데, 어쨌든 교수님 유책행위로 두 분이 이혼하려는 것 아닙니까?”

“네. 맞습니다. 제 잘못이죠. 위자료조로 1억 2,000만원에서 몇 천만 원 정도 공제하면 되는 것인가요?”

“그렇죠. 이 부분은 두 분이 합의를 하셔서 사모님이 교수님에게 지급해야 할 돈을 정하면 될 것 같아요. 또 당장 지급하기 어렵다면 지급기한을 좀 넉넉하게 한다든지, 분할지급을 한다든지, 하는 식으로 정하실 수도 있구요. 이 부분은 교수님이 좀 양해를 해주셔야 하긴 하는데요.”

부부는 변호사가 있는 자리에서 재산분할과 위자료에 대하여 상의하였다. 그 결과, 부부는 각자 자동차를 소유하고, 남편이 남편 명의의 서초구 아파트(시가 6억 원)와 은행에 대한 채무(3억 원)를 B녀에게 이전하고, B녀는 남편에게 5년 뒤까지 총 8,000만 원(1억 2,000만 원에서 4,000만 원은 유책행위에 대한 위자료 명목으로 공제)을 지급하는 것으로 협의를 마쳤다. 부부는 이러한 내용으로 협의서를 두 부 작성하여 한 부씩 나눠가졌다.

이혼할 때 부부가 재산을 어떻게 나눌 것인지에 대한 합의는 매우 중요한 문제다. 또한 배우자의 외도로 인하여 이혼을 하는 등 배우자의 책임 있는 사유 때문에 이혼에 이르게 되는 경우에는 위자료 문제에 대해서도 합의하여야 한다. 그러나 재산분할과 위자료에 대한 합의가 반드시 있어야만 협의이혼이 성립하는 것은 아니다. 재산 문제에 대해 합의를 보지 못하더라도, 부부의 이혼 의사만 합치된다면, 그리고 양육해야 할 미성년 자녀가 있을 경우, 이에 더해 양육권에 대한 합의가 있다면, 일단 협의이혼은 성립될 수 있다.

그러나 부부가 이혼을 하면서 재산 문제에 대해 합의를 하지 않을 도리는 없다. 혼인 중에는 공동으로 재산을 관리하였지만, 이혼을 하게 되면 공동재산을 청산할 필요가 있기 때문이다. 결국 부부가 재산분할과 위자료에 관해서 협의이혼을 할 시점에 합의를 하든, 협의이혼 후에 이러한 합의를 하든, 어쨌거나 이혼에 따른 재산 문제에 대해서는 합의를 해야만 한다.

일단 협의이혼을 한 이후에 재산문제에 대해 합의를 하여도 무방하고, 합의가 되지 않는 경우에는 협의이혼 후에 재산분할 청구, 위자료 청구를 하는 것도 가능하기는 하다. 그러나 재산분할의 경우 이혼한 날로부터 2년 내에 재산분할 청구를 하지 않으면 더 이상 재산분할을 받을 수 없고, 위자료의 경우에도 이혼한 날부터 3년 내에 청구하지 않으면 위자료청구권이 소멸한다는 점에 주의해야 한다.

또한, 이혼 전에 재산 문제에 대한 합의를 끝내놓지 않으면 이혼 후에도 계속 이혼한 배우자와 연락하고 만나며 이 문제에 대해 논의를 해야 하므로 번거롭고 불편하다. 따라서 가능하다면 협의이혼 신청 시점에 이혼에 합의하면서 재산분할과 위자료에 대해서도 합의를 하는 것이 여러모로 편리하다고 하겠다.

제4부
두려워하지 말자,
이혼소송

이혼을 하고 싶어 하면서도 이혼소송을 두려워하는 사람들이 있다. 이들은 예외 없이 이렇게 말한다.

"이혼을 하고 싶긴 하지만, 그렇다고 소송까지 간다는 것은 정신적으로 부담이 된다."

"남들 보기에 부끄럽다",

"소송에서 질 수도 있는 것 아니냐?"

협의이혼과 비교할 때 물론 이혼소송은 복잡하고 험난하고 긴 과정이다. 항상 승리를 장담할 수 있는 것도 아니다. 그렇다고 이혼소송을 포기할 것인가?

사실을 말하자면, 이혼소송은 생각보다 복잡하지 않다. 이혼사유를 주장하고 이를 증명할 수 있으면 이혼에 이를 수 있다. 이혼소송이나 협의이혼이나 결국 이혼에 이르게 된다는 사실은 같다. 효과 면에서 협의이혼과 이혼소송은 차이가 없다는 말이다. 오히려 이혼소송을 할 때는 이혼청구와 함께 재산분할, 위자료, 양육자 지정 및 양육비 청구까지 할 수 있기 때문에, 협의이혼을 하면서 별도로 재산분할, 위자료에 대해 합의하는 것보다 오히려 간편한 해결이 될 수 있다.

그래도 이혼을 해야겠다면, 두려워 말고 이혼소송을 제기하라. 그리고 원하는 것을 얻어라.

1장. 바람은 피웠지만 이혼은 절대 못해: 이런 남편, 어떡하나?

가. 남편이 수상해요

B녀는 결혼 5년차의 30대 여성. 어느 날 우연히 남편 A남이 서재에서 통화하는 소리를 들었다. 당시 B녀는 서재 바로 옆의 안방에 있었는데, 방음이 잘 되지 않는 터라 원치않게 A남의 통화내용을 고스란히 다 듣게 되었다. A남은 수화기 너머의 누군가에게 달달한 말투로 보고 싶다느니, 이번 주말에 너희 집 근처로 가겠다는 등의 이야기를 하고 있었다. 상대방의 말을 들을 순 없지만, 정황상 남편이 다른 여자와 외도를 하고 있는 그림이 그려졌다. B녀는 남편에 대한 배신감에 충격을 받은 상태로 내가 일하고 있는 로펌에 전화를 걸었다. 그녀는 나에게 남편의 통화 내용을 말해주고, 만약 남편이 외도를 하는 것이 맞는다면 남편과 협의이혼하기를 원한다고 하였다.

"평소에 남편과 사이가 안 좋으셨나요? 무슨 문제가 있었다든지."

"과거에도 이런 일이 있었어요."

"이런 일이라면... 남편이 외도를 한 적이 있었다구요?"

"네. 신혼 때였고, 그때는 어찌어찌해서 용서를 해줬어요. 제가 첫째를 임신 중이기도 했고, 여러 가지로 이혼을 생각하긴 어려웠어요. 아이를 낳고 나서는 그 일은 잊었는데…”

“지금도 남편이 외도를 하고 있다고 생각하시나요?”

“변호사님 생각은 어떠세요?”

“글쎄요. 분명히 의심되기는 하지만, 아직 확신하기는 이른 상황인 것 같은데요.”

“전화통화를 하면서 몹시 다정한 말투로… 보고 싶다, 언제 보자. 이런 말을 하는데, 연인이 아니라면 이런 게 가능할까요?”

“의심이 되기는 합니다. 더군다나 과거에도 외도를 한 일이 있다면 더 그렇죠. 남편이 외도를 하고 있다고 가정을 하면, 남편이 왜 바람을 피우는지, 누구랑 바람을 피우는지 짐작 가는 부분은 없나요?”

“전혀요. 잘 모르겠네요.”

“혹시 남편과 이에 대한 이야기는 해보셨어요?”

“아니오. 아직 안 해봤어요. 그전에 변호사님에게 이혼에 대한 정보를 좀 듣고 싶어서 전화했습니다.”

나는 B녀에게 협의이혼의 절차라든지, 친권 및 양육권, 재산분할, 위자료 등에 대하여 설명해주었다. 또 남편의 휴대전화 문자메시지, 카카오톡 대화 내용, 차량 블랙박스 등을 확인하고, 남편이 내연녀를 만나는 장면을 사진으로 찍는 등 남편의 외도 증거를 수집해놓으라고 귀띔해주었다.

“우선 가장 중요한 것은 남편이 정말 외도를 하고 있는지를 정확히 알아보는 겁니다. 일단은 남편이 이번 주말에 내연녀와 만나는 것이 맞는지부터 체크해보시구요. 그리고 남편이 외도를 하는 것이 사실이라면, 사모님이 협의이혼을 원하시니까, 일단은 남편과 이혼에 대하여 얘기를 해보시는 편이 좋겠습니다.”

“네, 알겠습니다. 제가 알아보고 나서 다시 전화를 드려도 될까요?”

“그럼요. 전화 주십시오.”

며칠 후, B녀는 다시 전화를 해왔다.

"변호사님. 남편이 바람피우는 걸 확인했습니다."

자초지종을 들어봤더니, A남은 주말 오후에 부산에 출장을 간다고 B녀에게 거짓말을 하고 사실은 방배동으로 내연녀를 만나러 갔던 것이다. B녀는 몰래 A남을 미행하였고, A남이 내연녀와 함께 방배동 카페거리에서 식사와 커피를 마신 후 내연녀의 집으로 함께 가는 것까지 확인하였다. 멀리서 지켜보았지만, 남편과 내연녀는 서로의 손을 마주잡거나 서로에게 음식을 먹여주는 등 시종일관 다정한 분위기임에 분명했다. 놀라움과 배신감에 흥분한 B녀는 너무 당황한 나머지 A남과 내연녀가 식당과 카페에서 함께 있는 사진을 찍지는 못하였다. 그러나 다행히 A남이 내연녀의 손을 잡고 내연녀의 집으로 올라가는 장면, 내연녀의 빌라에 주차되어 있는 A남의 차량 사진은 찍어두었다.
B녀는 다음날 A남이 집에 돌아오자마자 남편을 붙잡고 추궁했다.
"당신, 어제 만난 여자 누구야? 언제부터였어?"
"그게 무슨 소리야? 바람을 피우다니?"
A남은 처음에는 바람을 피운 적이 없다고 잡아떼었다. 그러나 B녀가 전날 찍은 사진들을 보여주자, 순순히 외도 사실을 시인하였다. 내연녀는 모바일 채팅 애플리케이션으로 만난 여자인데, 3개월 전부터 만난 사이라고 하였다. A남은 재미로 만난 것뿐이라며 용서를 빌었으나, B녀는 A남에게 이혼의사를 분명히 전했다.

"안타깝습니다, 사모님. 저도 사모님 얘기를 듣고 남편분이 의심이 되기는 했지만, 그래도 외도를 한 것이 아니길 바랐는데요."
"네... 저도 내심 사실이 아니길 바랐는데... 제 눈으로 똑똑히 확인하고, 남편도 스스로 시인했네요. 변호사님이 지난번에 말씀해주신 것과 같이 재산분할, 위자료에 대해 합의서를 쓰고, 협의이혼의사확인신청서와 자녀양육협의서를 작성하면 되는 거겠지요?"
"네. 메일을 알려주시면, 제가 양식 보내드리겠습니다. 아니면, 남편과 협의한 후에 사무실에 한 번 내방해주시지요. 협의 내용대로 합의서 작성해드리 겠습니다."

"네. 그럼 제가 다음 주에 방문할게요. 미리 전화 드리겠습니다."

나. 이혼은 해줄 수 없다고? 해답은 이혼소송!

일주일 후, B녀는 우리 로펌을 방문했다. 전화로 이야기를 나누면서도 B녀의 화나고 우울한 기분이 느껴졌지만, 실제로 만나보니 그녀의 수척해진 얼굴에는 수심이 가득했다. 대부분의 고객이 그렇듯이, 이혼변호사와 처음 만나 상담을 앞둔 그녀는 굉장히 조심스러운 태도를 취했다. 간단한 인사를 주고받은 후, 그녀는 어렵게 첫말을 꺼냈다.

"변호사님. 남편이 이혼을 해줄 수 없다고 해요."

A남은 자신의 잘못은 인정하지만, 이혼만은 절대 안 된다는 입장이라고 했다. 사회적 체면도 있고, 부모가 이혼을 하면 자녀에게도 좋지 못한 영향을 줄 것이라는 것. 부부는 슬하에 세 살과 네 살의 연년생 아들, 딸을 두고 있었다.

"애들을 생각해서라도 이혼만은 하지 말자, 여보."

"애들 문제를 떠나서, 난 당신과 하루라도 더 같이 살 수가 없어. 당신을 믿을 수 없다고."

"앞으로 다시는 그런 일 없도록 할게. 정말이야."

"그 얘기는 예전에도 했었잖아. 그래서 지금 결과가 뭐야? 차라리 그때 이혼했어야 했는데, 후회가 될 정도야 지금."

B녀는 A남에게 큰소리를 내기도 하고, 이대로 같이 사는 건 아무 의미가 없다며 이혼을 하자고 회유를 하기도 했으나, A남은 요지부동이었다.

"어떻게 하죠, 변호사님?"

"사모님 생각은 어떠세요? 남편 말을 듣고 생각이 바뀌었다든지, 고민이 된다든지 하는 부분이 있나요?"

나는 넌지시 B녀의 진심을 떠보았다.

"전 무조건 이혼이에요. 벌써 바람을 피운 게 두 번이에요. 걸린 게 두 번이라면 실제로는 얼마나 더 많겠어요? 이런데 제가 어떻게 계속 같이 살 수 있겠어요? 본인이 잘못해놓고 애들 생각해서 이혼은 안 된다니, 그런 말이 어디 있어요? 애들이 이런 아빠랑 사는 것보다는 차라리 아빠 없이 사는 게 낫다고 봐요, 저는."

"진정하시구요, 사모님. 설사 이혼을 해도, 남편이 아이들의 아버지인 사실에는 변함이 없지 않습니까."

"네, 그건 알겠어요. 아무튼 저는 이혼하는 게 맞는다고 봐요. 아이들 때문에 이혼을 못해주겠다는 건 이해가 가지 않아요."

"알겠습니다. 꼭 이혼을 하고 싶으시다는 거죠?"

"네."

이렇듯, B녀는 이혼에 대한 의지가 확고한 반면, A남은 이혼해줄 수 없다고 하는 상황. 이 경우 협의이혼은 불가능하다고 보아야 한다. 그렇다면 방법은 하나밖에 없다. 바로 이혼소송을 제기하는 것.

"일단은 좀 더 남편을 설득해보시구요, 그게 안 되면 이혼소송으로 가야 합니다."

"이혼소송이요? 그 방법밖에 없나요?"

B녀는 걱정스러운 표정으로 필자를 바라보았다. 어디, B녀뿐이겠는가, 이혼소송을 두려워하는 사람은 한둘이 아니다. 이혼소송이라는 것이 무언가 복잡하고, 정신적으로 스트레스를 받을 일이 엄청 많을 것 같으며, 소송을 제기한다고 해도 과연 이길 수 있는지 걱정도 되는 것이다.

"협의이혼이 안 되면 이혼소송으로 가는 방법밖에 없습니다. 이혼소송이라는 것이 복잡한 면이 있긴 하지만 그렇다고 특별한 것은 아닙니다. 소송이라고 크게 부담 가지실 건 없어요."

"소송을 하면... 이길 수 있을까요?"

"남편이 외도를 한 것이 이혼사유에 해당하기 때문에 승소 가능성은 충분합니다. 전에 사진 찍어두신 것 있으시죠? 그 사진과 혹시 또 다른 증거가 있다면 정리를 해두시고요. 가능하다면 남편과 대화를 하면서 남편이 외도 사실을 인정하는 말을 하면 그 부분을 녹취를 하세요. 통화녹음을 하시든지요. 그것도 중요한 증거가 될 수 있습니다. 소송을 진행하실 것인지 곰곰이 생각해보시구요, 진행하겠다는 결심이 서면 연락 주십시오."

"네. 생각해보고 연락드리겠습니다."

B녀는 결국 우리 로펌을 대리인으로 하여 A남에 대해서 부정행위를 이혼사유로 하는 이혼소송을 제기하기로 하였다.

이렇듯, 배우자가 이혼을 원치 않는 경우에는 이혼소송을 제기하여 재판상 이혼을 하는 수밖에 없다. 또한, 배우자가 이혼 자체에는 동의하지만 양육권, 위자료, 재산분할 등을 둘러싸고 부부 사이에 이견이 있는 경우에도 이혼소송을 통하여 이혼을 하게 된다.

법에서 정한 이혼사유가 존재하고, 그 이혼사유를 증명할 증거가 있다면 이혼소송을 통해 이혼에 이를 수 있으므로, 배우자와 이혼 합의가 되지 않는다는 이유만으로 이혼을 포기할 것은 아니다. 이혼소송을 제기하면 되는 것이다.

다. 꼭 알아둘 법률상식 : 재판상 이혼제도의 특징

1) 재판상 이혼사유가 존재한다면

배우자가 이혼을 원치 않는다거나 부부 간에 양육권에 대한 합의가 이루어지지 않는 경우에는 협의이혼을 할 수 없으므로, 결국 이혼소송을 제기하여 재판상 이혼을 할 수밖에 없다. 또한 재산분할이나 위자료에 대해 합의가 되지 않는 경우에도 이혼소송을 통하여 재판상 이혼을 하게 된다.

재판상 이혼이란 이혼소송 또는 이혼조정 절차에 의하여 이혼에 이르는 것으로, 부부 간에 이혼에 대한 합의가 이루어지지 않은 경우에 선택할 수 있는 이혼 방법이다. 만약 당신은 이혼을 하길 원하지만 배우자가 그것을 원치 않으면, 이혼소송을 제기하거나 이혼조정 신청을 함으로써 법원의 판결 또는 조정 성립에 의하여 재판상 이혼을 하여야 한다.

재판상 이혼의 가장 중요한 특징은 반드시 민법에서 정한 이혼 사유가 있어야만 이혼에 이를 수 있다는 점이다. 반대로 말하자면, 아무런 이혼사유도 존재하지 않는 경우에는 이혼소송을 제기하여도 이혼할 수 없다는 얘기다. 협의이혼의 경우 부부 간에 이혼의사 합치만 있다면 이혼사유를 묻지 않는다는 점과 또렷이 대비되는 재판상 이혼제도의 특징이다.

2) 재판상 이혼사유에는 어떤 것들이 있나?

민법은 재판상 이혼사유로 아래와 같이 6가지 사유를 규정하고 있다.

① 배우자의 부정한 행위가 있었을 때

② 배우자가 악의로 다른 일방을 유기한 때

③ 배우자 또는 그 직계존속으로부터 심히 부당한 대우를 받았을 때

④ 자기의 직계존속이 배우자로부터 심히 부당한 대우를 받았을 때

⑤ 배우자의 생사가 3년 이상 분명하지 아니한 때

⑥ 그밖에 혼인을 계속하기 어려운 중대한 사유가 있을 때

구체적인 설명은 뒤로 미루고, 위 여섯 가지 이혼사유의 의미를 간단히 살펴보면 다음과 같다.

① 배우자에게 부정한 행위가 있었을 때

➜ 배우자가 외도를 한 경우

② 배우자가 악의로 다른 일방을 유기한 때

➜ 배우자가 가출을 하거나 다른 일방을 집에서 내쫓은 경우

③ 배우자 또는 그 직계존속으로부터 심히 부당한 대우를 받았을 때

➜ 배우자나 배우자의 부모가 다른 일방을 학대, 또는 모욕한 경우

④ 자기의 직계존속이 배우자로부터 심히 부당한 대우를 받았을 때

➜ 자신의 부모가 배우자로부터 학대, 또는 모욕을 당한 경우

⑤ 배우자의 생사가 3년 이상 분명하지 아니한 때

➜ 말 그대로, 배우자의 생사가 불명한 상태가 3년이 넘은 경우

⑥ 기타 혼인을 계속하기 어려운 중대한 사유가 있을 때

➜ 부부공동생활관계가 회복할 수 없을 정도로 파탄되고

그 혼인생활의 계속을 강제하는 것이 일방 배우자에게 참을 수 없는

고통이 되는 경우

이 중 '⑤ 배우자의 생사가 3년 이상 분명하지 아니한 때', '⑥ 기타 혼인을 계속하기 어려운 중대한 사유가 있을 때'를 제외하면, 나머지 ①~④ 의 사유는 모두 배우자나 배우자의 부모에게 혼인파탄의 책임이 있는 경우에 해당한다. 이처럼, 우리 법은 기본적으로, 부부 일방 또는 쌍방이 결혼생활 파탄에 책임이 있는 경우에 한하여 재판상 이혼을 인정하고 있으며, 이를 '유책주의有責主義'라고 부른다.

유책주의와 대비되는 개념으로 '파탄주의破綻主義'가 있다. 파탄주의란, 부부 일방 또는 쌍방에게 결혼생활 파탄의 책임이 있는지의 여부를 묻지 않고, 실

질적으로 결혼생활이 파탄되었다면 재판상 이혼을 허용하는 것이다. 우리 대법원 판례는 위 재판상 이혼사유 중 '⑥ 기타 혼인을 계속하기 어려운 중대한 사유가 있을 때'의 의미에 대하여 "부부공동생활관계가 회복할 수 없을 정도로 파탄되고 그 혼인생활의 계속을 강제하는 것이 일방 배우자에게 참을 수 없는 고통이 되는 경우"라고 하며, "이 경우 결혼생활 파탄의 원인이 부부 일방의 유책행위일 필요는 없다"라고 판시한 바 있다. 즉, 배우자의 유책행위가 없다고 하더라도 결혼생활이 파탄되었다면 '혼인을 계속하기 어려운 중대한 사유'에 해당한다는 것으로, 이는 파탄주의적 요소에 해당한다.

그러나, 우리 법원은 '결혼생활이 파탄되어 결혼생활 유지가 일방 배우자에게 참을 수 없는 고통이 되는지 아닌지 여부'를 판단함에 있어서는, '결혼생활을 계속하려는 의사가 있는지의 여부, 결혼생활의 기간, 자녀의 유무' 등과 함께 '결혼생활 파탄의 원인에 관한 당사자의 책임유무'도 판단기준으로 삼고 있다. 또한 법원이 실제로 '혼인을 계속하기 어려운 중대한 사유'가 있다고 판단한 사례들을 보면 부부 일방이 도박 중독에 빠진 때, 파렴치한 범죄를 저지른 때, 아무 이유 없이 부부관계를 거부한 때 등 사실상 배우자에게 혼인파탄의 책임이 있다고 평가받을 만한 경우들이 많다. 무엇보다, 우리 법원은 부부의 결혼생활이 파탄이 되었더라도, 결혼생활 파탄의 주된 원인을 제공한 유책배우자는 원칙적으로 재판상 이혼을 청구할 수 없다는 입장이다. 쉽게 말하자면, 바람피운 남편은 아내에게 이혼을 청구할 수 없다는 것이다. 종합하여 보면, 우리 법의 재판상 이혼 제도는 일부 파탄주의적 요소가 가미되어 있기는 하나, 유책주의를 기본으로 하고 있다고 볼 수 있다.

사실 이러한 유책주의에 대한 비판도 다소 존재하고 있는 상황이다. 유책주의를 비판하고 파탄주의적 요소를 강화해야 한다는 사람들은 부부의 결혼생활이 실질적으로 파탄이 되었다면, 일방의 유책행위가 없더라도 이혼을 허용하는 것이 맞고, 유책배우자라 할지라도 이혼 청구가 허용되는 것이 바람직하지 않느냐고 주장한다. 반면, 유책주의를 옹호하는 사람들은 파탄주의 요소가 강화되면 이혼이 증가하게 되고, 특히 결혼생활의 파탄에 아무런 책임도 없는 자에게 이혼이라는 불이익을 줄 우려가 있다고 주장하고 있다. 양측의 주장 모두 일리가 있는 주장이고, 어느 한쪽이 맞고 다른 한쪽이 틀리다고 말하기는 어렵다.

물론 직접 이혼소송을 해야 하는 당사자의 입장에서 보면, 유책주의냐 파탄주의냐의 논쟁은 큰 의미가 없다. 중요한 것은 내 사례가 이혼사유에 해당하는지 여부를 판단하고, 이혼사유를 주장하고 증명하는 일이다. 이제부터는 사례를 통하여 6가지의 이혼사유에 대하여 살펴보도록 하겠다.

2장. 배우자가 부정한 행위를 저질렀을 때

가. 변호사님. 아내가 바람을 피워요!

남편만 바람을 피우는 것이 아니다. 아내도 바람을 핀다. 실제로 아내의 외도 때문에 이혼을 고민하는 남성들도 상당히 많고, 그 숫자는 해가 거듭할수록 증가하는 것으로 체감된다. 이러한 현실을 반영하기라도 하듯, 얼마 전에는 종합편성채널에서 아내의 외도를 소재로 한 〈이번 주 아내가 바람을 핍니다〉라는 드라마가 방영되기도 했다.

결혼 3년차의 40대 자영업자 A남도 전업주부인 아내 B녀의 외도 때문에 마음고생이 극심하다.

신혼 즈음의 A남과 B녀는 누구보다 행복한 결혼생활을 즐겼다. 그러나 결혼 2년차가 넘어가면서 부부 사이에 다툼이 생기기 시작했다. B녀는 A남이 항상 자신을 혼자 두고 일에만 몰두한다고 불평하였다. 반면 A남은 B녀의 이러한 주장이 터무니없는 것이라 여겼다.

"변호사님. 먹고 살기 위해서 일하는 겁니다."

"네, 그건 맞는 말이죠."

"저 혼자만을 위해서 그런 게 아니잖아요. 우리 부부를 위해, 가족을 위해 열심히 일한 것도 죄가 될 수 있나요?"

"이해합니다."

"아니, 그러면 본인이 일을 하던가요? 집에서 놀고먹으면서 밖에 나가 장사하는 남편한테 집에 있는 시간이 없다고 불만을 품는다면 그게 말이 되는 얘기인가요?"

사실 A남의 입장은 충분히 이해가 갔다. A남은 농산물 도매업을 하고 있는데, 일의 특성상 아침 일찍 출근하고 늦은 저녁이 되어서야 퇴근할 수밖에 없었다. 또한 A남의 주장에 따르면, 자신의 출근이 이르고 퇴근이 늦는 데에는 B녀의 책임도 컸다. A남은 결혼하기 전에 자신의 직장 근처에 집을 구하고자 하였으나, B녀의 고집으로 부부는 처가와 가까운 곳에 신혼집을 구하게 되었다. 그런데 A남의 영업장은 부부의 신혼집에서 차로 무려 1시간 반 가까이 걸리는 거리였다. 이 상황에서 A남은 일찍 출근하고 집에 늦게 들어올 수밖에 없다는 얘기였다.

한편, B녀는 해외여행을 대단히 좋아했다. 그래서 B녀는 틈만 나면 A남에게 해외여행을 가자고 졸라대는 것이었다. 그런데 A남 입장에서 여행경비를 조달하기 위해서는, 일을 더 많이 해야 했다. 여행기간동안 장사를 할 수 없는 점을 고려하면 더더욱 그러했다.

"여행 가려고 더 열심히 일하고, 그러다 보면 집에 더 늦게 오는 것이고... 그렇게 1년에 최소 두세 번은 태국이며 유럽이며 같이 다녀왔는데... 이런 걸 몰라주고 자기랑 같이 있어주지 않는다고 투덜대면 저는 정말 할 말이 없어요."

"사장님, 흥분하지 마세요. 어쨌든 여행은 부부가 함께 즐거운 시간을 갖자고 가는 것 아닙니까."

"저는 싫어해요, 여행 같은 거. 와이프 때문에 할 수 없이 갔던 거죠."

"고생 많으셨네요. 사장님 말씀은 다 이해가 갑니다. 공감하구요."

한쪽의 이야기만을 들은 것이라 이 모든 게 B녀의 잘못이라고 확언할 수는 없지만, 같은 가장의 입장에서 A남의 억울한 마음은 십분 이해가 갔다. 안타깝게도, 내가 이해하는 것과는 달리 B녀는 남편의 사정을 이해하지 못했다. A남의 말에 의하면, 그녀는 남편의 고충을 이해하려 노력하지도 않았다. "남편이 아내를 버려두고 일에만 몰두한다. 그럴 거면 일이랑 결혼하지 그랬냐?"는 B녀의 비난에 A남은 반박한다. "남편은 가족의 생계를 위해서 죽어라고 일을 하는데, 아내라는 사람은 이런 남편을 탓하다니 어이가 없네!" 이러한 부부 각자의 입장은 평행선을 달렸고, 이로 인하여 부부 사이는 갈수록 악화되어갔다.

결혼한 지 2년이 지나면서 B녀는 점점 친정에 있는 시간이 많아졌다. 처음에는 A남이 직장에 나가 있는 동안 친정어머니와 시간을 보내는 정도였으나, 시간이 흐르면서 A남이 퇴근을 하고 집에 왔는데도 B녀가 여전히 친정에서 돌아오지 않고 있는 상황이 잦아졌다. 그럴 때마다 A남은 집 근처의 처가를 찾아가 B녀를 데리고 왔지만, B녀는 집에 돌아와서도 A남에게 별다른 말을 건네지 않고, 저녁을 차려주지도 않았다.

이런 일이 반복되자 A남도 더 이상 참을 수가 없었다.

"여보. 내가 투명인간이야?"

"뭐가?"

"남편이 지금 힘들게 일하고 왔는데 밥도 안 차려줘?"

"나는 엄마, 아빠랑 같이 저녁 먹었어. 지금이 9시인데, 상식적으로 이 시간에 밥 차려달라는 게 말이 되니?"

"내가 놀다 왔어? 퇴근해서 이제 왔는데."

"그러니까 누가 이렇게 늦게 오래? 한밤중에 들어와서 마누라 보고 밥 차려달라니, 내가 식당 아줌마야? 식모야?"

"아! 진짜 보자보자 하니까, 이 여편네가 열 받게 하네."

"뭐? 여편네? 말 다 했어?"

"아니! 할 말 많지! 할 말은 많은데… 됐다. 당신이랑 무슨 말을 하냐."

"나도 당신이랑 할 말 없어."

다툼 끝에 B녀는 A남을 내버려두고 집을 나갔다. 그리고 3일째 집에 돌아오지 않았다.

사흘이 지나 B녀가 집에 돌아오긴 했지만, 부부 사이는 더더욱 냉랭해졌다. 이후에도 B녀는 걸핏하면 친정에 간다고 하고는 외박을 하였다. A남은 몇 번 처가에 가서 B녀를 집에 데려오려 했으나, 그때마다 B녀는 소리를 지르며 거부했다.

"미안하지만, 돌아가게. 내일 내가 잘 타일러서 돌려보낼게."

"그래, 들어가. 애가 저렇게 싫다는데 어쩌겠나?"

장인 장모까지 이런 식으로 나오니, A남도 어쩔 수가 없었다. 어느 순간부터 A남은 더 이상 B녀를 찾아 처가에 가지도 않았고, B녀가 어디에 가는지, 어디서 자는지, 언제 올 것인지, 묻지도 않게 되었다.

그나마 다행인 것은 부부가 함께 있는 시간이 줄어들면서 부부싸움이 줄어들었다는 점이랄까. 물론 근본적인 갈등이 해결된 것은 아니지만, B녀의 외박이 잦아지면서 신기하게도 표면적으로는 둘 사이의 관계가 서서히 개선되기 시작하였다. 부부는 가끔 주말에 영화관을 가거나 교외에 식사를 하러 가는 등 데이트를 하였고, 이따금씩 부부관계를 갖기도 했다. B녀는 아주 상냥하다고는 할 수 없어도 예전처럼 냉랭하게 A남을 대하진 않았다.

A남은 무언가 잘 되어간다는 느낌을 받았다. A남의 생각에, 이런 상태에서 아이만 하나 갖는다면 나름대로 화목한 가정을 이룰 수 있을 것 같았다. 아이를 갖기에 다소 고령인 A남은 바쁜 시간을 쪼개 비뇨기과를 찾아 정액 검사까지 받았다. 다행히 아이를 낳기에는 무리가 없다는 결과가 나왔다. 검사 결과를 받고나자, A남은 정말로 기분이 좋아졌다.

그날 마침 직원들과 회식이 있던 A남은 기분 좋게 술을 마시고, 거나하게 취해 밤 12시경에 귀가했다. 여전히 잦은 외박을 하던 B녀는 그날도 집에 없었다. A남은 불도 켜지 않은 채 거실 소파에 누웠다. 그러자 문득 아내 B녀가 보고 싶어졌다. A남은 B녀에게 전화를 걸었지만, B녀는 전화를 받지 않았다. 평소 같았으면 포기하고 잠을 잤겠지만, 술기운 때문인지 아내가 몹시 보고 싶었던 A남은 처가를 찾아갔다.

"이 시간에 자네가 웬일인가?"

A남이 처가의 초인종을 누르자, 장모가 문을 열고 물었다.

"집사람 좀 보려고 왔습니다."

"많이 취한 것 같네."

"안 취했습니다. 집사람 생각이 나서 왔어요."

"건넌방에서 자고 있네. 내일 오게."

"잠시만 보고 갈게요."

"자고 있다니까 왜 그래?"

"자는 모습만 보고 갈게요."

취기가 올라 만류하는 장모를 무시하고 처가에 들어간 A남. 그러나 B녀는 집안 어디에도 없었다.

"장모님. 집사람 어디 있습니까?"

"아, 아직 안 들어온 것 같네."

"아까는 자고 있다면서요?"

"내가 착각했어. 아까 약속 있다고 해서 나갔어. 나는 들어온 줄 알았는데, 아직 밖인가 보네."

A남은 순간 불길한 기분이 들며 술이 확 깨었다.

"알았습니다. 집사람이 전화도 안 받고 걱정이 되어서 그랬던 건데요. 집사람 들어오면 제가 찾아왔었다고 전해주십시오."

처가를 나온 A남은 집으로 돌아가지 않고 주변을 서성거렸다. 왠지 모를 불길한 예감에 집에 돌아가 봐야 어차피 잠이 오지 않을 것 같았다. 인근 편의점에 가서 술 깨는 약과 캔 커피를 한 병씩 사서 마시며 처가 근처의 벤치에 앉아서 B녀가 돌아오기를 기다렸다. 그러나 몇 시간을 기다렸지만 새벽 내내 B녀는 처가에 돌아오지 않았다. A남은 할 수 없이 집으로 돌아갔고, 혹시나 하는 기대를 했지만 집에도 역시 B녀는 없었다.

다음날 아침 B녀에게 전화가 걸려왔다.

"어제 친구네 아버지가 돌아가셔서 거기 다녀왔어."

"친구 아버지? 친구 누구?"

"아, 있어, 당신 모르는, 고등학교 친구."

"장모님은 약속이 있어서 나갔다고 하셨는데?"

"아... 그게 약속이었어. 장례식이."

A남은 어이가 없었다. 전후 사정을 짚어보건대 B녀가 거짓말을 하는 것이 분명했다. 대체 어젯밤에 B녀는 무엇을 하고 있었을까? 아무리 아닐 거라고 생각해봐도 불길한 상상은 하루 종일 A남의 머릿속을 흔들어놓았다.

그날 저녁 B녀는 아무 일 없었다는 듯이 집에 돌아왔다. A남은 그런 B녀를 보며, 주머니 속의 휴대폰 녹음기능을 켜 놓고, B녀에게 다가가 물었다.

"여보. 솔직히 말해줘. 어제 뭐 했어?"

"장례식에 갔었다고 했잖아."

"장례식은 무슨 장례식이야. 말도 안 되는 얘기 하지 말고 우리 솔직하게 좀 얘기해보자."

"정말 장례식 다녀왔다니까."

B녀는 단호하게 대꾸했지만, 눈빛이 흔들리고 있었다. 그 눈빛을 감지한 A남은 결심한 듯 B녀에게 물었다.

"미안하지만, 내가 당신 휴대폰 도청했고, 그 남자랑 같이 있는 사진도 다 찍어놨어. 어젯밤에도 당신 어디 있는지 뻔히 짐작했지만 장인, 장모님 반응을 보려고 처가에 찾아갔던 거야. 이제 보니까 장인어른, 장모님도 다 알고 계시는 거네? 그렇지? 내가 다 알고 있고, 이렇게 증거까지 있는데, 이래도 발뺌할 거야?"

물론 A남은 B녀의 휴대폰을 도청한 적도, 사진을 찍은 적도 없었다. A남은 진실을 알고 싶은 마음에 거짓말을 한 것이었다.

"미안해... 당신한테는 할 말 없어. 정말 미안해."

너무나 충격적인 대답에 A남은 할 말을 찾지 못했다. 그래도 A남은 침착하려 노력하며, 애써 태연한 척 다음 질문을 이어나갔다.

"언제부터였어? 어떤 남자야?"

A남이 자신의 외도 사실을 알고 있다고 착각한 B녀는 A남에게 모든 사실들을 털어놓았다. B녀는 3달 전 자신이 유부녀인 사실을 숨기고 휴대폰 소개팅 애플리케이션 서비스를 통해 어떤 남자를 만났고, 현재까지 내연관계를 유지해오고 있었다.

"그 사람은 총각이야?"

"이혼한 남자야."

"당신은 아직까지 그 사람한테 당신이 유부녀라는 걸 숨기고 있는 거야?"

"응. 그 사람은 몰라..."

"하..."

"미안해."

"어젯밤 내내 그 남자 집에서 같이 있었지?"

"...."

"대답이 없는 건 그렇다는 얘기지?"

"그래. 미안해... 그럴 생각은 없었는데..."

"그러니까, 그날 부인이 외도 사실을 다 인정하신 거네요?"

"네. 그 남자를 3달 넘게 만났고... 지금은 정리했다고 하는데, 저는 못 믿겠고요. 그동안 친정에서 잔다고 하고 외박했을 때, 사실은 그 남자 집에서 잔 일이 많았던 거예요. 장인, 장모님도 어느 정도는 다 알고 계셨던 거 같고... 단체로 저를 그냥 호구 취급한 거죠."

"상심이 크시겠습니다."

"가장 마음 아픈 건 그거에요. 와이프가 바람을 피기 시작한 게, 제가 우리 부부 관계가 비교적 좋아졌다고 생각했을 때였다는 사실이요. 그 때가 사실은 와이프가 외도를 시작한 때였어요. 저한테 잘해줬던 것도 어쩌면 그 남자랑 만나는 사실 때문에 죄책감을 가져서 그랬던 것 같고. 저는 그것도 모르고 혼자서 2세 계획까지 세우고 그랬는데… 참… 슬픕니다. 억울하고요.”

“네, 사장님 심정 잘 알겠습니다. 그런데 부인께서는 이혼을 원하지 않는다고 하는데, 이유가 뭔가요?”

“모르겠습니다. 자기가 잘못했다고 다시 잘 지내고 싶다고 하는데요. 제 입장에선 어떻게 잘 지내겠습니까?”

외도를 한 B녀는 이혼을 원치 않지만, A남은 꼭 이혼을 하겠다는 상황. 협의이혼이 불가능하기 때문에, 남은 답은 이혼소송밖에 없었다. 결국 A남은 B녀를 상대로 이혼 및 위자료 청구소송을 제기하게 되었다.

나. 꼭 알아둘 법률상식 : 배우자의 부정행위란?

1) 부정한 행위란?

배우자의 부정한 행위란, 배우자로서의 정조의무에 반하는 일체의 행위를 말한다. 배우자의 외도, 성매매 행위 등이 대표적이다. 부정한 행위는 반드시 배우자 아닌 자와의 성관계를 전제로 하는 것은 아니다. 우리 판례는 “남편이 고령이고 중풍으로 정교능력이 없어 실제로 정교情交를 갖지는 못하였다고 해도 배우자 아닌 자와 동거한 행위는 배우자로서의 정조의무에 충실치 못한 것으로서 부정한 행위에 해당한다.”라고 판단하는 등, 부정한 행위의 범위를 성관계가 있는 경우에 한정하지 않고 보다 넓게 해석하고 있다. 예를 들어, 배우자 아닌 자와 단둘이 호텔에서 함께 잔 경우, 연인 사이에서나 할 만한 부적절한 대화나 스킨십을 배우자 아닌 자와 하는 경우, 불법 성매매업소에 출입한 경우 등, 부부 간 신뢰를 배신하고 정조의무를 위반한 경우에는 성관계까지는 이르지 않았다 하더라도 부정한 행위로서 이혼 사유가 된다. 소위 ‘바람을 피우는 행위'에 가깝다면, 모두 부정한 행위에 해당할 수 있다고 이해하면 쉽다.

위의 사례에서, B녀는 자신이 외도 사실을 인정하는 말을 했다. 구체적으로, A남이 "어젯밤 내내 그 남자 집에서 같이 있었지?", "대답이 없는 건 그렇다는 얘기지?" 라고 질문하자, B녀는 "그래. 미안해... 그럴 생각은 없었는데..." 라고 긍정의 취지로 대답하였다. 이 말이 B녀가 내연남과 성관계를 맺었다는 의미인지 여부에 대하여는 다툼이 있을 수 있다. 그러나 적어도 B녀가 내연남의 집에서 내연남과 동침을 하였다는 의미인 것은 확실하다. 그렇다면, B녀는 배우자인 A남에 대한 정조의무를 위반하여 배우자 아닌 다른 남자와 동침을 하였으므로, 부정한 행위를 하였다고 볼 수 있다.

2) 부정행위를 사전에 동의하거나 사후에 용서한 경우

배우자가 부정한 행위를 하는 것에 대하여 다른 일방이 사전에 동의하였거나, 사후에 용서해준 경우에는 부정한 행위를 이유로 이혼을 청구할 수 없다. 위 사례에서 A남이 B녀에게 바람을 펴도 된다고 사전에 동의하였거나, B녀가 외도를 한 이후 외도 사실을 용서한 경우에는, A남은 이러한 동의 또는 용서에 반하여 이혼청구를 할 수 없는 것이다.

사전 동의나 사후 용서는 그 의사가 명백히 표시된 경우에 한하여 인정된다. 예컨대, 남편이 아내 아닌 다른 여자와 수년째 동거하고 있는데 아내가 이에 대해 아무런 조치를 취하지 않았다고 하여도, 아내가 남편의 부정행위를 용서하였다고 볼 수는 없다. 그러나 동의나 용서의 표시 방법에 제한은 없기 때문에 반드시 말이나 글로써 표시를 해야 되는 것은 아니다. 예를 들어, 아내가 명시적으로 남편이 부정행위를 하는 데에 동의를 하진 않았어도 부부가 이혼을 할 예정이고 오랜 기간 별거를 하고 있는 사정이 있다면, 아내가 묵시적으로 남편의 부정행위에 대해 동의하였다고 볼 수 있다.

3) 부정한 행위를 이유로 이혼청구를 할 수 있는 기간

배우자의 부정한 행위를 이유로 하는 이혼청구는 다른 일방이 배우자의 부정한 행위가 있었음을 안 날로부터 6개월, 부정한 행위가 있은 날로부터 2년을 경과한 때는 하지 못한다. 이에 유의하여, 신속히 이혼청구를 할 필요가 있다.

위 사례에서 A남은 ① B녀가 외도를 하였다는 사실을 알았을 때로부터 — 즉, B녀로부터 외도 사실을 인정하는 말을 들은 때로부터— 6개월, ② B녀가 실제로 외도를 시작하였던 때로부터 2년 내에 이혼소송을 제기하여야 한다.

3장. 배우자가 악의로 다른 일방을 유기한 때

가. 남편이 집 나갔다!

서른 살의 동갑내기 부부 A남과 B녀는 결혼한 지 5년이 지났지만, B녀는 부부의 결혼생활이 이미 3년 전에 끝났다고 느끼고 있다. 3년 전 집을 나간 남편 A남이 현재까지 집에 돌아오고 있지 않기 때문이다.

A남과 B녀는 연애를 시작한 지 6개월 만에 결혼을 했다. 결혼을 한 결정적 이유는 연애를 시작한 지 3개월 만에 B녀가 임신을 하였기 때문이었다. B녀는 예상치 못한 임신이었기 때문에 고민을 하였지만, 아이를 낳기로 결심하였다.
"아이 낳기로 했어. 자기도 생각을 말해줘."
B녀의 질문에 A남은 한참동안 대답이 없다가 한 마디를 건넸다.
"자기도 그렇지만, 나도 좀 혼란스러워서... 아이를 낳고 결혼을 하고 이런 생각을 해본 적이 없어. 생각할 시간을 좀 줄래?"
B녀는 A남의 반응이 못내 실망스러웠다. 혼란스러운 상황인 건 분명하지만, 아이가 생긴 이상 "내가 책임질게. 결혼하자."라는 확신에 찬 말을 내심 기대하고 있었던 것이다. 그러나 A남의 입장도 이해가 가긴 하였다. 상대방에 대한 확신을 하기에는 너무 짧은 3개월간의 연애, 결혼하기에는 아직 어린 20대

중반의 어린 나이를 감안하면, A남도 분명 앞으로의 일에 대해 고민을 할 수밖에 없는 상황이었다.

A남은 1주일 후 B녀에게 전화연락을 해왔다.

"아이 낳아. 그리고 결혼하자. 이런 걸로 고민해서 미안해."

이렇게 A남과 B녀는 서둘러 간소하게 식을 올리고 결혼생활을 시작하였다.

B녀는 어렵게 결혼을 결심한 A남에 대해 고마운 마음을 갖고 있었지만, 이런 마음은 신혼 초부터 깨지기 시작했다. A남은 아내가 임신을 한 상황임에도 이에 대한 배려를 전혀 하지 않았다. A남은 어느 일식집의 주방에서 일을 하고 있었고, 오후 4시쯤 출근을 하여 오후 11시경 퇴근했다. 그런데 A남은 퇴근 후에 술자리를 갖고 늦은 새벽이 되어서야 집에 돌아오기 일쑤였다. 이 때문에 B녀는 새벽에 잠이 깨는 일이 잦았다. 또한 A남은 새벽에 잠이 들어 오후 두세 시가 지나서야 일어났다. 자연스레 집안일은 모두 B녀의 몫이 되었다.

B녀는 A남의 생활패턴을 이해해주려고 노력했지만, 시간이 지나며 아무리 생각해도 이건 아니다 싶은 마음이 들었다.

"퇴근하면 집에 좀 일찍 들어와줬으면 좋겠어."

어느 날, 평소같이 새벽 3시가 되어서야 집에 들어온 A남을 보고, B녀가 참다못해 말했다.

"퇴근이 늦는데 어떻게 일찍 들어와?"

A남은 별 일 아니라는 듯 대꾸했다.

"자기 아무리 늦어도 11시에는 퇴근하잖아. 그때 집에 들어오라는 거지."

"그때 끝나서 술 한 잔 하고 오면 3시, 4시 되는 거야."

"새벽 3시, 4시까지 술 마시고 오는 게 말이 돼?"

"자기야, 그게 아니라... 보통 직장인들이 6시에 퇴근해서 술 마시고 10시에 집에 들어가잖아? 난 11시에 끝나니까 새벽 3시에 들어오는 거야. 자기가 이걸 이해해주지 못하면 어떻게 해? 그럼 난 놀지도 못하고 일만 하라는 거야?"

“그래도 그건 아니지… 자기가 늦게 들어오니까, 내가 자꾸 중간에 잠도 깨고. 이런 거 아기한테 안 좋대. 그리고 매일같이 술 마시고 그런 거, 자기 건 강에도 안 좋고. 놀지 말라는 게 아니라, 좀 적당히 해줬으면 하는 거야.”

“알았어.”

“그리고 자기만 일 하는 거 아니잖아. 나도 임신한 몸으로 회사 나가서 일 하고, 집에 들어와서는 집안일하고, 힘들어. 자기가 아침에 좀 일찍 일어나서 집안일도 도와주고 하면 좋겠어.”

“알았어. 그렇게 할게.”

알았다고 대답은 했지만, 이후에도 A남은 변하지 않았다. 여전히 일주일 에 3~4일은 술을 마시고 늦게 귀가했고, 집안일도 전혀 돕지 않았다. B녀로서 는 너무나 힘든 나날이었다. 그래도 B녀는 아이가 태어나고 A남이 아버지가 되 면 책임감을 갖고 가정을 돌볼 것이라 믿었다. 그랬기 때문에 이후로는 A남에 게 특별히 싫은 소리를 하지 않고 지켜보았다.

그러나 아이가 태어난 이후에도 A남은 그대로였다. B녀는 혼자서 아이를 돌보고 집안일을 해야 했다. 육아휴직이 끝나고 회사에 복직한 이후로는 더더 욱 힘든 일상이 그녀를 괴롭히기 시작했다. 상황이 이렇게 되자 B녀도 더 이상 참을 수가 없었다.

“여보! 정말 이건 아니잖아.”

“뭐가?”

“집에 일찍 들어오고 아이도 좀 보고 그래야지, 모든 걸 내가 다하고 있잖 아.”

“알았어. 내가 잘 할게.”

하지만 잘 할 거라는 말이 무색하게도 A남은 전혀 나아지지 않았고, 이에 따라 B녀도 A남을 나무라는 일이 잦아졌다. A남은 처음에는 B녀의 질책을 들 으면 “미안하다”, “앞으로 잘하겠다.” 식으로 대답을 하였지만, 점차 건성으로 대꾸하기 시작했고, 나중에는 “잔소리 그만해라”, “듣기 싫어.” 하면서 대화 자체를 회피하려는 태도를 보였다. 그런 남편을 보며, B녀는 하루하루 속이 타들어갔다.

"여보. 나 일주일동안 호주에 여행 좀 다녀와야겠어."
어느 토요일, A남이 B녀에게 난데없이 호주로 여행을 다녀온다고 말했다.
"여행? 무슨 여행을?"
"별 건 아니고, 절친한 형이랑 같이 바람 쐬러 좀 다녀오기로 했어."
"바람을 쐬러 호주까지 간다고? 당신 왜 그래 진짜?"
"뭘 왜 그래야? 난 여행도 못 가? 잔소리도 진짜 지긋지긋하다."
A남은 B녀의 만류를 뿌리치고 호주로 여행을 떠났다. 기막힌 것은 이때부터였다. 한국에 돌아온 A남은 B녀에게 조만간 워킹홀리데이 비자를 받아 호주로 간다고 선언했다. B녀는 어이가 없었다.
"그게 무슨 소리야? 당신 혼자 호주에 간다고?"
"그래. 여행 갔다 오니까 배울 게 많은 것 같더라. 1년 동안 좀 다녀올게."
"그러지마 진짜. 가장이 가족을 놔두고 외국에 간다니…"
"내가 뭐 놀러 가니? 거기 가서도 돈 벌 거야. 돈 벌어서 보내주면 되잖아. 이미 식당에도 그만두기로 얘기했고, 다 정해진 거니까 더 이상 딴 소리 말아."
그렇게 호주로 떠난 A남. 그는 이후로는 B녀에게 연락도 거의 하지 않았고, 생활비도 보내주지 않았다. 처음 몇 달간은 간혹 메일이나 카카오톡으로 안부를 전했지만, 이내 이마저도 뜸해졌다.

A남은 어느 날 B녀에게 카카오톡으로 메시지를 남겼다. "솔직히 지금 여기 생활이 좋다. 한국에서 너와 생활하는 건 너무 답답하다. 생각이 정리되면 돌아오겠다." 그게 끝이었다. 1년이 지나 워킹홀리데이 비자가 만료된 후에도 A남은 집을 찾지 않았다. B녀가 페이스북 메시지, 카카오톡 등을 통해 A남에게 연락을 취했지만, A남은 B녀의 메시지에 아무런 대답도 하지 않았다. B녀는 A남의 페이스북, 인스타그램 등을 통해서만 A남의 생활을 파악할 수 있었다.

SNS를 보니, A남은 호주로 떠난 이후 몇 번 한국에 들어왔었지만, B녀에게는 귀국 사실을 알리지도 않았다. 사태가 심각하다고 느낀 B녀는 시아버지, 시어머니에게 A남을 설득해보라고 부탁을 드렸지만, 그들은 "애도 있고 한데, 밖에서 좀 있다 들어오겠지, 무슨 일이야 있겠느냐." 하면서 대수롭지 않다는 반응을 보였다.

그렇게 3년이 흘렀다. 그동안 부부의 아이는 어느새 유치원에 입학하게 되었고, B녀는 30대에 접어들었다. 여전히 A남은 집에 돌아오지 않고 연락조차 되지 않았다. B녀는 A남의 페이스북을 통해, A남이 얼마 전 호주에서 한국으로 돌아와 현재 서울의 모처에서 살고 있다는 사실만을 확인할 수 있을 뿐이었다.

나. 꼭 알아둘 법률상식 : 악의의 유기란?

배우자의 악의惡意의 유기遺棄란, 배우자가 정당한 이유 없이 서로 동거, 부양, 협조하여야 할 부부로서의 의무에 위반하여 다른 일방을 버리는 것이다. 예를 들어, 배우자를 집에서 내쫓거나, 본인이 집을 나가 돌아오지 않음으로써 배우자에 대한 동거, 부양, 협조 의무를 저버린 경우가 이에 해당한다.

앞서 들었던 사례의 A남은 집을 나가 3년 동안 돌아오지 않으며 B녀에게 생활비와 양육비를 지급하지 않고 있으므로, 악의로 아내 B녀를 유기한 것이라 할 수 있다.

유의할 점은 단지 부부가 별거를 한다고 하여 부부 일방의 악의의 유기라고 볼 수는 없고, 부부 일방에게 부부의 동거, 부양, 협조 의무를 저버릴 의사가 있어야 악의의 유기로 인정될 수 있다는 것이다. 가령 부부 간의 불화 때문에 남편이 잠시 집을 나와 살며 생활비를 지급하지 않은 경우나 부부싸움 이후에 아내가 일시 집을 나간 경우 등은 악의의 유기가 아니다. 또한, 상대방 배우자의 폭력, 폭언을 피해 집을 나간 경우도 악의의 유기라 볼 수 없다. 한편, 서로 합의 하에 별거를 하는 경우가 악의의 유기에 해당하지 않음은 당연한 사실이다.

4장. 배우자 또는 그 직계존속의
심히 부당한 대우

가. 사업실패 후 폭력적으로 변한 남편

결혼 10년차의 A남과 B녀 부부는 한동안 남부럽지 않게 행복한 결혼생활을 해왔다. 그러나 1년 전 A남이 경기 악화로 인한 매출 부진으로 8년간 운영하던 제과점을 폐업한 후부터 부부의 불행이 시작되었다.

A남은 제과점을 폐업한 후 한동안 아무 일도 하지 않고 집에서 시간을 보냈다. B녀는 A남이 오랫동안 운영하며 애착을 가졌던 제과점을 그만두게 된 충격이 얼마나 컸을지 충분히 짐작할 수 있었다. 그렇기 때문에 B녀는 A남을 탓하지 않았고, 오히려 A남을 위로하고 격려하며 용기를 북돋아주려 노력했다. 그러나 A남은 B녀의 위로와 격려를 달가워하지 않았다.

"왜 이렇게 술을 많이 마셨어요?"

"그냥 좀 마셨어."

"힘내요. 앞으로 잘할 수 있어요!"

"당신 지금 날 동정하는 거야? 내가 이대로 이렇게 끝날 것 같냐구!"

A남은 늘 이런 식이었다. 사업실패로 인한 실망감 때문인지, 피해의식을 갖고 B녀를 대했다.

얼마간의 시간이 흐른 후 A남은 지인이 운영하는 제과점에 취직하여 월급을 받으며 일을 시작했다. 그러나 B녀에 대한 태도는 전과 달라지지 않았고, 오히려 더더욱 거친 태도로 B녀를 대했다. 아무 이유 없이 화를 내고 신경질을 냈고, 간혹 술에 취해 집에 들어와 욕설을 하기도 하였다. 이쯤 되자 B녀도 A남을 그냥 두고 볼 수 없었다.

"여보. 요새 왜 그러는 거예요? 별 거 아닌 일에도 화내고 욕하고... 당신이 그러면 나는 어떻게 해요..."

어느 주말 밤, B녀가 어렵게 A남에게 말했다.

"X발, 내가 누구 때문에 개처럼 일하면서 돈 벌고 있는데! 뭐? 어떻게 하냐고?"

어처구니없게도 A남은 B녀에게 큰 소리를 욕설을 퍼부었다.

"여보! 왜 욕을 하고 그래요?"

"시끄러!"

A남은 세차게 B녀의 뺨을 때렸다.

이때부터 A남의 행동은 점입가경이 되었다. 아무 것도 아닌 일에 폭언을 퍼붓고 폭행을 하였다. 심지어 7살 된 딸에게까지 폭력을 행사했다. 폭언과 폭력을 사용하는 빈도는 점차 늘어났고, 그 정도도 계속 강해졌다. B녀의 주먹으로 얼굴을 때리고 B녀에게 의자를 집어던지는 등의 파렴치한 행위가 계속되었다.

나. 꼭 알아둘 법률상식 : 심히 부당한 대우란?

배우자나 그의 부모가 다른 일방에게 심히 부당한 대우를 하였을 때도 재판상 이혼을 청구할 수 있다. 우리 법원은 '심히 부당한 대우'의 의미를 이렇게 해석한다. "혼인관계의 지속을 강요하는 것이 참으로 가혹하다고 여겨질 정도의 폭행이나 학대 또는 모욕을 받았을 경우.”

　　배우자나 그의 부모가 다른 일방을 심하게 구타한 경우, 참기 힘든 욕설을 반복한 경우 등이 부당한 대우에 해당한다. 그러나 모든 폭행과 폭언이 다 심히 부당한 대우에 해당하는 것은 아니고, 예컨대 부부싸움 도중 서로 밀치거나 가벼운 욕설을 하는 경우 등과 같이 폭행 및 폭언의 수준이 경미한 경우에는 심히 부당한 행위라 볼 수 없다.

　　위 사례의 A남은 아내 B녀에게 빈번히 욕설을 퍼붓고, B녀의 얼굴을 주먹으로 때리고 의자를 집어던지는 등의 폭력을 행사하였다. 이는 충분히 “혼인관계의 지속을 강요하는 것이 참으로 가혹하다고 여겨질 정도의 폭행이나 학대 또는 모욕”에 해당한다고 볼 수 있으므로, 심히 부당한 대우로서 이혼사유에 해당할 여지가 크다 할 것이다.

　　한편, 법이 인정하고 있는 부당한 행위의 주체는 ‘배우자 및 그 직계존속’에 한정되므로, 배우자의 형제자매들이나 기타 친지들이 부당한 행위를 한다고 하여 이것이 이혼 사유에 해당하지는 않는다. 다만, 그들의 행동에 큰 문제가 있어 이로 인하여 결혼생활을 계속하기 어려울 정도에 이르렀다면, ‘기타 혼인을 계속하기 어려운 중대한 사유가 있을 때’의 이혼사유에 해당한다고 주장하며 이혼청구를 할 수는 있다.

5장. 나의 직계존속에 대한 배우자의
심히 부당한 대우

가. 장인에게 폭력을 휘두른 사위

이혼 위기의 결혼 3년차 A남과 B녀 부부. 이 부부의 위기는 A남과 B녀의
아버지 사이의 갈등에서 비롯되었다.

A남과 B녀 아버지는 처음부터 관계가 좋지 않았다. B녀의 아버지는 일찍
이 아내와 사별하고 홀로 외동딸 B녀를 키웠다. 그는 무일푼으로 시작하여 탄
탄한 중소기업을 일궜고, 사업이 바쁜 와중에서도 B녀에게 정성을 쏟아 B녀를
훌륭히 키워냈다. 그는 자수성가를 한만큼 자신과 집안에 대한 자부심이 강했
고, 홀로 B녀를 키워온 만큼 B녀를 끔찍이 아꼈다.

그런데 B녀가 사윗감으로 데려온 A남은 여러모로 B녀 아버지의 성에 차지
않았다. 물론 A남에게 특별히 하자가 있는 것은 아니었다. 그러나 A남이 키가
작은 것도, 직업이 변변찮은 것도, 수입이 적은 것도 모두 B녀 아버지의 마음에
들지 않았다. 그렇기 때문에 B녀 아버지는 처음부터 A남과 B녀의 결혼을 반대
하였고, B녀의 고집으로 둘이 결혼을 한 이후에도 사위가 된 A남을 탐탁지 않

게 생각하였다. A남은 B녀와 결혼을 하면 장인이 회사에 자신을 취직시켜줄 것이라 기대했지만, 장인은 전혀 그런 얘기를 하지 않았다.

A남은 장인의 냉대가 못내 서운하였다. A남은 차마 장인에게 직접적으로 이야기는 하지 못하고, 아내 B녀에게 장인의 태도에 있어 서운한 점을 내비치며, 장인이 자신을 진정한 사위로 인정해주었으면 좋겠다는 말을 자주 하였다. 그때마다 B녀는 A남에게 아버지 대신 사과를 하고, 아버지에게 "남편을 신경 써 달라."고 거듭 부탁을 하였다. B녀가 아버지의 마음을 완전히 돌릴 수는 없었으나, 그녀의 거듭된 부탁에 B녀 아버지도 한 발 물러서게 되었다.

"자네. 다음 달부터 우리 회사에서 근무하게."

"감사합니다, 장인어른!"

"자네가 좋아서 그런 건 아니야. 어쨌든 내 사위니까 기회를 주려는 거야. 열심히 하도록 해."

이렇게 A남은 B녀 아버지 회사에서 함께 일하게 되었다.

A남은 회사 생활 초반에 수많은 시행착오를 거쳤다. B녀 아버지는 처음이니 서툰 것이라 생각하고 A남에 대해 특별히 터치하지 않았다. 시간이 흐르면서 B녀 아버지도 사위에 대한 안 좋은 생각을 점차 지우고 있었다. 어찌되었든 하나밖에 없는 사위니까 인정을 해주어야겠다고 생각했던 것이다. 그러나 A남이 업무와 관련하여 결정적인 실책을 범하고, 이에 따라 회사 내 직원들 입에서 A남에 대한 불만이 터져 나오자 B녀 아버지도 어쩔 수 없이 A남을 사장실로 불렀다.

"자네가 우리 회사에 온 지도 벌써 1년이 지났어. 처음엔 다 서툰 거니까 이해를 하는데, 아직까지 이런 식이면 나로서도 자네를 안고 가기가 힘드네."

"저로서는 최선을 다하고 있습니다."

"최선을 다한 결과가 아니잖아, 이게."

B녀 아버지는 고개를 절레절레 흔들었다. 사위를 믿어보려 했지만, 이런

식의 태도는 너무나 실망스러웠다.

"사장님. 아니, 장인어른. 그래서 저를 자르기라도 하신다는 겁니까?"

"자네! 이게 무슨 태도야?"

"장인어른이 절 인정해주지 않으니까 회사 사람들 모두 저를 무시하지 않습니까? 이런 상황에서 제가 제대로 업무를 할 수 있겠어요?"

B녀 아버지는 A남의 적반하장식 태도에 기가 막혔지만, '그래도 사위다. 내 딸의 남편이다'라고 생각하며 흥분을 가라앉히고, 차분하게 A남을 타일러 돌려보냈다.

B녀 아버지는 시간이 지나면 A남이 회사 내에서 자리를 잡고 맡은 바 역할을 해줄 것이라 애써 믿었다. 그러나 B녀 아버지의 기대와는 달리 A남의 업무 능력은 나아질 기미가 보이지 않았고, 회사 내 조직원들과 융화되지도 않았다. 또한 A남은 B녀 아버지가 충고나 질책을 하면, 자신의 잘못에 대해 반성을 하지 않고 자신의 잘못은 모두 다 B녀 아버지가 자신을 무시하기 때문이라며 도리어 역정을 냈다. 이런 일이 반복되자 B녀 아버지도 A남에게 감정적으로 대응하고 큰소리로 야단을 치는 일이 잦아졌고, A남은 장인에 대하여 불손한 태도로 일관했다. 이렇게 장인과 사위 간의 관계는 악화일로를 걸었고, 결국 B녀 아버지는 A남을 해고하기에 이르렀다.

B녀는 중간에서 남편과 아버지 사이의 관계를 개선시키려 부단히 노력했다. 그러나 역부족이었다. 특히 A남의 장인에 대한 원망은 너무나 커서 B녀로서도 이를 감당하기가 어려웠다.

"이 망할 영감탱이가 진짜 날 잘라버렸네."

해고를 당하고 집에 온 A남이 B녀가 들으라는 듯이 말했다.

"뭐? 망할 영감탱이? 아버지한테 어떻게 그렇게 말할 수 있어!"

B녀는 화가 나서 A남에게 소리를 쳤다.

"당신 지금까지 장인어른 하는 짓을 보면서 내 마음을 몰라? 결혼하기 전부터 지금까지 대체 왜 나를 이렇게 못 살게 구는 거냐고!"

"아버지도 당신에게 충분히 기회를 주려 노력하셨잖아."

"그럼 다 내 잘못이라는 거야? 그래! 그 아비에 그 딸이네. 피가 물보다 진하다 이거지?"

이렇듯, 장인과 사위 간의 갈등은 부부 사이의 불화까지 불러오게 되었다.

A남이 B녀 아버지 회사에서 퇴사한 후에도 둘 사이의 문제는 끝나지 않았다. 오히려 사태는 더더욱 악화되었다. A남은 자신이 해고당한 것에 앙심을 품고 B녀 아버지가 회사 자금을 개인적인 용도로 썼다고 허위로 주장하며 경찰에 B녀 아버지를 고발하였다. 이에 그치지 않고 A남은 B녀 아버지 회사에 찾아가 B녀 아버지를 주먹으로 때려 상해를 입혔다. 이 일로 B녀와 B녀의 아버지는 충격을 받았고, B녀는 A남과 싸우고 집을 나와 친정으로 들어갔다. 그러자 A남은 만취가 되어 한밤중에 처가를 찾아가서 행패를 부리고 집안에 있던 골프채로 장인의 팔을 가격하는 만행을 저질렀다. A남의 행패는 경찰이 출동하고서야 멈췄다.

도를 지나친 A남의 행동 탓에, A남과 B녀 부부는 현재 이혼소송을 앞두고 있다.

나. 꼭 알아둘 법률상식 : 나의 직계존속에 대한 배우자의 심히 부당한 대우?

부부 일방이 상대방 배우자로부터 심히 부당한 대우를 받았을 때뿐만이 아니라, 부부 일방의 직계존속이 상대방 배우자로부터 심히 부당한 대우를 받은 경우에도 재판상 이혼이 가능하다.

여기에서 심히 부당한 대우의 의미는 앞서 4장의 '배우자 또는 그 직계존속의 심히 부당한 대우를 받았을 때'와 마찬가지로, "혼인관계의 지속을 강요하는 것이 가혹하다고 여겨질 정도로 자기의 직계존속이 배우자한테 폭행, 학대 또는 모욕을 당하는 것"이다. 예를 들어, 남편이 장인 장모를 폭행한다든지, 아내가 시어머니 시아버지에게 심한 모욕을 주는 경우 등이 이에 해당한다.

위 사례의 A남은 B녀의 아버지를 허위로 고발했을 뿐만 아니라, B녀 아버지의 얼굴을 주먹으로 때리고 팔을 골프채로 가격하는 등의 폭력을 행사하였던 바, 이러한 A남의 행위는 심히 부당한 대우에 해당한다. 따라서 B녀는 자신의 직계존속(아버지)이 배우자로부터 심히 부당한 대우를 당했음을 이혼사유로 하여 이혼청구를 할 수 있다.

그러나 이와는 달리, '나의 직계존속'이 '배우자의 직계존속'으로부터 심히 부당한 대우를 받은 경우는 여기에서 말하는 이혼사유에 해당하지 않는다. 법조문에서 자기의 직계존속이 '배우자로부터' 심히 부당한 대우를 당한 경우에 이혼을 청구할 수 있다고 또렷이 지적하여 말하고 있기 때문이다. 예를 들어, 시아버지가 장인을 폭행하는 등의 행위는 이혼사유가 아니라는 뜻이다. 다만 이로 인하여 부부 간의 관계가 파탄이 되었다면 '기타 혼인을 계속하기 어려운 중대한 사유가 있을 때'의 이혼사유에 해당한다고 주장하며 이혼 청구를 할 수는 있다.

6장. 배우자의 생사가 3년 이상 분명치 않을 때

가. 사라진 아내, 새롭게 찾아온 사랑

A남은 젊은 시절 몇 차례 자기 사업을 시도했으나 모두 실패하여 힘든 시간을 보내다가, 고향에 내려가 부모님이 운영하는 농장 일을 돕게 되었다. 사업 실패로 인한 경제적 손실을 복구하며 몇 년을 정신없이 지내다보니 어느새 마흔이 되었다. 혼기를 넘기게 된 것이다.

A남은 딱히 결혼 생각이 없었으나, 부모님은 어서 장가를 가라고 성화였다. 이에 A남은 부모님이 소개해준 여자들과 몇 번 선을 보았다. 그 중 한 명과는 진지한 교제를 하기도 하였으나, 결혼에까지 이르지는 못하였다. 그러자 부모님의 성화는 더욱더 심해졌다.

"그 아가씨랑은 헤어진 거야?"

"네..."

"왜? 저번에 그 아가씨 집에도 놀러 가고 그랬잖아?"

"왜긴 왜에요. 잘 안 맞으니까 그랬죠."

"뭐가 잘 안 맞는다는 건데?"

A남은 자신의 연애사를 꼬치꼬치 캐묻는 어머니가 귀찮아 더 이상 대꾸를 하지 않았다. 그러나 어머니는 계속 A남 옆에 앉아 "빨리 장가를 가야 하는데,"

"아이도 낳아야 하는데," "혹시 만나는 다른 여자는 없냐?" "주변에 여자 소개 시켜준다는 친구는 없어?" 등 질문을 쏟아냈다.

"엄마, 그만 좀 하세요. 제 나이가 벌써 마흔이 넘었어요."

A남은 고개를 절레절레 흔들며 말했다.

"마흔이 넘었으니까 빨리 결혼하라는 거 아니냐?"

"그게 아니라요, 마흔 넘은 남자가 결혼하기가 어디 쉽겠느냐, 이 말이에 요. 그리고 요새 시골에 내려와서 같이 농장일 하고 이럴 여자가 어디 있어요? 솔직히 어머니, 아버지가 자꾸 장가를 가라고 하시니까, 저도 결혼하려고 노력 은 했어요. 그런데 현실적으로 그게 어려운데 어떻게 해요."

A남은 현실적으로 결혼하기가 어려우니 더 이상 결혼 얘기를 꺼내지 말라 는 취지로 말한 거였으나, 어머니는 그런 A남에게 국제결혼이라도 하라면서, 소개업체를 알아본다고 하였다. A남은 처음에는 웃음이 나왔다. 그러나 어머니 에 이어 아버지까지 진지하게 국제결혼을 추천하자, 이런 생각이 들기 시작했 다. "그래, 부모님 소원인데 안 될 건 또 뭐가 있겠어?" 그렇게 A남은 국제결혼 업체를 통하여 20대 중반의 조선족 여성 B녀를 소개받아, 그녀와 결혼을 하게 된다.

B녀는 중국에서 살다 오기는 하였지만 한국인과 같은 외모이고, 한국말도 대단히 유창해서, 한국에서 생활하는 데 아무런 지장이 없었다. A남과 B녀는 다른 부부들과 마찬가지로 별 문제 없이 결혼생활을 하였다. 부부가 함께 농장 일을 하고, 같이 장을 보러 다녔으며, 부부관계도 자주 가졌다. A남은 B녀를 깊 이 사랑하지는 않았고, B녀 역시 그런 눈치였으나, 어쨌든 A남은 B녀를 믿고 2 년 동안 함께 살았다.

그러던 어느 날 B녀가 갑자기 집을 나갔다. 사라지기 일주일 전 B녀는 A남 에게 중국의 고향에 다녀온다고 하였고, A남은 그러라고 허락을 했었다. 그런 데 B녀는 출국 날짜를 며칠 앞두고 돌연 사라져버린 것이다. A남은 걱정이 되어 중국의 B녀 어머니에게 연락을 하였으나, 장모는 B녀가 현재 고향집에 있지 않으며, 자신에게 고향집에 온다는 얘기를 한 적도 없다고 하였다. 이후 A남은 B녀를 소개해준 국제결혼업체에도 연락을 해보았고 경찰에 가출신고도 하였으나, B녀의 소재를 찾을 수 없었다. 그렇게 몇 달이 지나자 A남은 더 이상 B녀를 찾는 것을 포기했다. 어차피 A남은 B녀에게 애정이 있는 것도 아니었고, B녀에게 딱히 불만을 갖고 있지는 않았지만 그렇다고 결혼생활에 크게 만족한 것도 아니었기 때문에, B녀와의 결혼생활이 끝난 것을 그리 대수롭게 여기지 않았다. 부부 사이에 아이가 없는 것이 다행이라는 생각을 하기도 하였다. 이따금씩 혹시 B녀가 가출을 한 것이 아니라 납치를 당한 것은 아닐까 하는 걱정이 되기도 하였으나, 설령 그렇다고 해도 경찰에 신고한 이상 자신이 B녀를 위해 할 수 있는 일은 없다고 생각하였다. "어딘가로 가서 잘 살고 있겠지." A남은 이렇게 생각하고 B녀에 대한 생각을 지워버렸다.

그로부터 2년이 지났을 즈음, A남은 C녀를 만나 그녀와 운명적인 사랑에 빠지게 되었다. C녀는 5년 전 이혼하여 홀로 다섯 살 난 아들을 키우고 있는 30대 중반의 여자로, 얼마 전 A남의 동네로 이사를 왔다. A남과 C녀는 처음에는 이웃사촌처럼 혹은 친구처럼 지냈지만, 이내 서로가 잘 맞는다는 사실을 알게 되어 서로에게 빠져들게 되었다. A남과 C녀는 2년을 교제한 후 결혼을 약속하였다. B녀가 사라진 이후로 더 이상 A남에게 결혼 이야기를 꺼내지 않던 A남의 부모님도 A남과 C녀의 만남을 반겼다. A남은 C녀가 전 남편과의 사이에서 낳은 아들을 키우고 있는 것 때문에 부모님이 C녀와의 결혼을 반대하지 않을까 걱정을 하였으나, 다행히 부모님은 C녀를 좋게 보아주었다.

A남과 C녀는 양가의 결혼 허락을 받고, 본격적으로 결혼준비를 하기 시작하였다. 그러던 중 C녀는 문득 궁금한 점이 생겼다.

"자기야. 몇 년 전에 사라져서 결국 못 찾았다던 자기 전 와이프 있잖아."

"응? 갑자기 그 사람 얘기는 왜?"

“그 사람이랑 자기 사이는 정리가 된 거야? 이혼이 된 거냔 말이지.”

“아, 그게 벌써 4년 전 일이고, 경찰에 신고도 했었는데, 자동으로 이혼이
된 거 아니야?”

“에이, 무슨 소리야. 자동으로 이혼이 되는 게 어디 있어. 우리 혼인신고
하려면, 그거부터 빨리 처리해야겠다.”

나. 꼭 알아둘 법률상식 : 3년 이상 생사불명이란?

배우자의 생사가 분명하지 않은 경우에는 사실상 결혼생활의 유지가 불가
능하다. 그렇기 때문에 우리 법은 배우자의 생사가 3년 이상 불명일 경우 이를
이유로 재판상 이혼청구를 할 수 있게 규정하고 있다. 배우자가 살아있는지 여
부를 증명할 수 없는 상태가 이혼청구 당시까지 3년 이상 계속되고 있다면, 이
를 이유로 이혼소송을 제기하여 재판상 이혼을 할 수 있다.

위 사례의 B녀는 약 4년 전 갑자기 사라져 현재까지 A남과 전혀 연락이 되
지 않고 그 행방이 묘연한바, 현재 그녀의 생사는 불분명하고 이 상태가 3년 이
상 지속된 경우에 해당한다. 따라서 A남은 B녀의 생사불명을 이유로 이혼청구
를 할 수 있다.

A남도 그러하였듯이, 간혹 배우자가 가출을 한 후 일정기간이 흐르면 자동
으로 이혼이 되는 것으로 착각하는 사람들이 있다. 그러나 우리 법에 자동이혼
이라는 것은 존재하지 않는다. 배우자가 집을 나간 경우에는 반드시 이혼소송
을 제기하여 이혼판결을 받아야 비로소 혼인관계가 해소된다. 위의 사례에서 A
남의 경우, 법적으로는 아직까지 B녀와 혼인 중이므로, 서둘러 B녀에 대한 이
혼청구를 통해 혼인관계를 해소할 필요가 있다.

한편, 만약 A남이 B녀가 살아있다는 사실은 알지만 소재를 파악하지 못하고 있는 경우에는 '배우자의 생사가 3년 이상 불분명한 때'가 아니라 '배우자가 악의로 다른 일방을 유기한 때'를 이유로 이혼청구를 할 수 있다.

배우자의 생사불명을 이유로 이혼소송을 제기하여 3년 이상의 생사불명이 증명되면, 공시송달에 의한 소장 송달 및 결석재판에 의하여 소송절차가 진행된다. 통상 이혼소송을 제기하면 그 소장을 배우자에게 송달해주고 재판에 출석하게 하지만, 배우자의 생사가 불명한 경우에는 배우자에게 이혼소장을 송달해줄 수도 없고, 배우자가 소송에 참석할 수도 없기 때문이다.

배우자의 생사불명을 이유로 이혼을 명하는 법원 판결이 확정되면, 후에 배우자가 생존해 있다는 사실이 증명된다 하더라도 이미 해소된 혼인관계가 부활하지 않는다. A남이 B녀에 대하여 생사불명을 이유로 이혼청구를 하여 이혼판결을 받으면, 후에 B녀가 살아서 A남에게 돌아온다고 해도 둘 사이의 혼인관계는 부활하지 않는 것이다.

7장. 기타 혼인을 계속하기 어려운 중대한 사유

가. 장기간 별거하고 있는 부부

50대의 A남과 B녀는 결혼한 지 30년이 된 부부인데, 벌써 10년째 별거 중이다. 두 사람은 5년 전에 협의이혼을 하기로 합의한 적도 있었지만, 재산분할에 대한 의견 차이를 좁히지 못해서 협의이혼을 하지 못하였다. 그래서 현재까지 법적으로는 혼인관계를 유지하고 있긴 하지만, 사실상 남남이나 다름없는 사이였다.

A남과 B녀가 별거를 하게 된 것은 성격차이 때문이었다. A남은 다소 가부장적인 태도를 갖고 있었고, B녀는 자유분방한 성격이라 신혼 때부터 다툼이 있었다. 둘은 슬하의 아들 양육 문제 때문에 참고 같이 살았으나, 아들이 성인이 되면서 별거를 하기 시작하였다. 둘에게 특별한 유책사유는 없었다.

최근 A남은 40대의 애인과 정식으로 교제하기 시작하였고, B녀 역시 50대의 이혼남과 결혼을 약속하는 사이가 되었다. 이에 A남과 B녀는 이혼을 하기로 합의를 하였다. 문제는 여전히 재산분할에 대한 합의가 되지 않는다는 점이었다.

나. 꼭 알아둘 법률상식 : 혼인을 계속하기 어려운 중대한 사유란?

1) '혼인을 계속하기 어려운 중대한 사유'의 의미

지금까지 설명한 '배우자의 부정한 행위가 있었을 때,' '배우자가 악의로 다른 일방을 유기한 때,' '배우자 또는 그 직계존속으로부터 심히 부당한 대우를 받았을 때,' '자기의 직계존속이 배우자로부터 심히 부당한 대우를 받았을 때,' 그리고 '배우자의 생사가 3년 이상 분명하지 아니한 때'의 다섯 가지 명시적인 재판상 이혼사유가 존재하지 않더라도, 기타 혼인을 계속하기 어려운 중대한 사유가 있을 때는 이혼이 가능하다. 우리 법원은 '혼인을 계속하기 어려운 중대한 사유가 있을 때'의 의미에 대하여 "부부공동생활관계가 회복할 수 없을 정도로 파탄되고 그 혼인생활의 계속을 강제하는 것이 일방 배우자에게 참을 수 없는 고통이 되는 경우"라고 해석하고 있으며, 이를 판단할 때는 혼인계속 의사 유무, 파탄의 원인에 관한 당사자의 책임 유무, 혼인 생활의 기간, 자녀의 유무, 당사자의 연령, 이혼 후의 생활보장 등을 종합적으로 고려해야 한다는 입장이다. 그러나 법조문과 법원의 해석에 모두 추상적인 측면이 있기 때문에, 과연 어떠한 경우가 혼인을 계속하기 어려운 중대한 사유인지는 각각의 사례를 신중히 고려하면서 파악할 수밖에 없다.

2) 중대한 사유에 해당하는 경우

우리 법원이 혼인을 계속하기 어려운 중대한 사유라고 인정한 사례들을 한 번 살펴볼까?

– 경제적 파탄사유
가계 형편에 맞지 않게 지나치게 낭비를 한 경우
가정주부가 가사를 돌보지 않고 계에 빠진 경우

- 정신적 파탄사유

지나친 신앙생활로 결혼생활에 지장을 주는 경우

부부 간의 신앙 차이가 극심하여 이로 인하여 불화가 있는 경우

불치의 정신병에 걸린 경우

부부가 장기간 별거하면서 각자 다른 사람과 동거하고 있는 경우

남편이 지나친 권위의식을 가지고 아내를 천대하면서 복종을 강요한 경우

- 사회적, 윤리적 파탄사유

강간, 강제추행 등 파렴치범죄를 저질러 유죄가 확정된 경우

자녀에 대한 학대와 폭력을 일삼은 경우

알코올 중독에 빠진 경우

도박 중독에 빠진 경우

- 성적 파탄사유

합리적 이유 없이 부부관계를 거부하는 경우

성기능에 영구적인 장애가 생겨 회복이 불가능한 경우

성병에 감염된 경우

앞서 들었던 사례의 A남과 B녀의 경우 10년 동안 별거를 하며 각자 배우자 아닌 이성과 교제를 하고 있으며, 재산분할에 대하여 합의를 하지 못하였을 뿐 둘 다 이혼을 원하고 있다. A남, B녀 부부는 먼저 협의이혼을 한 후 재산분할에 대하여 다툴 수도 있으나, 실무적으로 보면 이런 경우 한쪽이 이혼과 함께 재산 분할까지 함께 청구할 가능성이 높다. 두 사람 중 일방이 이혼 및 재산분할청 구소송을 제기한다면, 아마도 다른 일방 역시 반소로 이혼을 구할 것이다. 이 상의 상황을 종합해보면, A남과 B녀 부부는 정신적으로 파탄에 이른 것이므로, 이혼사유에 해당한다고 평가받을 가능성이 높다.

3) 중대한 사유에 해당하지 않는 경우

우리 법원이 혼인을 계속하기 어려운 중대한 사유가 아니라고 판단한 사례들은 아래와 같다.

사업실패로 거액의 채무를 부담하게 된 경우

증상이 가볍거나 회복이 가능한 정신질환 증세가 있는 경우

가정생활과 양립 가능한 정도의 신앙생활을 하는 경우

부부 간에 단순한 성격 차이나 불화가 있는 경우

일시적으로 성기능 장애가 있는 경우

부부가 단기간 부부관계를 하지 않은 경우

임신과 출산이 불가능한 경우

4) '혼인을 계속하기 어려운 중대한 사유'를 원인으로 이혼청구를 할 수 있는 기간

혼인을 계속하기 어려운 중대한 사유를 원인으로 하는 이혼청구는 그 사유를 인지한(알게 된) 날로부터 6개월, 그 사유가 있은 날로부터 2년 이내에만 허용된다. 다만, 위 기간이 지나버렸다 하더라도 그 사유가 이혼소송 제기 시까지 계속되고 있다면 이혼 청구가 가능하다.

위 사례의 A남, B녀 부부의 경우 현재까지 별거 상태가 지속되고 있기 때문에, 이혼청구 기간이 지나버렸다는 점은 특별히 문제되지 않는다.

제5부
그녀들의
이혼소송
성공스토리

사실 이혼소송에서는 서로가 감정적이 되기 쉽다. 우리 법은 유책주의를 기본으로 하고 있기 때문에, 이혼을 청구하기 위해서는 결혼생활이 이미 완전히 파탄된 경우가 아닌 한 일방의 유책행위가 있어야 하며, 유책행위를 저지른 유책배우자는 상대방에게 이혼을 청구할 수 없는 구조다. 그러다보니 이혼소송에서는 배우자의 잘못을 들추어내어 지적해야 하고, 반대로 자신의 잘못은 숨겨야 하는 상황이 벌어지기 마련이다. 이 과정에서 서로에 대해 실망하고 분노하는 경우가 많다.

그러나 이런 분노는 접어두는 편이 좋다. 승패가 걸려 있는 소송에서 감정적인 대처는 좋지 않은 결과를 불러오게 마련이다. 배우자가 거짓 주장을 한다고 해도, 당신에게 악감정이 있어서라기보다는 이혼을 하기 위해서 혹은 이혼을 당하지 않기 위해서 거짓되고 과장된 주장을 하는 것이라고 편하게 생각하자. 당신은, 그러니까, 당신이 해야 할 일만 하면 된다. 배우자가 있지도 않은 일을 사실이라고 악의적으로 주장한다면, 차분히 그 주장이 거짓이라고 반박하면 된다.

차라리 이혼소송을 '싸움'이 아니라 '게임'으로 바라보자. 그러면 불필요하게 감정을 쓸 필요는 없을 것이다. 부디 이혼소송을 이성적으로 바라보고, 원하는 것을 얻는 데에만 집중하길 바란다. 그렇게만 한다면, 승리는 당신의 것이다.

1장. 애정 없는 결혼생활, 이제 안녕!

가. 조건만 보고 결혼한 남편과 이혼을 준비하는 30대 의사

B녀는 명문대 의대에서 피부과 전문의를 취득하고 모교의 대학병원에서 근무하는 재원이다. 그녀는 오랫동안 공부에 열중하느라 연애는 거의 해보지 못하였다. 그러다 부모님을 통해 아버지 지인의 아들인 A남을 소개받아 그와 1년 간 교제하게 되었다. 사실 B녀는 A남이 싫지는 않았지만 그렇다고 그를 사랑하지도 않았다. 이것은 A남도 마찬가지였다. A남 역시 B녀에 대한 애틋한 감정은 없었던 것이다.

A남과 B녀의 만남은 전적으로 두 집안이 서로를 원했기 때문이었다. A남의 아버지는 꽤 규모 있는 건설회사를 운영하고 있고, 서울 강남과 경기 용인 등지에 많은 부동산을 소유하고 있는 사업가였다. A남의 부모는 어릴 때부터 외아들인 A남의 교육에 열을 올렸으나, 안타깝게도 A남은 공부에 뜻이 없어 부모님이 원하는 좋은 대학을 가지는 못했다. 어쨌든 A남은 대학 졸업 후 미국 유학 생활을 거쳐 아버지 회사에서 일을 하며 나름대로 회사 내에서 입지를 다져가고 있었으나, 그의 부모는 내심 A남이 명문대를 나오지 못한 것이 아쉬웠다. 반면, B녀의 부모님은 모두 고위직 공무원이며, B녀 역시 명문대 의대를 나온

의사였지만, 큰돈을 갖고 있지는 못하였다. 어려서부터 직업적인 욕심이 컸던 B녀는 대학병원에서 몇 년 근무한 후 개인병원을 차리고 싶어 했다. B녀의 부모님 역시 B녀에게 병원을 차려주고 싶었으나, 그들의 형편으로는 언감생심. 이런 상황에서 A남과 B녀가 결혼을 한다면, A남 집안은 고위 공무원 자제이자 명문대 출신의 의사 며느리를 두어 A남에 대한 학력 콤플렉스를 일거에 없앨 수 있고, B녀 집안 입장에서도 A남 집안의 재력을 통해 B녀가 돈 걱정 없이 원하는 일을 할 수 있으니, 이보다 더 좋은 결혼은 없었다.

A남과 B녀도 부모의 뜻을 거스르지 못하였고, 결국 A남과 B녀는 1년간의 교제 후 결혼을 하게 되었다. B녀는 A남 부모님의 지원을 받아 소원대로 병원을 개업하게 되었다. 꿈만 같은 일이었다. 그러나 사랑 없는 결혼생활은 너무나 무미건조했다. 부부는 결혼 6개월 만에 A남은 거실 소파에서, B녀는 안방에서 자게 되어 사실상 각방을 쓰게 되었고, 주말마다 함께 시댁과 처가와 관련한 다양한 모임에 참석하여 사람들 앞에서 사이좋은 부부인 척 연기를 했으며, 아이를 갖기 위해 의무적인 부부관계를 가졌다. 부부는 서로 싸우는 일은 거의 없었으나, B녀는 이러한 사실조차도 끔찍했다. 서로가 서로에게 기대하는 것이 없기 때문에 싸울 일조차 없다는 생각이 들었던 것이다. A남 역시 이러한 결혼생활에 염증을 느꼈고, 부부가 함께 해야 할 특별한 일이 없으면 밖으로 나돌면서 총각 시절처럼 친구들과 술을 마시고 여행을 다니는 생활을 하였다. 부부 모두 간혹 이혼을 생각했지만, 각자 부모님 생각에 선뜻 결심을 하지는 못하였다. 더군다나 결혼 2년 만에 부부 사이에 딸이 태어나게 되면서, 이혼은 더더욱 생각하기 어렵게 돼버렸다.

그렇게 2년의 시간이 더 흘렀다. 겉으로 보기에 부부는 완벽했다. A남은 어느새 아버지 회사에서 완전히 자리를 잡아 중요한 프로젝트를 진행하고 있었고, B녀의 병원도 번창했다. 부부의 딸은 튼튼하고 예쁘게 자라고 있었고 이제 혼자서도 잘 걸어 다니고 제법 말도 할 줄 알았다. 그러나 A남과 B녀의 관계는 여전히 제자리걸음이었다. 계속해서 각방을 썼고, 각종 모임에서 쇼윈도 부부처럼 행동했으며, 딸이 태어난 이후로는 부부관계도 거의 갖지 않았다. 부부 모두 각자 좋아하는 이성이 생기기도 했다. 이런 생활이 계속되던 어느 날 밤 A남이 B녀에게 이혼 얘기를 꺼냈다.

"우리, 지금까지 잘 지내왔지. 잘 지내왔지만, 당신도 알다시피 사실 이건 잘 버텨온 거밖에 되지 않잖아. 그동안은 계속 잘 버티려고 생각했었지만, 곰곰이 생각해보니 평생 이렇게 사는 게 과연 맞는 건가 하는 생각이 들어. 우리가 계속 이렇게 지내느니 갈라서는 게 서로에게 좋지 않을까? 이런 얘길 꺼내서 미안하지만..."

A남의 얘기를 듣자, B녀는 실망스럽다기보다는 오히려 고마운 기분이 들었다. 사실 B녀도 같은 생각을 하고 있었지만, 이혼 얘기를 꺼내기가 어려웠던 터였다.

"아냐, 미안할 것 없어요. 나도 같은 생각이야. 나는 시간이 지나면 당신을 좋아하게 될 거라고, 당신도 나를 좋아하게 될 거라고 기대하면서 지금까지 살아왔어요. 그런데 바뀐 건 없네. 누가 잘못한 게 아니라 우리는 애초에 잘 안 맞았던 거야."

"그래, 그렇게 얘기해주니 말이 잘 통하겠네. 난 당신한테 불만 없어. 좋은 의사고, 좋은 엄마고. 분명 누군가에겐 좋은 아내도 될 수 있겠지."

"나도 그래요. 나도 당신을 싫어하는 건 아니야. 내가 당신한테 해줄 수 있는 것이 없다는 게 미안하고, 그렇기 때문에 여기서 끝내는 게 맞는 것 같아요. 당신 말대로 이혼하는 게 좋겠어요."

이렇게 부부는 결혼 4년 만에 이혼을 하기로 의견 합치를 보았다. 재산분할에 대해서도 처음에는 이견이 있었지만 결국 서로 양보를 하여 협의를 하였다. 그러나 부부는 모두 딸의 친권과 양육권을 양보할 생각이 없어, 이 부분에 다툼이 있었다.

"내 딸과 떨어져서 산다는 건 상상도 해본 적 없어."

"내 딸이기도 해요."

"그래, 우리 딸이지. 그런 말장난을 하자는 게 아니야. 난 이 아이를 최고로 키울 수 있어. 그럴 능력도 충분하고."

"저도 아이 키울 능력은 충분해요."

"나보다는 아니겠지. 수입 측면에서 말이야."

"돈 많은 사람이 아이를 데려가라는 법이 있나요?"

"그게 아니라, 내가 더 잘 키울 수 있다는 거야."

"무슨 소리에요. 아이는 엄마가 키우는 게 더 낫죠."

"애는 꼭 엄마가 키우라는 그런 법이 있나?"

이처럼 부부는 딸의 양육권 문제 때문에 대립하였고, 끝내 의견 합치를 보지 못하였다. 이 과정에서 B녀는 딸을 데리고 친정으로 가려고 하였고, A남이 이를 제지하면서 다툼이 생겼다. 결국 B녀는 A남에게 자신은 절대로 딸을 포기할 수 없으니 이혼소송을 하겠다고 얘기했고, 그러자 A남도 협의를 포기하고 법원 판결에 따르겠다고 하였다.

"소송기간동안 서로 불편할 테니 내가 집을 나갈게. 대신 아이 보고 싶을 때는 언제든 집에 와서 보고 갈게."

"그래요. 웬만하면 집에 올 때는 미리 연락하구요."

"그렇게 하지."

결국 A남이 집을 나가 부부는 별거하게 되었고, B녀는 변호사를 선임하여 서울가정법원에 A남을 상대로 이혼 및 양육자 지정 청구소송을 제기하였다.

B녀는 이혼소장에서, 부부가 처음부터 사랑 없이 결혼하여 오랜 기간 각방을 써오다가 최근에 이혼에 합의해 별거를 하고 있는바, 부부의 혼인관계가 사실상 파탄되었으므로, '기타 혼인을 계속하기 어려운 중대한 사유가 있을 때'의 이혼사유에 해당한다고 하며 이혼 청구를 하였다. 또한 현재 딸의 연령, B녀와 딸의 유대관계, 현재 B녀가 딸을 키우고 있는 점 등에 비추어 B녀가 딸의 양육자로 지정되는 것이 딸의 성장과 복리에 적합하다고 주장하며 양육자 지정 및 양육비 청구를 하였다.

일주일 뒤쯤 서울가정법원에서 부모교육을 받으라는 안내문이 도착하여, B녀는 점심에 서울가정법원을 찾아 동영상 시청 등 부모교육을 받았다. 어쩔 수 없는 선택이지만 딸에게 미안한 마음이 들었고, 한편으로는 앞으로 지금보다 더 딸을 잘 키워야겠다는 결심도 섰다.

한 달이 지나 A남이 답변서를 제출하였다. 변호사 사무실에서 보내준 답변서를 읽어보니, A남도 이혼을 원한다고 하여 B녀의 이혼 청구에 대하여는 항변하지 않았다. 다만, B녀의 양육자 지정 및 양육비 청구에 대하여는, A남은 딸이 B녀보다 자신과 더 친밀한 관계를 유지하고 있고, 현재 B녀가 딸과 함께 사는 것은 부부가 이혼소송을 준비하던 중 합의하여 그렇게 하기로 한 것일 뿐, B녀 혼자서 딸을 키우고 있는 것은 아니며, 경제력, 시간적 여유 등에 비추어도 딸의 양육은 A남이 맡는 것이 딸의 성장과 복리에 적합하다고 반박하고 있었다.

답변서가 제출되고 나서 재판부는 변론기일을 지정하였고, B녀의 변호사가 기일에 출석하였다. 변호사는 기일 출석 후에 "곧 조정기일이 열릴 것이며, 재판부가 조정기일에 당사자가 참석하기를 원한다."라고 알려주었다.

B녀는 변호사와 함께 조정기일에 출석하였다. 법정에 나가보니 A남도 그의 변호사와 함께 나와 있었다. 조정위원들은 처음에 둘의 결혼을 깨는 것이 안타깝다면서 이혼을 만류하는 태도를 보였으나, A남과 B녀는 완강하게 이혼을 원한다고 하였다. 이후에는 자녀양육권 문제가 주된 쟁점이 되었으나, A남과 B녀 모두 양육권을 양보할 생각이 없었다. B녀의 변호사는 A남 측에게 제안을 했다. 판결로 가게 되면 양육권이 어머니인 B녀에게 갈 가능성이 높으니까, 면접교섭권을 충분히 보장해주고 양육비 액수에서 일정 부분을 양보해줄 테니 B녀를 양육자로 지정하는 것으로 합의하자는 내용이었다. 조정위원들도 B녀 변호사의 말에 힘을 실어주었지만, A남은 일언지하에 B녀 측의 제안을 거절하였다. 결국 조정은 성립하지 못하였다.

이후 두 차례의 변론기일이 더 열렸고, 양육자 지정에 대한 양측의 공방은 계속되었다. A남과 B녀는 둘 다 서로의 양육환경이 더 우월하고, 딸과의 유대관계가 더 친밀하다고 주장하였다. 세 번째 변론기일을 끝으로, 판사는 재판을 끝내고 3주 뒤로 판결선고일을 지정하였다. B녀는 가슴을 졸이며 판결이 나오기를 기다렸다.

3주 뒤 변호사 사무실에서 연락이 왔다.

"사모님. 축하드립니다. 이혼 판결이 나왔고, 양육자로 지정되셨습니다."

"아! 변호사님! 감사합니다."

"전에 말씀드린 대로, 따님 연령이 어리기 때문에 어머니가 키우는 것이 보다 적합하고, 현재도 사모님이 아이를 키우고 있는 점 등의 이유로 양육권이 사모님에게 가게 되었습니다. 곧 판결문 보내드리겠습니다."

"네! 감사합니다!"

나. 꼭 알아둘 법률상식 : 이혼조정 절차 및 이혼소송 절차는?

1) 조정전치주의

재판상 이혼은 그 유형에 따라 두 가지로 구분될 수 있다. 첫 번째 조정에 의하여 이혼이 성립되는 경우가 있고, 두 번째 법원의 판결에 의하여 이혼이 성립되는 경우가 있다.

우리 법은 재판상 이혼에 관하여 조정전치주의를 취하고 있다. 조정전치주의調整前置主義란, 원칙적으로 이혼조정을 거치고, 조정이 이루어지지 않은 경우에 한하여 이혼소송을 하게 하는 제도다. 따라서 원칙적으로 재판상 이혼을 위해서는 이혼소송을 제기하기 전에 먼저 이혼조정을 신청해야 한다.

<u>2) 이혼조정 절차</u>

a) 이혼조정신청서 제출

위에서 설명한 바와 같이, 우리의 재판상 이혼제도는 조정전치주의를 취하고 있기 때문에, 재판상 이혼을 청구하려 한다면 소송을 제기하기 전에 먼저 이혼조정 신청을 하여야 한다. 만약 조정 신청을 하지 않고 곧바로 이혼소송을 제기하면, 법원은 직권으로 그 사건을 조정에 회부하여 조정 절차를 거치게 한다. 결국 재판 전에 반드시 조정을 거치게 되는 것이다.

다만, 예외적으로 조정 신청 없이 바로 이혼 소송을 제기한 경우 조정을 거치지 않고 바로 소송 절차가 진행되는 경우도 있다. 첫째, 공시송달에 의하지 않고는 부부 일방 또는 쌍방을 소환할 수 없는 경우가 있다. 예를 들어, 배우자의 생사가 3년 이상 불명하다는 이유로 재판상 이혼을 청구했다면, 법원은 생사가 불명한 배우자에게 소장을 송달해줄 수도 없고 법정에 소환하여 조정 절차에 참여하게 할 수도 없기 때문에 조정 없이 바로 결석재판을 진행한다. 둘째, 이혼사건이 조정에 회부되더라도 조정이 성립될 수 없다고 인정되는 경우에도 조정 절차 없이 바로 소송 절차가 진행된다. 이는 전적으로 법원의 판단사항이지만, 예컨대, 부부 간에 이혼 여부나 양육권 문제에 대해 이견이 큰 경우 등에는 조정 절차를 진행한다 하여도 조정이 성립될 가능성이 거의 없으므로, 바로 소송절차를 진행할 수 있다 할 것이다.

이혼조정 신청은 아래 네 개의 법원 중 한 곳에 하면 된다.

① 부부가 같은 가정법원의 관할 구역 내에 보통재판적이
   있을 때에는 그 가정법원
② 부부가 마지막으로 같은 주소지를 가졌던 가정법원의 관할 구역 내에

부부 중 어느 한쪽의 보통재판적이 있을 때에는 그 가정법원
③ 위의 ①, ② 에 해당되지 않는 법원으로서, 부부 중 어느 한쪽이

다른 한쪽을 상대로 하는 경우에는 상대방의 보통재판적이

있는 곳의 가정법원
④ 부부가 합의로 정한 가정법원

이혼조정 신청 시 제출할 서류는 아래와 같다.

① 이혼소장 또는 이혼조정신청서 각 1부
② 부부 각자의 혼인관계증명서 각 1부
③ 부부 각자의 주민등록등본 각 1부
④ 부부 각자의 가족관계증명서 각 1부
⑤ 미성년인 자녀가 있는 경우에는 그 자녀 각자의 기본증명서,

가족관계증명서 각 1부
⑥ 이혼소장 또는 조정신청서 기재 내용을 소명할 자료들

이혼조정신청서에는 이혼을 원하는 이유, 이혼에 대한 부부의 의견 차이 등에 대하여 구체적으로 기재하고, 이를 소명할 수 있는 자료를 첨부하면 된다.

이혼조정 절차에서는 이혼 그 자체에 대해서만이 아니라, 양육권, 재산분할, 위자료 등에 대하여도 조정을 받을 수 있다. 이혼조정신청서에 양육권, 재산분할, 위자료에 대한 내용을 기재하고 관련 자료를 첨부하며, 이혼과 함께 양육권, 재산분할, 위자료에 대하여도 조정을 원한다는 뜻을 밝히면 된다.

b) 조정기관의 구성

이혼조정 사건은 원칙적으로 조정장 1명과 2명 이상의 조정위원으로 구성

된 가사조정위원회가 진행하는 것이 원칙이다. 조정장은 가정법원장 또는 가정법원지원장이 관할법원 판사 중에서 지정하며, 조정위원은 학식과 덕망이 있는 사람으로서 매년 미리 가정법원장 또는 가정법원지원장이 위촉한 사람 또는 조정 당사자가 합의하여 선정한 사람 중에서 각 사건마다 조정장이 지정한다.

다만, 조정담당판사는 상당한 이유가 있는 경우에는 당사자가 반대의 의사를 명백하게 표시하지 아니하면 단독으로 조정할 수 있다. 조정담당판사 역시 가정법원장 또는 가정법원지원장이 지정한다.

c) 가사조사

이혼조정을 신청하면, 조정장 또는 조정담당판사는 특별한 사정이 없으면 조정을 하기 전에 기한을 정하여 가사조사관으로 하여금 조정사건에 관한 사실을 조사하게 한다. 가사조사관은 양 당사자를 상대로 사실조사를 하여 조정신청서에 기재된 내용이 사실인지 여부를 확인하고, 부부의 생활상태, 재산상태, 자녀양육 상태 등을 파악한다.

이렇게 조사한 사항은 이후 조정기관이 조정 절차를 진행하며 양 당사자의 의견을 조율하고 조정안을 작성할 때 참고자료로 쓰이게 된다.

d) 조정기일에 출석하여 의견 진술

법원이 조정기일을 정해주면, 조정 당사자 부부는 정해진 조정기일에 출석하여 의견을 진술한다. 부부 쌍방 본인 또는 법정대리인이 출석하여야 하나, 특별한 사정이 있을 때에는 법원의 허가를 받아 대리인을 출석하게 할 수 있고 보조인을 동반할 수도 있다.

조정기관은 부부 양측의 의견을 청취하여 적절한 조정안을 만들고, 양측을 설득하여 적절히 합의할 수 있게 도와주는 역할을 한다. 조정위원들은 학식과 덕망이 있고 이혼 및 가사 분야에 대하여 전문적인 지식과 경험을 갖추고 있는 사람이기 때문에, 조정 당사자 부부는 이들의 도움을 받아 원활한 합의를 도모할 수 있다.

그러나 기본적으로 조정기일은 부부의 합의에 기반을 두고 진행되는 것이기 때문에, 조정 당사자 부부 간의 협상과 양보가 무엇보다 중요하다. 조정 성립을 위해서는 감정적인 태도를 보이거나 자신의 의견만을 고집하지 말고 배우자의 의견도 충분히 경청하며, 챙길 것은 챙기되 양보할 것은 양보하면서 합의를 위해 노력하여야 한다.

만약 조정신청인이 정해진 조정기일에 출석하지 않으면, 법원은 다시 한 번 기일을 정한다. 이렇게 다시 정한 기일 또는 그 후의 기일에도 조정신청인이 출석하지 않으면 조정신청은 취하된 것으로 간주된다.

한편, 조정 상대방이 조정기일에 출석하지 않으면 조정위원회 또는 조정담당판사가 직권으로 '조정을 갈음하는 결정'을 내린다.

e) 조정의 종료

– 조정 성립

조정절차에서 부부 간에 이혼에 대한 합의가 이루어지면, 합의된 내용을 조정조서에 기재함으로써 조정이 성립된다. 조정이 성립되면, 법원의 확정판결과 동일한 효력이 있다. 즉, 이혼이 성립하여 혼인관계가 해소된다.

– 조정을 하지 아니하는 결정

조정절차를 진행한 결과 조정 대상 사건의 성질상 조정을 함에 적당하지 않거나, 조정 신청인이 부당한 목적으로 조정 신청을 한 것이라고 인정되는 때에는 조정위원회 또는 조정담당판사는 조정을 하지 아니하는 결정으로 조정절차를 종결시킨다.

– 조정을 갈음하는 결정

한편, 조정 당사자 사이에 합의가 이루어지지 않아 조정이 성립되지 않은 경우, 조정 당사자가 합의에 이르렀으나 그 합의 내용이 적절하지 않다고 인정되는 사건의 경우에는, 조정위원회 또는 조정담당판사는 특별한 이유가 없으면 직권으로 조정 당사자의 이익 등 제반사정을 고려하여 조정 신청인의 신청 취지에 반하지 않는 한도 내에서 결정을 내린다. 이를 '조정을 갈음하는 결정'이라 한다. 위에서 이미 설명하였듯이, 조정 상대방이 조정기일에 출석하지 않는 경우에도 법원은 조정을 갈음하는 결정을 내린다.

만약 조정을 갈음하는 결정에 대하여 이의가 있다면, 조정 당사자는 결정문을 송달받은 후 2주 이내에 이의신청을 하면 된다. 이의신청을 하면, 자동적으로 이혼소송절차가 진행된다. 결정문을 송달받은 후 2주 이내에 이의신청을 하지 않거나, 이의신청을 취하하거나, 이의신청이 각하된 경우에는 조정을 갈음하는 결정이 확정되어 확정판결과 동일한 효력을 갖는다.

– 조정 불성립

조정 당사자 사이에 합의가 이루어지지 않는 경우에는 조정이 성립되지 않은 것으로 조정절차가 종결된다. 또한 조정 당사자가 합의에 이르렀으나 그 합의 내용이 적절하지 않다고 인정되는 사건의 경우에도, 조정기관이 조정을 갈음하는 결정을 하지 않으면 조정이 성립되지 않은 것으로 종결된다.

f) 이혼신고

이혼조정이 성립되면, 조정 신청인은 조정성립의 날로부터 1개월 이내에 등록기준지 또는 주소지를 관할하는 시청·구청·읍사무소·면사무소에 조정조서 등본 및 확정증명서를 첨부하여 이혼신고서를 제출해야 한다.

그런데 이때의 이혼신고는 보조적 신고에 불과하다. 협의이혼의 경우 이혼의사를 확인받았다 하더라도 반드시 행정관청에 이혼신고를 하여야 이혼의 효력이 발생하는 것과는 달리, 조정이혼의 경우에는 조정이 성립하면 그것으로 이혼의 효력이 발생하여 혼인이 해소되는 것이다. 다만, 가족관계등록부에 이혼으로 인한 혼인 해소 결과를 입력하기 위하여 보조적으로 이혼신고가 필요할 뿐이다.

그러므로 조정성립의 날로부터 1개월 이내에 이혼신고를 하지 않았다고 하여도 조정성립으로 인하여 이미 발생한 이혼의 효력에는 영향이 없으며, 신고기간이 지난 이후에도 언제든 이혼신고를 할 수 있다. 다만 신고기간 내에 이혼신고를 하지 않을 경우 과태료의 제재를 받을 뿐이다. 따라서 설령 신고기간 내에 이혼신고를 하지 못하였다고 해도 이혼이 되지 않을까봐 걱정할 필요는 없고, 빨리 이혼신고를 하면 된다.

3) 이혼소송 절차

a) 조정 절차에서 소송 절차로의 이행

① 조정을 하지 않기로 하는 결정이 있거나, ② 조정이 성립되지 않은 것으로 종결되거나(「민사조정법」 제27조), ③ 조정을 갈음하는 결정에 대해 2주 이내에

이의신청이 제기되어 그 결정의 효력이 상실된 경우에는, 조정신청을 한 때에
소송이 제기된 것으로 간주되어, 조정 절차가 종결되고 사건은 이혼소송 절차
로 이행된다.

b) 이혼소송 제기

이혼조정을 신청하지 않고 바로 이혼소송을 제기할 경우는, 이혼소장을 관
할법원에 제출하면 된다. 이혼소장에는 재판상 이혼사유를 명확하고 자세히 기
재해야 하고, 이를 증명할 증거들을 찾아 제출해야 한다. 이혼소송을 제기할
때는 양육자 지정 및 양육비 청구, 재산분할 청구, 위자료 청구도 이혼 청구와
병합하여 한꺼번에 할 수 있다. 따라서 이혼 청구를 하며 자녀 양육에 관한 사
항을 정하고, 위자료 및 재산분할 청구도 함께 하려 한다면, 소장 청구취지 및
청구원인에 이러한 내용도 함께 기재하면 된다.

이혼소장을 제출하여야 할 관할법원은 아래와 같다.

① 부부가 같은 가정법원의 관할 구역 내에 보통재판적이
   있을 때에는 그 가정법원
② 부부가 마지막으로 같은 주소지를 가졌던 가정법원의 관할 구역 내에
   부부 중 어느 한쪽의 보통재판적이 있을 때에는 그 가정법원
③ 위의 ①, ② 해당되지 않는 법원으로서, 부부 중 어느 한쪽이 다른 한쪽을
   상대로 하는 경우에는 상대방의 보통재판적이 있는 곳의 가정법원

한편, 위에서 이미 설명하였듯이, 조정신청을 하지 않고 바로 이혼소송을
제기한 경우에도 원칙적으로 조정 절차를 거치게 된다. 통상 이혼소송을 제기
하면, 먼저 몇 차례 조정기일을 거치고, 조정이 성립되지 않으면 소송 절차로
넘어가는 경우가 많다. 다만, ① 공시송달에 의하지 않고는 부부 일방 또는 쌍

방을 소환할 수 없는 경우, ② 이혼사건이 조정에 회부되더라도 조정이 성립될 수 없다고 인정되는 경우에는 조정 절차 없이 바로 소송 절차가 개시된다.

c) 부부 쌍방(원고 및 피고)의 변론

– 피고의 답변서 제출

부부 일방(원고)이 이혼소장을 제출하면, 법원은 그 소장부본訴狀副本 을 상대방(피고)에게 송달하여 준다. 피고는 소장부본을 송달받은 날로부터 30일 이내에 답변서를 제출함으로써 원고의 청구 내용을 반박한다.

– 법원의 변론기일 지정

법원은 원고의 소장과 피고의 답변서 내용을 확인하고 변론기일을 정한다. 경우에 따라 원고–피고 사이에 소장과 답변서의 내용을 보충하는 서면(준비서면)이 몇 번 오간 후에 변론기일을 지정하기도 하며, 변론기일 전에 변론준비기일을 지정하기도 한다. 변론준비기일이란 사건의 사실관계, 증거관계, 원고 및 피고의 주장 내용이 매우 복잡한 경우에 열리게 되며, 변론기일 전에 별도의 준비과정을 통하여 원고–피고 양측의 주장과 증거를 정리하고 앞으로의 재판 진행 방향을 정하는 절차이다.

경우에 따라 다르지만 변론기일 1회로 소송이 종료되는 경우는 흔치 않고, 통상 3~5회 정도의 변론기일이 열리게 되며, 각 변론기일 사이의 기간은 약 한 달이다.

– 변론기일에 출석하여 진술

변론기일이 정해지면 원고와 피고는 변론기일에 출석하여 각자의 주장 및 증거관계를 진술한다. 변론기일에서의 진술은 구두진술도 가능하지만 기본적인 것은 서면(준비서면)을 통하여 하고, 구두 진술은 이를 보충하는 역할을 한다.

필요하다면 원고와 피고는 사실조회신청이나 증인신청 등을 통하여 각자 주장을 증명한다.

d) 가사조사, 조정 절차

조정을 거쳐야 할 사건의 경우에는 재판부는 첫 번째 변론기일을 지정하여 원고-피고의 진술을 들은 후 조정에 회부하고, 필요한 경우 가사조사를 통하여 부부의 생활상태, 재산상태, 자녀 양육 상태 등을 조사한다. 이러한 절차가 끝난 후 조정이 성립하지 않으면 다시 변론기일을 지정하여 소송 절차를 진행한다.

e) 법원의 판결

법원은 변론기일에서 원고-피고가 진술한 주장 및 제출한 증거 등을 종합하여 증거조사 및 사실조사를 진행하고, 이에 기초하여 원고의 청구를 인용認容하거나 기각棄却하는 판결을 한다.

원고든 피고든 판결에 불복하는 경우에는 판결정본이 송달되기 전이나 판결정본이 송달된 날부터 14일 이내에 항소 또는 상고하여 상급심 법원의 판단을 구할 수 있다.

법원이 이혼을 명하는 판결을 선고하고 패소한 자가 항소 또는 상고를 하지 않아 판결이 확정되면, 그것으로 이혼의 효력이 발생하여 혼인관계가 해소된다.

f) 이혼신고

　이혼을 명하는 판결이 확정되면 부부 중 어느 한 쪽이 재판의 확정일로부터 1개월 이내에 이혼신고서에 재판서의 등본 및 확정증명서를 첨부해서 등록기준지 또는 주소지를 관할하는 시청 · 구청 · 읍사무소 · 면사무소에 이혼신고를 해야 한다.

　이혼판결 확정 뒤에 하는 이혼신고 역시 이혼조정 성립 뒤의 이혼신고와 마찬가지로 보조적 신고에 불과하다. 즉, 이혼판결의 확정으로 이미 이혼의 효력이 발생한 것이고, 이혼신고는 가족관계등록부 정리를 위한 보조적인 절차다. 따라서 신고기간 내에 이혼신고를 하지 않았다고 하여도 이혼판결 확정으로 인하여 이미 발생한 이혼의 효력에는 영향이 없으며, 신고기간이 지난 이후에도 언제든 이혼신고를 할 수 있다. 다만 신고기간 내에 이혼신고를 하지 않을 경우 과태료의 제재를 받을 뿐이다.

2장. 외도와 폭행 일삼는 남편

가. 남편의 거듭된 외도와 폭력에 이혼을 결심하다

결혼 30년차의 50대 주부 B녀는 결혼생활 내내 남편 A남 때문에 마음고생이 이만저만 아니었다. A남은 신혼 때부터 술과 여자를 좋아하여 B녀의 속을 썩였는가 하면, 한번은 내연녀와 몇 달 동안 딴살림을 차리기도 했다. B녀가 이런 A남을 나무라면, A남은 B녀에게 욕설을 퍼부었고, 뺨을 때리고 주먹질을 하거나 목을 조르는 등의 폭력을 행사하였다. 제3자의 입장에서 생각하면, B녀가 어떻게 이 모진 세월을 견디어냈는지 궁금할 정도다.

B녀가 A남의 외도와 폭력에도 불구하고 가정을 지켜왔던 이유는 아들과 딸 때문이었다. B녀는 사랑하는 아들과 딸이 이혼가정의 자녀로 자라게 하기 싫었고, 적어도 이들이 장성하여 결혼을 할 때까지는 A남과의 혼인관계를 유지하고 싶었다. 현실적으로 자녀들을 양육하기 위해서는 남편 A남이 벌어오는 돈이 필요하기도 하였다.

나이가 들어가면서, A남의 바람기와 폭력적인 성향이 많이 줄어들기는 하였다. 이에 따라 B녀도 A남에 대한 원망을 조금이나마 걷어낼 수 있었다. 다행히 아들, 딸도 훌륭히 성인으로 성장하였고, 딸은 결혼도 했다. 어느새 50대의 중년이 된 B녀는 과거의 안 좋았던 기억을 잊고 나름대로 즐겁게 살아가고 있었다. 가끔 A남이 집에 늦게 들어오거나 외박을 하는 일이 있어도 B녀는 이에 크게 개의치 않았고, 그러다보니 부부 간에 싸움을 할 일도 없었다. 이제 B녀는 A남에게 특별한 기대를 하지 않았고, 주변 사람들과 여행을 다니거나 서예, 배드민턴 등 취미생활을 하며 지냈다.

그러나 A남은 기어이 이러한 B녀의 소소한 행복마저 빼앗아가고 말았다.

B녀는 아들의 결혼자금으로 쓰기 위해 자신 명의의 예금통장에 5천만 원의 돈을 모아놓고 있었다. B녀는 이 돈으로 정기적금을 들까 펀드를 할까 고민을 하고 있었다. 그런데 B녀가 어느 날 휴대폰 모바일 뱅킹으로 계좌조회를 해봤더니, 계좌의 잔고가 3천만 원에 불과했다! 너무나 놀란 B녀가 거래내역을 보니, 며칠 전 수천만 원이 B녀 계좌에서 A남 명의의 계좌로 이체되어 있었다.
"여보! 당신이 내 예금통장에서 돈 빼갔어요?"
"아, 그거. 좀 쓸 데가 있어서 그랬어."
"왜 그랬어요! 그거 내가 첫째 애 결혼자금으로 모아둔 건데!"
"아니, 이 여편네가 어디서 큰 소리를 내! X발! 그 돈 몇 푼 안 되는 거, 그거, 내가 나중에 채워주면 되잖아!"
A남은 적반하장으로 큰소리를 치며 들고 있던 물 컵을 B녀에게 집어던졌다.
"아악!"
A남이 던진 컵은 B녀의 이마에 정통으로 맞았고, B녀는 비명을 지르며 쓰러졌다. 때마침 회사에서 퇴근하여 돌아온 아들이 말리지 않았다면, A남의 폭력은 더더욱 심했을 것이다. B녀는 고통보다는 억울한 마음에, 내 통장에 있는 돈을 어떻게 뺐느냐, 돈을 어디에 썼느냐, A남에게 따져 물었다.
알고 보니, A남은 B녀 휴대폰에 있는 공인인증서의 비밀번호를 알아내어 휴대폰 모바일 뱅킹으로 B녀 계좌에서 A남 계좌로 2천만 원을 이체했던 것이었다.

"아빠. 그건 도둑질이잖아요. 대체 그 많은 돈을 어디에 쓴 거예요?"

"뭐? 도둑질? 애비한테 말버릇이 그게 뭐냐?"

"어디에 쓰셨는지 묻잖아요."

"허허, 얘가 머리가 크더니 아주 막 나가는구나."

A남은 B녀와 아들에게 친구가 사고를 당해 급하게 돈이 필요하다고 둘러대고 자리를 모면했다. 그러나 B녀와 아들이 듣기에 A남의 말은 궁색한 변명으로밖에 들리지 않았다.

"엄마. 요새 아빠 수상한 거 없었어?"

"수상한 거? 어떤 거?"

"아니, 예전처럼 여자 만나고 그런 거 아니야? 그 돈도 만나는 여자한테 주고 그런 거 아니냔 말이지."

"에이, 네 아빠 나이가 이제 좀 있으면 환갑인데 아직도 여자를 만나겠어? 그리고 설마하니 너희들 결혼자금을..."

남편을 의심하는 아들에게 B녀는 이렇게 얘기하긴 했지만, 사실 그녀도 A남의 태도가 의심스럽기는 마찬가지였다.

잠시 후 A남이 잠자리에 들자, B녀는 아들 방으로 가서 아들에게 말했다.

"우리 차에 블랙박스 있지?"

"네."

"그거 한 번 확인해줄 수 있어?"

"알았어요."

B녀는 아들의 도움을 받아 부부가 사용하는 자동차 블랙박스 영상을 확인하였다. 놀랍게도, 며칠 전 블랙박스 영상에는 A남이 자동차 옆 좌석에 묘령의 여자를 태우고 서울 근교의 한 모텔에 들어가는 장면이 녹화되어 있었다.

화가 난 B녀는 아들과 함께 안방에 가서 자고 있던 A남을 깨웠다.

"내가 방금 블랙박스 봤어! 어떤 여자랑 모텔 들어가는 거! 그 여자 누구야? 내 통장에 있던 돈도 다 그 여자한테 준 거지?”

“아빠! 솔직히 말해요.”

B녀와 아들의 추궁에 A남은 진실을 털어놓았다. 몇 달 전 유흥주점에서 일하는 C녀를 알게 되어 애인 사이로 지냈고, C녀의 급한 빚을 해결하기 위해서 B녀의 통장에 손을 댔다는 것이었다.

B녀는 너무나 충격적이고 화가 나서 A남에게 달려드려 했으나, 아들이 그런 B녀를 제지하였다.

“참으세요, 엄마.”

“뭘 참아... 이렇게 당하고 내가 더 뭘 참느냐고!”

“가만 계셔보세요, 엄마. 아빠! 이제는 아버지라고 부르기도 싫네요. 엄마, 이혼하세요. 제가 지금 아빠가 하는 말 다 녹음했거든요. 이거랑 아까 블랙박스 영상이랑 해서 이혼소송 해요. 아까 아빠가 컵 던져서 이마에 맞은 거, 그것도 진단서 떼서 증거로 제출하시구요. 이런 상황에서 계속 살아서 뭐하겠어요?”

결국 B녀는 아들의 조언대로 A남에게 ‘배우자의 부정행위’ 및 ‘배우자의 심히 부당한 대우’를 이혼사유로 하여 이혼 및 위자료청구소송을 제기하였다. B녀는 소장에서 A남이 오래 전부터 외도를 하고 폭언과 폭력을 하였던 사실을 시간 순서대로 진술하고, 최근 A남이 B녀의 허락 없이 B녀 통장에서 2천만 원을 빼내 이를 나무라자 이마에 컵을 던져 상해를 입힌 사실, 얼마 전부터 A남이 C녀와 차를 타고 모텔에 들어가는 등 불륜관계를 맺었고, C녀에게 2천만 원을 준 사실 등을 상세히 진술하였다.

B녀는 A남이 내연녀 C녀와 함께 모텔에 들어가는 장면이 촬영된 블랙박스 영상, A남이 B녀 명의로 2천만 원을 이체한 거래내역, A남이 C녀와 몇 달간 불륜관계를 이어왔고 C녀에게 2천만 원을 주었다는 것을 실토하는 내용의 녹취록 등을 부정행위를 증명할 증거로 제출하였고, 부당한 대우를 증명할 증거로

는 A남이 던진 컵에 맞아 다친 이마 사진, 상해진단서 등을 제출하였다.

이에 A남은 C녀와 술집에서 만났고 밖에서 한두 번 만난 것은 사실이지만 C녀와 교제를 하거나 성관계를 맺은 사실은 없고 그저 친구 같이 지낸 것뿐이므로, B녀가 주장하는 '배우자의 부정행위'라는 이혼사유는 존재하지 않고 위자료 청구도 받아들여질 수 없다는 내용으로 답변서를 제출하였다.

소송과정에서 B녀는 A남 명의 은행에 대한 금융거래정보제출명령신청을 하여 A남 계좌내역을 제출받아 A남 계좌에서 C녀 계좌로 2천만 원이 입금된 사실을 알아내었고, A남이 가입되어 있는 통신사의 통화내역조회를 통해 A남이 수십 차례 C녀와 전화통화를 한 사실도 밝혀냈다.

결국 재판부는 '배우자의 부정행위' 및 '배우자의 심히 부당한 대우'의 이혼사유가 존재한다고 판단했으며, 이에 따라 부부의 이혼을 선고하고 A남이 B녀에게 4,000만 원의 위자료를 지급하라는 판결을 내렸다.

나. 꼭 알아둘 법률상식 : 이혼소송 전략

1) 이혼사유 증명할 증거를 확보하라!

이혼소송에서 가장 중요한 것은 재판상 이혼사유가 존재함을 명확히 밝히는 것이다. 어떻게 하면 이혼사유의 존재를 증명할 수 있을까?

이혼소송의 핵심은 증거다. 소송 당사자가 아무리 그럴듯한 주장을 한다 하더라도, 이를 뒷받침할 증거가 없으면 재판부가 그 주장을 신뢰하기 어렵다. 위 사례와 같이 남편이 부정행위를 하고 있다면, 이를 증명할 수 있는 증거를 제출하여야 재판부가 부정행위 사실을 인정하게 된다.

　그런데 역설적이게도, 이혼소송에서는 제대로 된 증거 없이 주장만 난무하는 경우가 많다. 이혼소송의 특성상 증거 확보가 쉽지 않기 때문이다. 여러 해 동안 남편에게 수도 없이 폭행과 폭언을 당했다면서 이혼을 하고자 하는데, 남편의 폭력을 증명할 수 있는 것이 아무 것도 없다. 아내가 계속 바람을 피우고 있는데, 이를 증명할 증거가 없다. 이런 경우들이 허다하다. 안타까운 일들이다.

　따라서 이혼을 결심했다면, 재판상 이혼사유가 있음을 증명할 증거를 확보하는 것이 우선이다.

　예를 들어, 남편이 바람을 피운다고 하자. 남편은 필시 내연녀와 수시로 휴대폰 문자 메시지나 SNS 메시지를 주고받을 것이다. 그 내용은 분명 연인들끼리 나눌 법한 대화일 것이고, 어쩌면 그 안에는 그들이 잠자리를 가졌다는 것을 나타내는 대화 내용이 있을 수도 있다. 따라서 남편의 휴대폰에 기록된 문자 메시지, SNS 메시지 대화 내용을 확보하면 남편의 외도를 증명할 수 있다. 또한 남편이 내연녀와 함께 자동차를 타고 데이트를 할 가능성이 있으므로, 블랙박스 영상을 확인하여 자동차 안에서 벌어지는 남편과 내연녀의 스킨십이나 대화 내용을 확보할 수도 있다.

　만약 남편의 가정폭력 때문에 이혼을 하려고 한다면, 병원에 가서 담당의사에게 남편의 폭행으로 다쳤다고 진술하고 상해진단서를 발급받는 방법으로 증거를 확보하는 것이 필요하다. 또한 폭행이 발생했을 때 남편에게 폭행당한 부위, 남편의 폭행으로 엉망이 된 집안 모습 등을 사진으로 찍어놓으면 유리한 증거가 된다. 이외에도, 남편의 폭행이나 폭언이 있을 때 녹음기나 휴대폰의 녹음기능을 이용해서 이러한 상황을 녹음해 놓으면 이 역시 증거가 될 수 있으며, 남편이 폭행 및 폭언을 스스로 인정하는 말을 할 때 이를 녹음하는 것도 좋은 방법이다.

앞선 사례의 B녀는 남편 A남과 내연녀 C녀가 함께 모텔에 들어가는 장면이 촬영된 차량 블랙박스 영상, A남이 C녀와의 불륜관계를 인정하는 내용의 녹취록을 제출했기 때문에, 이는 남편 A남의 부정행위를 증명할 수 있는 훌륭한 증거가 된다. 또한, B녀는 A남으로부터 폭행을 당하여 상처가 난 자신의 이마 사진, 상해진단서를 제출함으로써 남편 A남이 부당한 대우를 하였다는 점을 충분히 증명할 수 있었다.

만약 사전에 위와 같은 증거들을 확보하지 못한 채 이혼소송을 제기하였거나 추가적인 증거가 필요하다면, 이혼소송 과정에서 배우자의 유책행위를 목격한 사람을 증인으로 신청하여 신문한다든지 증인진술서를 받아 제출하는 방법, 배우자의 휴대전화 통화내역 및 조회 기타 사실조회의 신청 등을 통해서 원하는 정보를 얻어내야 한다.

위 사례의 B녀 역시 이혼소송 과정에서 은행에 대한 금융거래정보제출명령신청을 통한 계좌내역 확보, 통신사에 대한 문서제출명령신청을 통한 휴대폰 통화내역 조회로 추가적인 증거를 확보할 수 있었다.

이처럼 이혼소송에서 이혼사유를 증명하기 위해서는, 소송 전에 충분히 증거를 수집하고 소송 과정에서도 최대한 증거를 얻어내기 위해 노력해야 한다. 결국 소송은 증거 싸움이고, 따라서 어떻게 증거를 확보하여 제출하느냐가 소송의 승패를 좌우하는 것이다.

2) 정확하고 구체적으로 진술하라!

재판상 이혼사유가 존재함을 명확히 밝히기 위해 필요한 것은 정확하고 구체적인 진술이다. 유책배우자의 책임 있는 사유나 혼인 파탄의 경위에 대해 정확하게 진술하고, 가능한 한 구체적으로 진술하는 것이 요구된다.

예를 들어, 위 사례의 B녀가 배우자 A남의 부정행위에 대하여 진술한다면, 단순히 'A남이 C녀를 만나 외도를 하였다.' 정도의 주장은 불충분하다. "피고 A남이 2015년 12월 10일, 유흥주점에서 소외 C녀를 만났으며, 두 사람은 2016년 1월 5일 함께 XYZ모텔에 가서 동침을 하고, 수십 차례 전화통화를 하는 등, 2015년 12월 초순부터 현재까지 부적절한 관계를 이어오고 있다."라는 식으로 배우자가 누구와 언제 어디서 어떠한 행위를 하였는지 등에 대해 상세히 설명하는 것이 좋다.

게다가 배우자의 부정행위를 나타내는 증거까지 확보하고 있다면, 정확하고 구체적인 진술은 그런 증거와 함께 시너지 효과를 내어 반박의 여지도 없이 부정행위를 증명할 수 있다. 만약 특별한 증거가 없는 경우라면, 정확하고 구체적인 진술을 통하여 증거가 없는 불리한 상황을 뒤집어야 한다. 그래야 재판부를 설득할 수 있다.

3장. 제 잘못이긴 하지만, 꼭 이혼하고 싶어요!

가. 내연남과 가정을 꾸리기 위해 남편과 이혼

40대 회사원 B녀는 40대의 초등학교 교사 남편 A남과 10년이 넘는 기간 동안 결혼생활을 해왔다. 혼인기간동안 남편과의 사이가 늘 원만했던 것은 아니고, 서로 죽네, 사네, 하며 싸운 적도 있었지만, 기본적으로 B녀는 남편 A남에게 큰 불만 없이 함께 살아가고 있었다. A남은 술을 좋아하고, 다소 무뚝뚝하고, 단순하고, 아내인 B녀의 말을 잘 듣지 않고 독선적이었다. 가끔은 B녀에게 다혈질적인 태도를 보이기도 했다. 외모로 본다면 나이가 들어 보이고 머리가 벗겨진데다 뱃살이 많이 쪘다. B녀는 A남의 이런 점들이 거슬리기는 했다. 그러나 A남은 성실한 직장인이었고, 아내 B녀에게는 몰라도 두 딸들에게는 누구보다 자상한 아빠였다. 그렇기 때문에 B녀는 "이 정도면 괜찮은 것 아닌가?" 하는 생각이었다.

어느 날 B녀는 퇴근 후 회사동료와 저녁을 먹다가 회사동료의 친구인 C남을 소개받았다.

"내 대학 동기야. 마침 이 근처라고 그래서, 같이 식사해도 괜찮지?"

“그래, 상관없어. 안녕하세요.”

“네. 안녕하세요. 굉장히 미인이시네요.”

B녀는 C남의 말이 인사치레인 것 같았지만, 기분이 나쁘지는 않았다.

“왜 그래? 얘 유부녀야.”

“하하. 원래 미인은 누군가가 채가게 마련이죠.”

“얘는 싱글이야. 노총각.”

“미남이신데, 왜 누군가 채가지 않았는지 모르겠군요.”

“그만큼 하자가 많다는 거죠. 하하.”

C남은 작은 일간지에 다니고 있는 40대의 기자로, 호남형 외모에 다부진 몸매, 멋진 패션센스가 돋보이는 훈남이었다.

‘멋지게 생겼네. 이런 사람이 우리 남편과 동년배라니...’

C남의 매력은 외적인 데에만 있지 않았다. B녀가 그와 대화를 나누다 보니, 그는 소설 읽기를 좋아하고, 젊은 시절 작가를 꿈꾼 적도 있는 사람이었다.

“어머, 소설을 좋아하실 줄 몰랐네요. 저는 운동 좋아하시는 줄 알았어요. 몸이 워낙 좋으셔서.”

“조용하고 정적인 걸 좋아하는 편이에요. 사실 지금도 꿈은 등단을 하는 건데... 하하, 이거, 먹고 사느라 워낙 바쁘다 보니까...”

“저도 소설을 좋아해요. 어릴 때 습작도 했었구요. 저도 먹고 사는 게 바빠서 요새는 책도 잘 못 읽지만요.”

“정말요? 어떤 작가를 좋아하세요?”

B녀 역시 어린 시절부터 문학을 좋아했던 터라, B녀와 C남은 대화가 잘 통했다. 그들은 좋아하는 작가와 작품 이야기 등을 하며 즐거운 시간을 보냈다.

“뭐야? 의외로 둘이 되게 잘 맞네. 앞으로 베스트 프렌드 해라.”

회사동료가 둘을 보며 말했다.

“베스트 프렌드 좋지. 괜찮으시죠, 저랑 베프?”

“아... 네.”

“베프 된 기념으로 제가 맥주 한 잔 살게요.”

셋은 저녁식사를 마치고 나서는 C남의 제안으로 인근 수제맥주집에 가서 맥주도 한 잔씩 했다. 집에서 남편 A남이 언제 올 거냐고 전화를 했지만, B녀는 회식 핑계를 대고는 C남 및 회사동료와 맥주를 마시러 갔고, 그곳에서 2시간을 보낸 후에야 자리에서 일어섰다.

"미안한데, 나 먼저 가봐야 할 것 같네. 죄송해요, 저 먼저 갈게요."

"아! 이렇게 보내기 아쉽네요."

C남은 진심으로 아쉽다는 듯이 B녀를 바라보았다. 그 표정을 보자, B녀도 이렇게 자리를 파하기가 아쉬웠다.

"아쉽지만 보내드려야죠. 참, 우리 이제 친구니까 명함 드려도 되겠죠?"

"네. 주세요. 저도 드릴게요."

"오늘 즐거웠습니다. 다음에도 종종 봐요."

"저도 정말 즐거웠어요. 잘 놀다 들어가세요."

이후 B녀와 C남은 자주 만남을 가졌다. 처음에는 둘을 소개시켜준 B녀의 회사동료와 함께 셋이 만났으나, 점차 B녀와 C남 둘이서만 만나는 일이 잦아졌다. 둘은 자주 점심을 먹고 차를 마셨으며, 가끔은 저녁 때 술도 한 잔씩 했다. B녀는 C남의 핸섬한 외모가 맘에 들었고, 그의 문학적 소양과 삶에 대한 진취적인 태도도 좋았다. C남 역시 B녀를 마음에 들어 했고, 둘은 어느새 연인 사이가 되었다.

C남에게 빠져들면 빠져들수록, B녀는 남편의 모습이 너무나 초라하고 보잘 것 없게 느껴졌다. 활기 넘치는 얼굴과 다부진 몸매의 C남에 비하면, A남은 배 나온 대머리 아저씨에 불과했다. C남은 늘 '젠틀'하고 교양 있으며, 문학적 소양이 깊은 멋진 남자였으나, A남은 무뚝뚝하고 다혈질적이었으며 인생에 대한 진지한 고민이 없고 회사와 일밖에 모르는 재미없는 사람이었다. 계속 이런 생각이 들자, A남과 B녀 부부의 관계는 갈수록 공허해졌다.

2년의 시간이 흐르며 B녀와 C남의 사랑은 더욱더 뜨거워졌고, 두 사람은 이윽고 결혼을 하기로 약속하기에 이른다.

"그런데 당신 남편한테는 너무 미안한데요..."

"그건 저도 그래요... 그렇지만 계속 이대로 지내는 건 그 사람한테도 못할 짓이에요."

"그래요."

"내가 곧 남편한테 얘기할게요."

B녀는 어느 토요일 밤 두 딸이 모두 잠자리에 든 이후, A남에게 이혼 얘기를 꺼냈다.

"여보. 지금까지 당신과 살면서, 우리가 참 잘 안 맞는다는 생각을 해왔어. 같이 살고 있지만, 사실 그건 애들 때문인 거고, 당신과 나 사이에 특별한 감정은 없잖아. 당신도 그걸 알고 있고. 특히 요 몇 년 새 우리가 제대로 된 대화라도 몇 마디 해본 적 있어? 한 침대에서 같이 잔 적 있어? 말이 부부지 그냥 룸메이트나 다름없었다고."

A남은 아무 말 없이 멍하니 B녀를 바라보았다.

"내 말 듣고 있어? 우린 잘 안 맞는 것 같다고."

A남은 헛웃음을 지었다.

"그래서? 이혼이라도 하자는 거야?"

"응... 이혼하자는 거야."

"당신 참 재밌는 사람이네. 그래, 왜 우리가 룸메이트 같은 관계가 되었을까? 왜 요 몇 년 새 제대로 된 대화 한번 못해봤을까, 우리가? 내가 정말 모를 것 같아?"

"뭐...? 지금 뭐라고 하는 거야, 당신?"

놀랍게도, A남은 B녀와 C남의 관계에 대해 알고 있었다. A남은 1년 전쯤 B녀의 외도를 눈치 챘으며, 증거도 갖고 있다고 말했다.

"내가 그동안 이런 수모를 겪으면서 왜 가만히 있었는지 알아? 우리 딸들과 가정을 지키기 위해서였어. 그런데 뭐? 이혼을 하자고? 당신 입에서 그딴

소리가 나와! 절대 이혼 못해줘. 절대!"

A남이 끝내 이혼에 동의를 해주지 않자, B녀는 어쩔 수 없이 이혼변호사를 선임하여 A남을 상대로 이혼 및 재산분할청구소송을 제기하였다. B녀는 부부의 혼인관계가 사실상 파탄되었으므로 '기타 혼인을 계속하기 어려운 중대한 사유가 있을 때'의 이혼사유가 있다고 주장하였으나, 이에 대하여 A남은 자신은 결혼생활을 계속 유지하고 싶고, 부부의 혼인관계가 파탄되지 않았으며, 무엇보다 B녀는 C남과 부정행위를 저지른 자로 유책배우자에 해당하여 이혼청구를 할 수 없다고 대응하였다. B녀의 변호사는 B녀에게 남편 A남이 이혼에 동의하지 않는다면 결국 기각 판결을 받을 수밖에 없다면서 어떻게든 A남과 합의를 보라고 권유하였다.

"변호사님. 남편이 이렇게 강경한 태도인데 어떻게 설득을 할 수 있나요?"

"진심으로 용서를 구하세요. 그리고 줄 수 있는 건 다 주자고요."

"줄 수 있는 거요?"

"두 딸 양육권을 남편한테 주시구요, 재산분할 금액도 어느 정도 양보를 하셔야죠."

B녀는 변호사의 조언대로 행동했다.

"정말 미안해... 내가 당신한테 못할 짓 한 거 맞아. 당신이 싫은 게 아니야. 단지 당신과 10년을 넘게 살며 한 번도 느끼지 못한 감정을 그 사람한테 느낀 거야."

"하, 이 사람, 정말 미치겠네. 이런 얘길 하려고 바쁜 사람 불러냈어? 이혼 안 해준다니까. 법원에서 판결 받자고."

"여보. 난 이대로 당신과 계속 살 수 없어. 난 그럴 자격도 없어. 내가 어떻게 당신 얼굴 보며 살아? 당신도 나랑 살아봐야 어차피 껍데기랑 같이 사는 거야."

"..."

"내 마음을 내가 컨트롤할 수 있으면 다 되돌리고 당신이랑 우리 가족이랑

함께 행복하게 살고 싶어. 정말이야. 그런데 그게 안 돼... 내 마음을 내가 어떻
게 할 수가 없어, 여보.”

“아니, 그렇게... 그렇게 그놈이 좋아?”

“여보. 내가 다 양보할게. 돈? 나 돈 필요 없어. 우리 아이들도 당신이 잘
키워주고, 나도 최대한 도울게. 애들 양육비도 많이 보내주고, 엄마가 필요한
일 있으면 내가 최대한 나설 거야. 절대 애들이 엄마 없는 기분 느끼게 안 할 거
야. 그 사람도 같은 생각이고... 그 사람도 당신과 우리 아이들에게 많이 미안
해하고 있어... 정말이야.”

B녀는 오랜 설득 끝에 결국 A남의 마음을 돌려놓을 수 있었다. 부부는 이
혼조정 절차에서 이혼을 하고 양육권을 A남이 가지며, 부부가 거주하는 아파트
소유권 등 부부 전체 재산의 약 70%를 A남이 갖는 것으로 합의하였고, 이러한
내용으로 조정이 성립되었다.

나. 꼭 알아둘 법률상식 : 유책배우자의 이혼소송 전략

1) 유책배우자의 이혼청구, 원칙적으로는 안 된다!

“제가 사랑하는 사람이 있어요. 이혼하고 그 사람이랑 결혼해서 살고 싶은
데 남편이 이혼은 절대로 안 해줄 거라고 하네요. 이혼할 수 있을까요?”

종종 바람을 피우고 있는 사람들이 이혼을 하고 싶다며 사무실을 찾아오는
경우가 있다. 유책배우자에 해당하는 이들이다. 잘못은 자기가 했으면서 오히
려 이혼을 원한다는 것이 뻔뻔하다고 생각할지 모르지만, 사실 이들에게도 나
름의 사정은 있다. 지금껏 내가 봐온 수많은 유책배우자들의 사정을 일일이 나
열할 수는 없겠지만, 이들이 항변하는 내용을 간단히 정리하면 이렇다. 자기가
잘못을 한 건 사실이지만, 그것과는 별개로, 이미 마음이 떠난 배우자와 억지

로 결혼생활을 유지하는 것은 서로에게 불행이라는 것이다. 이들의 말도 이해 못할 바는 아니다.

그러나 우리 법은 유책주의를 기본으로 하고 있기 때문에 원칙적으로 유책 배우자의 재판상 이혼청구를 허용하지 않는다. 설령 결혼생활이 파탄되었다 하더라도 유책배우자의 이혼청구는 받아들여지기 힘든 것이다. 대법원이 일찍이 유책배우자의 이혼청구를 불허하는 판결을 내린 이후, 이러한 기조는 계속하여 유지되어 왔다. 근래에 와서는 하급심에서 마치 파탄주의에 입각한 것과 같은 판결들이 나오기도 했지만, 최근 대법원은 유책배우자의 이혼청구를 기각하며 다시 한 번 유책주의를 천명하였다. 유책배우자의 이혼청구를 허용하면, 혼인파탄에 주된 책임이 있는 유책배우자에게 이혼이라는 법적 이익을 주는 반면, 피해자라고 할 수 있는 상대방 배우자에게는 일방적인 희생을 강요하게 되어 도덕성에 배치되고 신의성실에 원칙에 반하게 되는 결과를 가져오게 한다는 것이 그 이유다.

이러한 대법원 판례의 태도에 따르면, 바람을 피우거나 배우자를 유기하는 등의 유책행위를 한 자는 상대방 배우자에게 이혼 소송을 제기한다 하여도 특별한 사정이 없는 한 승소하기 어렵다.

2) 배우자를 설득하고 회유하라!

만약 당신이 유책배우자라면, 어떻게 이혼할 수 있을까? 위에서 설명하였듯이 법원은 유책배우자의 이혼 청구를 기각할 가능성이 높으므로, 가장 좋은 방법은 역시 법원의 판결 전 조정 및 소송 과정에서 이혼을 원치 않는 배우자를 설득하여 이혼에 합의하게 하는 것이다. 배우자가 이혼을 원하지 않아 협의이혼을 하지 못하고 이혼 소송까지 왔다고 해도, 배우자와 협의하는 것을 포기할 것은 아니다. 실제로, 이혼 소송 중에 이혼에 협의하여 소송을 취하하고 협의이혼에 이르는 경우나 소송 중 조정이 성립되어 이혼을 하는 경우가 종종 있다. 소송 중에도 얼마든지 배우자의 마음이 바뀔 여지가 있는 것이다.

그렇다면, 어떻게 배우자를 설득할 수 있을까?

첫째, 당신이 저지른 잘못에 대해 진심으로 사과하고 뉘우치는 모습을 보여주어야 한다. 당신이 배우자 아닌 사람을 사랑하고 있다면, 배우자는 당신이 그 사람과 행복하게 가정을 꾸리는 모습을 보는 것이 싫을 수밖에 없다. 실제로, 자신을 배신한 배우자가 다른 사람과 잘 사는 모습을 보기 싫다는 이유만으로 이혼을 해주지 않는 경우도 많다. 그러나 만약 당신이 배우자의 아픔을 진정으로 이해하고, 당신의 외도에 대해 사과하며 배우자에게 용서를 구한다면, 배우자의 마음도 달라질 수 있다. 무릎을 꿇든 반성문을 쓰든 어떠한 방법을 동원해서라도 배우자가 당신의 사과가 진심임을 믿게 만들어라.

둘째, 배우자의 행복을 위해서도 이혼이 최선의 선택이라는 것을 설명하여야 한다. 배우자는 언젠가 당신이 가정으로 돌아올 것이라 생각하고 이혼을 해주지 않는 것일지 모른다. 따라서 당신은 이미 배우자에게 마음이 떠났고, 다시는 예전과 같은 관계를 회복할 수 없기 때문에 법적으로 결혼생활을 유지해도 아무 의미가 없다는 점을 명확히 알려줄 필요가 있다. 허울뿐인 가정을 유지하는 것보다 이혼을 하고 새로운 출발을 하는 것이 서로에게 더 바람직한 일임을 알려준다면, 배우자도 이혼에 동의하게 될 가능성이 있다.

셋째, 배우자에게 충분한 경제적 보상을 해주어야 한다. 배우자가 당신과 이혼 후에 먹고 살길이 막막한 경우 등 경제적인 이유로 이혼을 원치 않는다면, 당신이 최대한 많은 재산을 분할하여주고, 다액의 위자료를 지급함으로써 배우자의 마음을 돌릴 수 있다. 배우자가 경제적인 이유로 이혼을 원치 않는 것이 아니라 하더라도, 당신이 진심어린 사과와 함께 충분한 경제적 보상을 해준다면 배우자는 당신의 성의를 인정하고 당신을 용서해줄지 모른다. 내 경험으로 판단컨대, 말뿐인 사과보다는 상당한 재산을 주고 높은 액수의 위자료를 지급한다고 약속함으로써 성의를 보이는 것이 배우자를 설득하는 데 효과적이다. 물론 무리해서 너무 많은 돈을 지급해서는 안 되겠지만, 이혼을 위해 경제적인 부분에서 어느 정도 희생과 양보를 하는 것이 필요하다 할 것이다.

넷째, 미성년 자녀가 있는 경우에는 자녀양육권을 포기하고 충분한 양육비를 지급하여 주기로 약속하는 것도 배우자를 설득할 수 있는 방법이다.

결국 양보할 것은 양보해주고 보상해줄 것은 보상해주면서 이혼 합의를 유도하는 것이 배우자 설득 전략의 핵심이다.

3) 유책배우자의 이혼 청구가 허용되는 예외적인 경우

유책배우자가 이혼 승소 판결을 받는 것이 항상 불가능한 것은 아니다. 우리 법원은 유책배우자의 재판상 이혼 청구를 원칙적으로 허용하지 않지만, 예외적으로 이혼 청구를 허용하는 경우가 있다.

유책배우자의 이혼 청구가 허용되는 경우를 유형별로 살펴보면, ① 상대방 배우자도 유책행위를 하여 부부 쌍방에게 모두 혼인파탄의 책임이 있는 경우, ② 이미 혼인파탄이 된 후 유책행위를 한 경우, ③ 상대방 배우자에게도 이혼의사가 인정되는 경우로 정리할 수 있다.

따라서 이혼청구를 하는 유책배우자 입장에서는 자신의 사례가 위와 같이 예외적으로 유책배우자의 이혼청구가 허용되는 경우에 해당되는지를 판단하고, 이에 해당된다면 이 부분을 적극적으로 주장, 증명하여 이혼 승소 판결을 받아내려 노력해야 한다.

a) 상대방 배우자에게도 혼인파탄의 책임이 있는 경우

부부 쌍방이 모두 혼인파탄에 책임이 있다면 그 일방의 이혼청구를 금지할 이유가 없기 때문에, 이러한 경우에는 유책배우자라 할지라도 이혼청구가 가능하다. 예컨대, 부부 쌍방이 비슷한 시기에 배우자 아닌 다른 사람과 바람을 피웠고, 이로 인하여 결혼생활이 파탄이 이르렀다면, 부부 쌍방에게 모두 혼인파탄에 책임이 있다. 따라서 부부 중 일방은 혼인파탄에 책임이 있는 유책배우자이지만, 재판상 이혼 청구를 할 수 있다.

다만, 이혼 청구를 하는 유책배우자(원고)의 혼인파탄의 책임이 상대방 배우자(피고)의 책임에 비하여 가볍거나 경중을 가리기 어려울 정도로 비슷한 경우에 한하여 원고의 이혼 청구가 허용되는 것이고, 부부 쌍방이 모두 책임이 있다고 해도 원고의 책임이 피고의 책임에 비해 현저히 큰 경우에는 이혼 청구는 허용될 수 없다.

b) 이미 혼인파탄이 된 후 유책행위를 한 경우

이미 다른 원인으로 결혼생활이 파탄된 이후에 유책행위를 한 경우에도 유책배우자의 이혼 청구가 받아들여질 수 있다. 이 경우는 유책배우자가 혼인을 파탄시킨 것이 아니기 때문에 이혼 청구를 허용하지 않을 이유가 없다.

예를 들어, 부부가 사실상 이혼에 합의하고 장기간 별거하던 중 남편이 다른 여자와 동거하였다고 하면, 남편은 이미 혼인이 파탄된 후 다른 여자와 동거한 것이므로 남편의 이혼 청구가 기각될 것은 아니다.

또한 배우자 일방의 유책행위로 이미 혼인파탄에 이른 후 다른 일방이 유책행위를 한 경우에도 마찬가지로 이혼 청구가 허용된다. 남편이 아내를 상습적으로 폭행하여 이를 참지 못한 아내가 집을 나와 별거하던 중 다른 남자와 살림을 차린 경우를 보자. 이 경우 아내가 이혼을 청구하였는데 남편이 아내가 부정행위를 한 유책배우자이기 때문에 청구가 기각되어야 한다고 항변한다면, 아내는 남편의 폭행으로 인해 이미 혼인관계가 파탄된 상태에서 다른 남자와 만난 것이기 때문에 이혼 청구가 허용되어야 한다고 반박할 수 있다.

c) 상대방 배우자에게도 이혼의사가 인정되는 경우

이혼소송의 피고인 상대방 배우자도 혼인생활을 계속할 의사가 없음이 객관적으로 명백한데도 불구하고, 오기傲氣나 보복적 감정에서 이혼에 응하지 않고 있을 뿐인 경우에도 유책배우자의 이혼청구가 허용된다. 쉽게 말해, 상대방 배우자가 '너랑 살고 싶은 마음은 없지만, 너 행복하게 사는 꼴은 절대 못 본다.' 식의 감정으로 이혼에 응하지 않는 경우를 말한다.

우리 대법원 판례는 아내(피고)가 오래 전부터 유책배우자인 남편(원고)에게는 신경을 쓰지 않고 사업에만 전념하였고, 원고를 무고죄 및 절도죄 등으로 고소하여 원고가 유죄판결을 받은 사실이 있으며, 이혼소송 변론기일에서 "피고로서는 원고와의 부부관계를 유지할 생각은 없으나 원고가 다른 사람과 결혼하지 못하게 하기 위하여 이혼할 수 없다."는 식으로 진술하였다면, 피고는 실제로는 원고와의 혼인을 계속할 의사가 전혀 없으면서도 오기나 보복적인 감정에서 표면상으로만 그 이혼을 거부하고 있는 것이라고 판단한 바 있다.

그러나 대법원은 상대방 배우자가 매달 생활비를 지급받되 유책배우자가 다른 사람과 동거하더라도 이의를 제기하지 않기로 합의서를 작성한 경우, 상대방 배우자가 조사기일이나 조정기일에서 이혼에 따른 위자료나 금전 청산에 관하여 자신이 제시하는 금액에 동의하면 유책배우자와 이혼하겠다고 진술한 경우, 유책배우자의 이혼청구에 대하여 상대방 배우자가 반소로 이혼을 청구하는 경우 등에는 이러한 사실만으로 상대방 배우자의 이혼의사가 객관적으로 명백하다고 볼 수 없다고 판시하였다. 이처럼, 법원은 상대방 배우자의 이혼의사를 엄격하게 판단하고 있다.

4장. 남편이 이혼소송을 제기했어요!

가. 이혼을 원하는 남편, 숨겨진 이유는?

"우리 이혼해."

어느 날 저녁 B녀는 남편 A남으로부터 청천벽력과 같은 얘기를 들었다. 문제없는 결혼생활을 하고 있다고 생각하던 B녀 입장에서는 도무지 영문을 모를 일이었다. 더군다나 부부는 결혼한 지 채 2년도 되지 않은 신혼이었다.

"그게 무슨 소리야? 이혼이라니?"

"말 그대로야. 갈라서자고."

A남의 말은 간단했다. 서로가 잘 맞지 않으니 이혼을 하자는 것이었다. B녀 입장에서는 어처구니가 없었다.

"왜? 왜 이혼을 하자는 거야?"

"우리 잘 안 맞아. 근본적인 가치관이 다른 것 같아."

"무슨 말이야?"

"당신 직장 문제도 그렇고, 여러 가지로."

"회사 문제? 그게 그렇게 큰 문제야? 그거 말고 또 뭐?"

"솔직히 그게 제일 크지."

최근 부부는 B녀의 직장 문제로 사소한 갈등을 겪고 있었다. B녀는 얼마 전 회사에서 지방발령을 받고나서 심각하게 퇴사를 고민하였다. 연고도 없는 곳에서 생활할 자신도 없고, 결혼한 지 얼마 되지도 않았는데 주말부부로 살기도 싫었던 것이다. 반면 A남은 적극적으로 B녀의 퇴사를 말렸다. 지방근무 때문에 다들 부러워하는 좋은 직장을 그만둘 이유가 없고, 현실적으로 B녀가 직장을 그만두면 A남 혼자의 수입으로 가계를 꾸려나가기 힘들다는 이유였다.

그러나 부부가 이 문제로 갈등을 겪은 것은 사실이나, 이혼을 생각할 만큼 심각한 것은 아니었다. 그렇기 때문에 B녀는 A남의 태도를 이해할 수 없었다.

"지저분하게 하지 말고 협의이혼하자."

"지저분? 이혼이라니, 이건 말도 안 돼… 당신이 나한테 어떻게 이럴 수가 있어? 내가 문제가 있으면 고치면 되잖아. 왜 이혼을 하자는 거야?"

"내 결심은 확고하니까 괜히 애쓰지 마."

B녀는 악몽 같은 밤을 보냈다. 다음날 회사에서도 계속 이혼 생각이 떠올라 업무에 집중을 할 수 없었다. 도대체 무엇이 문제일까? 남편은 무엇 때문에 이혼을 하자는 걸까? 회사 문제 때문일까? 단지 그 이유 때문에 이혼을? 회사를 그만두면 수입이 줄어들기 때문에 퇴사를 하면 안 된다. 그런데 내가 퇴사를 하려 든다. 그래서 이혼을 한다? 말도 안 된다는 생각이 들었다. 그러나 아무리 생각해봐도 부부 사이에 이것 말고 다른 문제는 없었다.

"잘 생각해봤어?"

B녀가 저녁에 퇴근을 하고 집에 들어오자, 먼저 집에 와서 TV를 보고 있던 A남이 물었다.

"잘 생각해봤어."

"그래?"

"이혼은 아닌 것 같아."

"좀 더 생각해봐."

"당신 말대로 내가 회사 그만두고 수입이 없어지는 게 싫다면, 다른 회사로 옮기면 돼. 그게 아니면, 그래, 자기가 정말 원한다면 지방근무 그거 받아들이고 계속 이 회사 다닐게."

"그런 문제가 아니야."

"그런 문제가 아니라고?"

"그래. 자기가 직장을 그만둔다는 게 문제가 아니라, 그렇게 쉽게 직장을 그만둘 생각을 하는 그 사고방식, 그런 중요한 일을 혼자 독단적으로 결정하려는 태도. 난 그게 싫다고."

B녀는 A남이 왜 이러는지 알 수가 없었다. 어쨌든 B녀는 A남의 마음을 돌리기 위해 회사를 그만두지 않고 지방근무를 시작했다. 그럼에도 A남의 마음은 달라지지 않았고, 지방에 있는 B녀에게 전화와 카카오톡 메시지로 계속 협의이혼을 종용하였다. 가뜩이나 지방생활에 외롭고 힘겨워하던 차에, A남이 몇 달째 계속 이런 태도로 일관하자, B녀도 지쳐갔고, A남에 대한 애정도 사라져갔다.

B녀가 계속 협의이혼을 거부하자 남편은 변호사를 선임하고 이혼소장을 낸다고 메시지를 보내왔고, 얼마 뒤 B녀의 집에 이혼소장이 송달되어 왔다. A남은 소장에서 B녀가 직장 일을 하며 가사노동을 소홀히 하고 A남을 무시하는 태도를 보이는 등의 문제로 부부 사이에 오랫동안 갈등이 있었고, A남의 만류에도 불구하고 B녀가 지방근무를 자처하여 지방에 내려가 부부가 별거를 하고 있으므로, '기타 혼인을 계속하기 어려운 중대한 사유'의 이혼사유가 있다는 취지로 주장하고 있었다. 소장을 읽어본 B녀는 너무 화가 나서 이성을 잃을 정도가 되었다. 이런 사람이랑 계속 혼인관계를 유지하느니 그냥 이혼을 해야겠다, 하는 생각이 들기도 했다.

"요새 무슨 고민 있어요?"

어느 날 점심식사시간에 회사동료가 B녀에게 물었다.

"별 일 아니에요."

"별 일 아니긴? 얼굴에 나 고민 많다, 이렇게 쓰여 있는데요? 왜? 서울에서만 있다가 지방근무하기가 어려워요?"

B녀는 다른 사람에게 이런 이야기를 하는 게 부끄러웠지만, 회사동료에게 그간 부부 간에 있었던 사정을 모두 털어놓았다.

"흠... 남편이 말하는 게 이해가 안 가는데? 회사를 그만두는 거 때문에, 아니 회사를 그만둘 생각을 하는 삶의 태도 때문에 이혼을 하겠다고?"

"그렇죠? 뭔가 이상해요."

"남편이 원래 그렇게 맞벌이에 대한 집착이 심했어? 둘이 같이 열심히 돈 벌어서 빨리 집 사고 싶거나 그런 목표가 있었던 거야?"

"전혀요. 작은 아파트지만 집도 시댁에서 마련해줬고, 남편도 좋은 직장 다니면서 돈 잘 벌고 있고요. 제가 직장 그만둔다고 형편이 어려워지거나 그런 건 아니에요. 더구나 전 지금도 회사 다니고 있잖아요. 그런데도 계속 이혼 요구를 하는데..."

"그렇다면... 뭔가 있네, 이거."

"뭔가 있다뇨?"

"아, 내가 이런 말을 해도 되나 모르겠는데요... 그냥 이건 내 개인적인 생각이니까, 참고만 해요. 왠지 자기 남편이 바람난 것 같아."

"네? 바람이요?"

"좀 이상하잖아. 딱 봐도 회사 문제는 핑계인 것 같고, 그거 외에 별다른 문제도 없었고. 그런데 이혼을 하자고 한다? 뭔가 다른 이유가 있을 것 같다는 생각이 들지 않아요?"

회사동료의 말이 맞았다. 알고 보니, A남은 과거에 교제하던 여자(C녀)가 있었고, B녀와 결혼한 후에도 종종 C녀와 만남을 가졌으며, 최근에는 C녀와 불륜관계를 갖게 된 것이었다. A남이 B녀에게 갑자기 이혼을 요구한 것도 B녀와 이혼을 하고 C녀와 결혼을 하기 위해서였다. B녀에게 했던 얘기는 모두 이혼을 위한 핑계에 불과했다.

이런 사실을 알게 되자 B녀는 A남에 대한 오만 정이 다 떨어졌다. 그러나 B녀는 소송에서는 '기타 혼인을 계속하기 어려운 중대한 사유'의 이혼사유가 존재하지 않고, A남이 부정행위를 저지른 유책배우자로서 이혼청구를 할 수 없다는 항변을 하였고, 예비적 반소反訴로 위자료 및 재산분할을 구했다. 이혼청구의 기각을 구하면서도, 이혼청구가 받아들 경우를 대비하여 예비적으로 위자료 및 재산분할청구를 한 것이다. 그러자 A남은 B녀에게 위자료로 2,000만 원, 재산분할로 A남 명의 아파트 가액의 1/2 해당하는 1억 5,000만 원 합계 총 1억 7,000만 원을 줄 테니 이혼을 해달라고 협상을 걸어왔다. 최종적으로 B녀는 이혼을 하고, A남이 B녀에게 위자료와 재산분할로 총 2억 원을 지급하는 것으로 A남과 합의를 하였고, 이러한 내용의 조정이 성립되었다.

나. 꼭 알아둘 법률상식 : 이혼소송을 당했을 경우의 대응방법

배우자에게 이혼소송을 당했다면, 특히 사전에 특별한 애기도 듣지 못한 상태에서 갑작스레 이혼소송을 당했다면, 너무나 당황스러울 것이다. 그러나 당황한다고만 해서 문제가 해결되는 것은 아니다. 서둘러 대책을 세워야 한다.

1) 가정을 지키고 싶다면?

a) 배우자를 설득하라

배우자가 재판상 이혼을 청구한 상황에서 가정을 지키려면, 배우자를 설득하거나, 배우자의 이혼청구를 기각하는 판결을 받아내어야 한다.

가장 이상적인 방법은 역시 배우자를 설득하여 이혼소송을 취하하게 만드는 것이다. 이 과정에서 배우자에 대한 원망과 분노는 사태를 더욱 악화시킬 뿐이므로, 이런 감정을 드러내는 것은 자제하여야 한다. 설령 배우자가 조정 및 재판 과정에서 당신에 대해 악의적인 진술을 한다 하더라도, 가정을 지키고 싶다면 배우자와 감정적으로 대립하여서는 안 된다. 최대한 차분하고 이성적인 태도로, 또한 부드러운 어조로 배우자를 설득하는 것이 필요하다.

당신이 외도를 하였거나 폭언, 폭행을 하는 등 배우자에게 잘못한 행동이 있으면 이에 대하여 진심으로 사과하고 앞으로는 실수를 되풀이하지 않겠다고 다짐해야 하며, 부부 사이가 소원하여 별거를 하고 있다면 당신이 최대한 노력하여 예전과 같은 좋은 관계를 회복하겠다는 식으로 배우자를 설득해야 한다. 간단히 말해서, 앞으로 잘하겠다는 얘기를 진심을 담아서 하라는 것이다.

이와 더불어 과거에 부부가 쌓았던 좋은 추억을 넌지시 꺼내는 것도 좋은 방법이다. 지금은 부부 사이가 좋지 않다 하더라도, 애초 부부가 사랑해서 결혼했던 게 아니던가? 서로가 함께 쌓은 아름다웠던 추억이 있기 마련이고, 배우자 역시 당신에 대해 어느 정도의 정은 갖고 있을 것이다. 따라서 당신이 과거의 행복하고 사이좋았던 시절을 상기시켜준다면, 배우자의 마음을 되돌릴 수도 있다.

또한, 자녀가 있다면, 부부의 이혼으로 인해 받을 자녀의 상처에 대해 이야기함으로써 배우자를 설득할 수도 있다. 배우자가 당신에 대한 애정이 식었다 하더라도 자녀에 대한 사랑은 여전할 것임이 분명하기 때문이다. 부모의 이혼으로 인하여 아이들이 고통을 받을 수 있다는 점을 이야기하면서, 자녀들을 위해서라도 이혼에 대해 다시 한 번 생각해보라고 부드럽게 이야기한다면, 배우자의 마음이 흔들릴지도 모른다. 배우자의 태도가 너무나 완고하다면, 최소한 자녀들이 성인이 될 때까지, 자녀들이 결혼을 할 때까지라도 생각할 시간을 갖자고 설득할 수도 있다. 실제로 많은 부부들이 이혼을 원하면서도 자녀 문제 때문에 이혼을 하지 않고 있다. "아이 때문에 참는다."라는 말이 괜히 있는 게 아니다.

b) 소송상 대응방법

배우자를 설득하는 것과는 별개로 소송에서의 대응 역시 철저해야 한다. 이혼소송을 제기한 배우자(원고)는 재판상 이혼사유의 존재를 주장할 것이므로, 피고인 당신이 해야 할 일은 재판상 이혼사유가 존재하지 않는다고 항변하는 것이다. 쉽게 말해, 배우자가 당신의 외도를 이유로 이혼청구를 하였다면 당신은 외도를 한 사실이 없다고 항변하고, 배우자가 사실상 혼인관계가 파탄되어 회복이 불가능하다고 주장하며 이혼청구를 하였다면, 당신은 결혼생활이 파탄되지 않았고 당신이 관계회복을 위해 노력하고 있다는 점을 보여주어야 한다. 그렇다고 해서 당신이 실제로 유책행위를 하였고 이를 증명할 증거가 명확한 상황에서 무턱대고 그런 유책행위를 부인하는 것은 재판부에게 좋지 않은 인상을 심어주고 배우자를 자극할 수도 있으니, 이러한 진술은 삼가는 것이 좋다. 이러한 상황에서는 오히려 당신의 잘못을 일부 인정하되, 현재 깊이 반성하고 있고 유책행위로 인해 악화된 부부 사이를 회복하기 위해 최선을 다하고 있다는 식으로 진술하는 편이 낫다.

이혼조정 및 소송 과정에서도 배우자에 대한 원망과 분노를 드러내는 진술을 해서는 안 된다. 예를 들어, 배우자가 당신의 유책행위로 인해 결혼생활이 파탄되었다는 이유로 이혼소송을 제기하였다고 가정하자. 이 상황에서 피고인 당신이 결혼생활이 파탄된 것은 다 원고(배우자) 때문이라면서 원고를 비난하고 원고에게 모든 책임을 돌리는 진술을 한다면, 재판부 입장에서는 부부의 결혼생활이 정말로 파탄되었다고 판단할 수 있다. 가정을 지키고 싶다면, 피고는 결혼생활을 유지하고 싶고 이를 위해 노력하고 있다는 점을 재판부에게 보여주는 편이 낫다.

한편 위에서 이미 설명하였듯이, 유책배우자의 재판상 이혼청구는 원칙적으로 금지되기 때문에, 만약 배우자가 유책행위를 한 사실이 있다면 이 부분을 지적하는 것도 이혼을 막는 방법이 될 수 있다. 물론 배우자가 유책행위를 한 적이 없는데도 거짓 주장을 해서는 안 된다. 이는 법원과 배우자를 기망欺罔하는 잘못된 행동일뿐더러, 배우자의 유책행위를 증명할 증거를 제시할 수도 없기 때문에 아무런 실효성도 없다. 설령 배우자가 실제로 유책행위를 하였다고 해도 이 부분을 지적하는 것은 재판부에게 혼인이 이미 파탄되었다는 심증을 줄 수 있고 또한 배우자의 감정을 건드리는 일이 될 수 있으니, 최대한 부드럽고 순화된 어조로 유책행위를 지적해야 한다. 예를 들어 이렇게 진술하는 편이 낫다, "원고가 과거 외도를 한 적이 있었으나, 피고는 이러한 사실에도 불구하고 원만한 혼인생활을 유지해나가려 노력해왔고 현재도 노력하고 있다." 배우자에게도 따로 '내가 당신의 유책행위를 지적한 것은 내가 이혼을 원하지 않고 당신과 계속 함께하기 위한 소송상 대응일 뿐이고, 그 일에 대해 당신에게 어떠한 원망도 없다.'라는 뜻을 밝히는 것이 좋다.

2) 그래, 이혼하자! 그래도 양보할 수 없는 것들

이혼소장을 받고 나서 배우자의 뜻대로 이혼을 하겠다고 마음먹는 경우도 많이 있다. 그러나 이런 경우라도 다투어야 할 문제는 남아 있다. 부부에게 미성년 자녀가 있다면 이혼조정 및 소송 과정에서 자녀의 친권자 및 양육자를 정해야 하고, 배우자가 이혼과 함께 재산분할 및 위자료 지급 청구도 하였다면 이에 대한 대응이 필요하다.

또한 이러한 수동적인 대응을 넘어, 이혼청구를 한 배우자(원고)에 대해서 반소를 제기하여 자녀양육권, 이혼 및 위자료, 재산분할 등을 적극적으로 구해야 할 경우도 있다.

위 사례의 B녀는 A남과 이혼하기로 마음을 먹었지만 소송과정에서는 A남의 이혼청구 기각을 구하며 예비적 반소로 위자료와 재산분할 청구를 하여 A남으로부터 상당한 재산을 받아올 수 있었다. 현명하게 대응해서 좋은 결과를 이끌어낸 것이다.

a) 자녀양육권

자녀 양육에 대한 사항은 부부가 합의하여 정할 수 있으므로, 이혼 후에 자녀를 양육하고 싶다면 배우자와 이러한 내용으로 합의를 하면 된다. 만약 부부 간에 양육 사항에 대한 합의가 이루어지지 않으면 법원이 양육자를 지정하게 되는데, 이때 법원이 고려하는 요소는 부모의 재산과 소득, 자녀의 연령, 자녀의 의사 등이다. 즉, 법원은 부모 중 누가 자녀를 양육하는 것이 자녀의 복리에 적합한지, 자녀는 부모 중 누구와 살고 싶어 하는지, 등을 살펴서 양육자를 지정하는 것이다. 따라서 당신이 양육자로 지정되기 위해서는 재산과 소득이 충분한 점, 자녀와 친밀한 관계를 유지하고 있다는 점, 현재 당신이 자녀를 양육하고 있고, 자녀도 계속해서 당신과 살고 싶어 한다는 점 등을 주장하고 증명해야 한다.

b) 위자료

배우자가 당신의 잘못으로 혼인이 파탄되었다고 주장하며 이혼과 함께 위자료 지급을 청구한다면 어떻게 대응해야 할까? 만약 배우자가 주장한 대로 당신이 유책행위를 하였다면, 이러한 사실 자체는 인정하되 배우자가 청구한 위자료 액수가 지나치게 높다고 하며 감액을 주장하여야 한다. 법원이 위자료 액수를 산정하는 기준은 혼인파탄의 원인과 책임 정도, 재산 상태, 혼인기간, 자녀 양육관계 등이기 때문에, 이러한 기준에 맞추어 감액을 주장하면 된다. 예를 들어, 당신의 외도를 이유로 배우자(원고)가 5,000만 원의 위자료를 청구했다면, 당신(피고)은 이런 식으로 주장하면 되는 것이다. "① 외도를 한 사실은 인정하지만, X녀와 한두 번 동침한 사실만 있을 뿐 진지한 관계를 가진 적이 없고, 평소에는 X녀와 연락도 하지 않았다는 점, ② 혼인기간이 2년에 불과하다는 점, ③ 피고의 재산이 1억여 원에 불과하다는 점, ④ 현재 피고가 자녀를 양육하고 있다는 점에 비추어 5,000만 원의 위자료는 지나치게 과다하므로 감액되어야 한다."

한편, 당신이 유책행위를 한 사실이 없다면, 배우자의 위자료 청구 자체가 이유 없다고 항변하면 된다. 또한, 오히려 위자료 지급을 청구한 배우자가 유책행위를 한 사실이 있다면, 배우자의 유책행위 때문에 결혼생활이 파탄되었다고 주장하면서 이혼 및 위자료 청구의 반소를 제기할 필요가 있다.

c) 재산분할

배우자가 재판상 이혼을 청구하면서 재산분할까지 함께 청구하였다면, 당신은 배우자가 주장하는 재산분할 대상 재산 및 재산분할 비율을 다투어 최대한 유리하게 재산분할이 이루어질 수 있도록 해야 한다.

재산분할의 대상이 되는 재산은 원칙적으로 부부의 공동재산에 한정되고, 부부 일방의 특유재산은 재산분할 대상이 아니다. 따라서 예컨대 배우자가 당신이 부모에게 증여받은 토지도 분할 대상으로 삼아 재산분할 청구를 하였다면, 당신은 위 토지는 부부 공동재산이 아니라 피고의 특유재산이므로 재산분할 대상이 아니라고 주장하면 된다.

재산분할 비율을 결정하는 가장 중요한 기준은 재산 형성에 대한 기여도다. 즉, 부부 양방이 각각 부부 공동재산 형성에 어느 정도 기여했는지에 따라 분할비율이 정해지는 것이다. 따라서 당신의 기여도가 배우자에 비해 높다고

주장하고 이를 증명할 증거를 제출함으로써, 유리한 비율로 재산분할이 이루어
지도록 해야 한다.

한편, 오히려 배우자로부터 받아야 할 재산이 있다면, 반소로 재산분할 청
구를 할 필요가 있다. 이 경우에도 마찬가지로 당신의 재산 형성에 대한 기여
도가 배우자의 기여도에 비해 높다고 주장하고 이를 증명할 증거를 제출함으로
써, 유리한 재산분할 비율을 이끌어내어야 한다.

d) 반소의 제기

만약 배우자가 이혼을 청구한 상황에서 당신이 오히려 배우자로부터 위자
료와 재산분할을 받고, 자녀의 양육자로 지정되기를 원한다면, 배우자에 대해
반소를 제기함으로써 이러한 점을 적극적으로 주장하여야 한다.

배우자(원고)가 당신(피고)에게 이혼소송을 제기한 것을 '본소本訴'라 한다. 이
러한 본소가 계속되는 중에 반대로 피고가 원고를 상대로 이혼을 구하는 소송
을 제기하면 이것을 '반소反訴'라고 한다. 예를 들어, 원고가 피고의 폭행과 폭언
등 부당한 대우로 인하여 혼인이 파탄되었다고 주장하며 재판상 이혼청구를 하
였을 때, 피고가 원고의 주장을 부정하며 오히려 원고의 외도로 인하여 혼인이
파탄되었으니 이혼을 구하는 것이 반소다.

본소가 인용되든 반소가 인용되든 어차피 부부는 이혼하게 되는 것이지만,
반소의 실익은 피고가 적극적으로 위자료, 재산분할 청구 등을 반소와 병합하
여 청구할 수 있다는 것이다. 위의 예를 다시 들어보자. 원고가 피고의 부당한
대우로 혼인이 파탄되었다며 이혼 및 위자료 지급 청구를 했을 때 피고가 원고
의 주장을 인정해버리면, 재판부는 원고와 피고는 이혼하고 피고는 원고에게
위자료를 지급하라는 판결을 내리게 된다. 그러나 피고가 반소를 통해 오히려

원고의 외도로 혼인이 파탄되었다는 이유로 이혼 및 위자료 청구의 반소를 제기하여 그 반소가 인용되면, 오히려 피고가 원고로부터 위자료를 지급받게 된다. 즉, 당신(피고)이 배우자(원고)로부터 위자료, 재산분할을 받고 싶다면 반소로 이혼청구를 하면서 위자료, 재산분할도 함께 청구하며 이 부분을 적극적으로 주장할 수 있는 것이다.

반소는 본소가 제기되어 계속되고 있는 법원에 반소장을 제출하는 방법으로 제기하며, 반소의 제기가 있으면 본소와 반소를 함께 심리하여 판결을 하게 된다. 반소장에서는 원고가 본소에서 주장하는 재판상 이혼사유 등을 반박하면서, 이혼소장과 마찬가지로 재판상 이혼사유의 존재에 대해 명확하고 구체적으로 기재하면 된다. 위자료, 재산분할 등을 병합하여 청구하는 경우에는 반소 청구취지 및 청구원인에 위자료, 재산분할 등에 대한 내용을 함께 기재하면 된다.

반소는 소송의 변론절차가 종결될 때까지 제기할 수 있다. 그런데 1심에서는 반소의 제기가 소송절차를 현저히 지연시키지 않는 한 자유로이 반소를 제기할 수 있지만, 2심에서는 상대방 배우자(원고)의 동의가 있어야만 반소의 제기가 가능하다. 그러므로 반소를 제기하려 한다면 1심 소송이 계속되고 있을 때 제기하는 것이 좋다.

한편 이혼을 원치 않지만 만약 원고의 이혼청구가 받아들여질 것을 대비하고 싶다면 예비적 반소를 하면 된다. 예비적 반소란, 원고의 본소 이혼청구가 인용됨을 전제로 위자료, 재산분할 등을 구하는 것이다. 앞서 들었던 사례의 B녀는 남편 A남의 이혼청구 기각을 구하면서도, 이혼청구가 받아들 경우를 대비하여 예비적으로 위자료 및 재산분할청구를 한 것이다. 예비적 반소를 하면, 원고의 이혼청구가 인용된 경우에 한하여 법원이 위자료, 재산분할 청구에 대하여 판단하며, 만약 원고의 이혼청구가 인용되지 않는 경우에는 예비적 반소로 구한 위자료, 재산분할 청구는 판단하지 않는다.

제6부
이혼소송도 결국 돈 싸움?

이런 말이 있다.

"님 이라는 글자에 점 하나 찍으면 남!"

그렇다, 안타까운 일이지만, 이혼을 하는 순간, 부부는 남이 된다. 어쨌거나 '남'과의 관계에서는 돈 계산을 확실히 하여야 한다. 혼인 중에는 네 돈 내 돈 구분이 없었지만, 이혼을 한다면 내 몫을 확실히 챙겨야 한다. 그것이 현실이다.

어떻게 하면 위자료를 많이 받아낼 수 있을까? 재산분할을 많이 받기 위한 방법은 무엇일까? 좀 심하게 단순화시켜서 말하자면, 이 부분이 이혼소송의 핵심이라고 볼 수도 있다.

최근 삼성그룹 내 삼성전기의 임우재 고문이 이부진 호텔신라 사장에 대하여 1조 원이 넘는 재산분할 및 위자료 청구소송을 제기하여 화제가 된 바 있다. 이들처럼 재벌까지는 아니어도 부부의 재산이 많다면, 이 중 내가 얼마의 재산을 가져올 수 있느냐 하는 것은 굉장히 중요한 문제다. 그야말로 '억' 소리 나는 게임이다.

어쩌면 이 게임에서 이기는 자가 이혼소송의 진정한 승자인지도 모른다.

1장. 불륜 남편과 내연녀, 둘 다 용서 못해!

가. 남편과 내연녀에게 위자료청구 소송 준비하는 신혼주부

결혼 2년차의 신혼부부 A남과 B녀는 서로 다른 성격 탓에 많은 갈등을 겪었다. 다툼의 가장 주된 원인은 A남이 가정에 소홀하고 밖으로만 돈다는 사실이었다. 사실 B녀는 결혼 전부터 A남의 자유분방한 라이프스타일이며, 술과 사람을 좋아하는 성격을 알고 있었지만, 결혼을 하면 달라질 줄 알았다. 그러나 B녀의 기대와는 달리, A남의 생활은 결혼 전과 하나도 달라지지 않았다. 퇴근 후에는 날마다 술이었고, 가끔은 골프와 낚시 등의 핑계를 대며 주말에도 밖으로 나돌았다.

이 때문에 A남과 B녀는 결혼 초기부터 부딪혔다.

"자기야, 우리 결혼했잖아. 당신 유부남이야. 집에 일찍 좀 들어와."

"알았어. 미안해."

"미안하면 일찍 들어와."

"오늘은 일이 있어서 어쩔 수 없었어. 고등학교 동창 생일이었단 말이야."

"오늘만 갖고 그러는 게 아니야. 늘 그러잖아."

"내가 언제 늘 그랬어? 당신, 진짜, 결혼한 지 얼마나 됐다고 벌써부터 잔소리야?"

"뭐? 당신은 이게 그냥 잔소리로 들려?"

"내가 미안하다고 했지? 그만 좀 하란 말이야."

부부의 다툼은 늘 이런 식이었다.

물론 부부가 항상 싸우기만 한 것은 아니었다. 티격태격 싸울 때도 있었지만, 사이가 좋을 때도 있었다. 그리고 1년여의 시간이 흐르면서, B녀도 A남의 생활습관에 대해 어느 정도 용인을 하게 되었다. 어쩌면 포기했다고 볼 수도 있었지만, 어쨌든 B녀는 A남의 생활에 대해 터치를 하지 않기로 했다.

그러던 어느 날 B녀는 이웃주민으로부터 충격적인 이야기를 듣게 된다.

"저기 새댁, 내가 할 말이 있는데... 사실 이런 얘기를 해야 하나 망설여지긴 하네..."

"네? 무슨 얘긴데 그래요? 말씀해보세요."

"어제 남편 늦게 들어왔지? 한 12시 반쯤?"

"어, 맞아요. 어떻게 아셨어요?"

"우리 애 요새 학원에서 새벽까지 특강하잖아. 어제 내가 우리 애 수업 끝나고 학원에서 데리고 오다가 주차장에서 자기 남편 봤어. 자기 남편이 차 조수석에서 내렸는데, 운전석에서는 웬 여자가 내리더라고."

"여자요...?"

"그래, 여자. 자기 남편이랑 그 여자랑 둘이 차에서 내려서 껴안고 그러더라고. 내가 있는지 모르고 그러는 것 같아가지고, 내가 민망해서 한동안 차에서 내리지도 못했다니까. 둘이 뭔가 있는 것 같아."

"에이, 설마요... 그럴 사람은 아니에요. 아닐 거예요."

B녀는 아닐 거라고 믿고 싶었지만, 하루 종일 불안한 마음이 들었다. B녀는 A남에게 할 말이 있으니 일찍 들어오라고 연락을 하고, A남이 퇴근하기만을 기다렸다.

"어제 밤에 누가 당신 봤다더라."

B녀는 퇴근해서 샤워를 마친 A남에게 물었다.

"누가?"

"7층 아주머니가 봤다네. 어제 누가 데려다줬어?"

"어?"

"누가 데려다줬냐고."

"아니."

"어떤 여자랑 같이 차타고 오는 거 봤다는데?"

"아, 대리야."

"대리?"

"대리기사야."

"여자도 대리기사를 해?"

"응. 여자 대리기사도 있어."

"대리기사라고?"

"네. 대리기사래요. 제 생각해서 말씀해주신 건 고마운데, 오해였어요."

다음날 B녀는 7층 아주머니를 만나 전날 남편한테 들은 얘기를 전해주었다.

"대리 아니야. 내가 그런 것도 구별 못할까봐?"

"어제 남편한테 물어보니 대리기사라고 하던데요."

"아니야, 정말. 자기 남편 차는 맞는데, 분위기가 대리기사가 아니었어. 행동을 보면 알지. 아! 내 차 블랙박스에 찍혔겠다. 한 번 확인해볼래?"

B녀는 아주머니에게 블랙박스 영상 파일을 전해 받아 영상을 보았다. 아주머니 말대로, 영상 속 남편 A남은 묘령의 여자와 포옹을 하고 여자의 볼에 입을 맞추는 등의 행동을 하고 있었다. 누가 봐도 연인 사이로 의심이 갈만한 행동이었다.

B녀는 일단은 남편에게 자신이 블랙박스 영상을 봤다는 사실을 알리지 않고, 정확한 사실관계를 파악해보기로 했다. 그녀는 A남의 구체적인 외도 증거

와 C녀의 인적사항을 확보하기 위해 노력하였다. 그 결과 A남과 C녀 사이에 주고받은 카카오톡 대화 사진, A남과 C녀가 다정하게 팔짱을 끼고 찍은 사진 등 증거를 입수하였고, C녀의 이름과 휴대전화번호도 알게 되었다. A녀가 C녀의 SNS 등을 통해 알아낸 바에 의하면, C녀는 A남의 직장 후배였다. 이 둘은 최소한 1년 전부터 불륜관계를 맺어오고 있었다. 어쩌면 A남과 B녀가 결혼한 직후부터 불륜관계였을 가능성도 있었다. 이런 생각이 들자, B녀는 남편 A남과 내연녀 C녀에 대한 분노가 치밀어 올랐다.

결국 B녀는 A남과 이혼을 하고, A남과 C녀에게 위자료 청구소송을 제기하기로 결심하였다.

나. 꼭 알아둘 법률상식 : 이혼위자료의 법리

1) 위자료의 의미

위자료란 유책배우자 또는 제3자가 결혼생활을 파탄에 이르게 하는 행위를 함으로써 상대방 배우자가 정신적 충격과 고통을 받은 경우, 이러한 정신적 손해에 대해 금전으로 배상하는 것을 말한다.

이혼을 하면 무조건 남편이 아내에게 위자료를 지급해야 하는 것으로 알고 있는 사람들도 있지만, 이는 잘못된 상식이다. 이혼 시 배우자에게 위자료를 청구할 수 있는 경우는 배우자가 혼인파탄을 불러오는 유책행위를 하였을 때로 한정된다. 즉, 부부 일방의 특별한 유책행위 없이 성격차이로 혼인이 파탄되었다면, 위자료를 청구할 사안이 아니다. 또한 부부가 동시에 외도를 한 경우와 같이, 부부 쌍방이 모두 유책행위를 하여 혼인이 파탄된 경우에도 부부 일방이 상대방에게 위자료 청구를 할 수 없다. 한편 위자료는 반드시 남편이 아내에게 지급하여야 하는 것이 아니라, 아내가 유책행위를 하였다면 오히려 남편이 아내에게 위자료를 청구할 수 있다. 예를 들어, 아내가 외도를 하여 혼인이 파탄된 경우, 이로 인해 정신적 고통을 받은 남편은 아내에게 위자료를 지급할 것을 청구할 수 있다.

위에서 든 사례의 경우, A남은 C녀와 부정행위를 저질러 혼인파탄을 불러왔고, 이 때문에 B녀가 정신적 고통을 입었다. 따라서 B녀는 A남에게 정신적 고통에 대한 위자료 지급을 청구할 수 있다.

유책배우자를 상대로 이혼 청구를 하는 경우엔 위자료 청구까지 함께 하는 경우가 대부분이다. 위 사례의 B녀 역시 유책배우자 A남을 상대로 이혼청구와 함께 위자료청구도 함께 하려고 하고 있다.

그러나 이혼청구와 동시에 위자료청구를 하지 않았다 하더라도, 이혼 후에 별도로 위자료청구소송을 제기할 수 있다. 또한 이혼소송까지 가지 않고 협의이혼을 하는 경우에도, 배우자의 유책행위가 있다면 배우자와 위자료 지급에 대해 합의하거나, 협의이혼 후에 배우자를 상대로 별도의 위자료청구소송을 제기하여 혼인파탄의 책임을 물을 수 있다.

2) 위자료, 배우자에게만 청구할 수 있다?

위자료는 배우자뿐만 아니라 혼인파탄에 책임이 있는 제3자에게도 청구할 수 있다.

예를 들어, 시어머니의 부당한 대우로 인하여 혼인이 파탄되었다면 시어머니에게 위자료를 청구할 수 있다. 남편이 다른 여자와 바람을 피워 혼인이 파탄되었다면, 아내는 남편에 대한 위자료청구 외에도 별도로 내연녀에게도 불법행위 책임을 물어 위자료청구를 할 수 있다. 이러한 소송은 소위 상간녀相姦女 위자료청구소송이라 불린다.

사례의 C녀는 A남과 불륜행위를 함으로써 A남과 B녀 부부의 혼인파탄을 불러왔으므로, B녀의 정신적 고통을 보상할 책임이 있다. 여기서 한 가지 생각해야할 점은, 만약 C녀가 A남이 유부남인 사실을 몰랐다면 C녀의 위자료 책임이 인정되지 않을 수 있다는 것이다. 혼인파탄에 대한 고의가 없기 때문이다. 실제로 상간녀 위자료청구소송에서 상간녀 측은 자신이 남자의 혼인사실을 몰랐다고 항변을 하는 경우가 많고, 상간녀가 혼인사실을 알았는지의 여부가 소송의 쟁점이 되곤 한다. 물론 사례의 C녀는 A남의 직장 후배로서, A남의 혼인사실을 알고 있었다고 보아야 한다. 따라서 B녀는 남편 A남뿐만 아니라, A남과 불륜행위를 한 C녀에게도 위자료를 청구할 권리가 있다.

3) 위자료 합의

위자료의 지급방식과 액수는 부부가 합의하여 정할 수 있다. 위자료 합의를 할 때에는 보통 위자료합의서를 2부 작성하여 부부가 각 서명과 날인을 하여 1부씩 나누어 갖는 방식을 취한다. 그래야 객관적으로 위자료 합의 사실을 증명할 수 있기 때문이다.

만약 사례의 A남과 B녀가 협의이혼을 하며 위자료 합의를 한다면, 아래와 같은 내용으로 위자료합의서를 작성하면 된다.

〈위자료합의서〉

1. A남과 B녀는 협의이혼을 하며 아래와 같은 내용으로 위자료 지급에 합의한다.
2. A남은 B녀에게 부정행위로 인한 위자료로 2017. OO. OO까지 금 2,000만 원을 지급하고, 만약 위 기일에 지급하지 않을 시에는 원금에 연 OO%의 이자를 가산한다.
3. B녀는 위 위자료 합의에 반하여 A남에게 위자료 청구를 하지 않는다.
4. A남과 B녀는 위자료 합의서 2부에 각 서명날인 후 1부씩을 소지한다.

A남 (인)
B녀 (인)

위자료에 합의할 때 가장 신경 써야 할 부분은 물론 위자료의 액수다. A남 입장에서는 너무 많은 금액으로 약정하면 안 되고, B녀로서는 반대로 너무 적은 금액으로 합의를 해서는 안 될 것이다. 일단 위자료 합의를 하고 나면, 이 합의에 반하는 내용을 주장할 수는 없기 때문이다.

다만, 협의이혼을 전제로 한 위자료 합의는 실제로 협의이혼이 이루어진 경우에 효력이 있는 것이고, 협의이혼을 하지 못하고 이혼소송이 진행될 경우에는 효력이 없다. 따라서 협의이혼을 하기로 하며 자신에게 너무 불리한 내용으로 위자료 합의를 한 경우에는 협의이혼을 하지 말고 이혼소송을 진행하거나, 시간이 흐른 후 다시 협의이혼을 하며 새롭게 위자료 합의를 하면 된다.

4) 위자료, 실제 얼마나 받을 수 있나?

a) 누구는 위자료로 몇 억을 받았다는데? (성격과 액수에 대한 오해)

이혼 위자료의 액수는 통상 1,000만 원 ~ 5,000만 원 사이에서 인정된다. 특별한 사정이 없는 한 5,000만 원을 초과하는 위자료가 인정되는 일은 드물다. 이혼 및 위자료청구 소송을 맡아 의뢰인과 대화하다 보면, 가끔 "누구는 위자료로 몇 억 받았던데, 왜 나는 이거밖에 받지 못한다는 거냐?"고 이야기하는 분들이 있는데, 실무상 위자료로 몇 억이 인정되는 경우는 사실상 없다고 봐야 한다. 물론 부부 간에 합의하여 고액의 위자료를 지급하기로 약정하는 것은 가능하나, 위자료를 지급할 의무 있는 부부 일방이 법에 대해 완전히 무지하지 않은 이상, 본인에게 불리한 고액의 위자료 지급을 약정하는 경우는 매우 드물다. 주변사람이 이혼을 하며 몇 억을 받았다면, 그 몇 억은 위자료가 아니라 재산분할 명목으로 받은 돈일 것이다.

재산분할은 부부가 이혼을 하면서 혼인기간 중에 부부가 공동으로 형성한 재산에 대해 청산하여 이를 분배하는 것으로, 유책배우자의 잘못으로 이혼에 이르게 된 상대방 배우자의 정신적 고통을 위로하는 위자료와는 전혀 성격이 다르다. 금액의 크기에 있어서도, 재산분할의 경우에는 부부 공동재산이 크다면 몇 억, 몇 십억도 받을 수 있으나, 위자료의 액수는 특별한 사정이 없는 한 많아야 5,000만 원 정도에 불과하다. 따라서 이혼소송 실무에서는, 부부의 공동재산이 많은 경우라면 위자료보다는 재산분할에 집중하는 경우가 많다.

b) 위자료 액수 산정 기준

위자료청구소송에서, 위자료를 얼마로 정하는지는 법원의 재량에 맡겨져 있다.

법원이 위자료를 산정하는 기준으로 삼고 있는 것은 ① 유책배우자가 유책행위에 이르게 된 경위와 유책의 정도, ② 상대방 배우자에게 과실이 있는지의 여부 및 그 과실의 정도, ③ 혼인이 파탄되게 된 경위, ④ 혼인기간, ⑤ 상대방 배우자의 연령, ⑥ 재산상태, ⑦ 부부에게 자녀가 있는지 여부, ⑧ 상대방 배우자가 겪은 정신적 고통의 정도 등이다.

실무적으로, 이 중 가장 중요한 요소는 혼인기간이다. 특별한 사정이 없는 한 혼인이 오래 지속된 경우일수록 위자료 액수가 높게 산정되곤 한다. 혼인기간이 길면 길수록 혼인파탄으로 인한 정신적 고통이 크다는 의미이리라. 이러한 점에 비추어 보면, 위 사례의 B녀는 혼인기간이 2년여에 불과하여 아주 높은 액수의 위자료를 받아내기는 힘든 상황이다. 약 1,000만 원~2,000만 원 정도의 위자료를 받게 될 가능성이 높다.

물론 혼인기간이 위자료 액수 산정의 절대적인 기준으로 작용하는 것은 아니다. 또한 위자료청구를 하고자 하는 사람 입장에서 보면, 혼인기간은 컨트롤할 수 있는 부분이 아니다. 임의로 혼인기간을 늘릴 방법은 없다. 그렇기 때문에 위자료를 많이 받고자 한다면, 오히려 혼인기간보다는 다른 부분을 강조할 필요가 있다.

즉, 위자료를 청구하는 자(원고) 입장에서는, 피고(유책배우자)의 유책행위가 빈번하고 그 정도가 심하여 이로 인하여 혼인이 파탄되었다는 점, 원고는 혼인파탄에 대한 책임이 없다는 점, 피고의 유책행위로 인해 원고가 심각한 충격과 고통을 받았다는 점 등을 적극 주장하여야 최대한 많은 위자료를 받을 수 있다. 이와 더불어 피고에게 재산이 많다거나 소득이 높은 경우엔, 피고가 경제적으로 여유로워 고액의 위자료를 부담할 능력이 있다는 점을 강조하는 것도 필요하다.

5) 위자료를 청구할 수 있는 기간

유책배우자 또는 제3자를 상대로 위자료를 청구할 수 있는 기간은 유책행위를 알게 된 날로부터 3년, 유책행위가 있었던 날로부터 10년간이다. 이 기간을 넘으면 위자료 청구권은 시효로 소멸하여 더 이상 위자료를 청구할 수 없다.

위 사례의 경우처럼 재판상 이혼청구를 하며 위자료청구까지 함께 하는 경우에는, 소멸시효와 관련하여 특별히 문제될 일은 없다.

그러나 만약 협의이혼을 하면서 위자료 지급에 대하여 합의를 하지 않았을 경우에는 위자료청구권 행사기간을 놓칠 수가 있다. 따라서 가능하면 협의이혼을 할 때 위자료에 대한 합의를 동시에 하는 것이 좋고, 위자료에 대한 합의 없이 협의이혼을 하였다면 위자료 청구권 행사기간이 경과하기 전에 서둘러 위자료청구 소송을 제기하도록 하여야 한다.

2장. 10년 넘게 남편 뒷바라지, 내 몫은 챙기고 싶다!

가. 내가 한 게 뭐가 있냐고?

최근 사업가 A남과 가정주부 B녀 부부는 10여 년 간의 결혼생활을 정리하고 이혼을 하기로 합의를 보았다. 부부는 자녀교육관, 종교, 성격, 생활태도 등이 판이하게 달라 불행한 결혼생활을 계속하고 있었고, 더 이상 이를 참지 못한 B녀는 A남에게 이혼 얘기를 꺼냈다. A남도 부부가 잘 맞지 않는다는 것은 인정하였지만, 그래도 이혼을 하는 것에 대해서는 두려움과 거부감을 가졌다.

부부가 함께 살아온 시간이 길었던 만큼 이혼에 합의하는 과정이 마냥 순조로울 수는 없었다. 그러나 부부는 충분히 대화를 나눈 끝에, 이혼을 하고 새로운 출발을 하는 것이 서로에게 좋은 일이 된다고 의견을 일치시킬 수 있었다.

"이거 읽어보고 서명해줘."
"이게 뭐야?"
"이혼합의서. 법무사 하는 친구가 도와줘서 작성한 거야. 내가 알아보니까, 이혼할 때 합의서를 미리 작성해놓지 않으면 나중에 괜히 분란이 일어나겠더라고."

B녀는 A남에게서 이혼합의서를 건네받아 천천히 내용을 읽어보았다.

〈협의이혼합의서〉

1. A남과 B녀는 진정한 의사로 이혼하기로 하며, 이혼 후의 자녀 양육 및
   재산분할에 대하여 아래와 같이 합의한다.
2. A남과 B녀 슬하 자녀 ○○○의 친권자 및 양육자로 B녀를 지정한다.
3. A남은 매주 첫째 주 및 둘째 주 일요일 오전 9시부터 오후 6시까지 딸 ○○○과
   A남의 집, 혹은 A남과 B녀가 협의한 장소에서 면접교섭 할 수 있다.
4. A남은 B녀에게 ○○○의 양육비로 ○○○이 성년이 될 때까지 매월 20일
   150만 원씩을 지급한다.
5. A남 명의의 서울 서초구 ○○로 ○○○길 ○○아파트 ○○○동 ○○○○호의
   소유권(15억 원)은 이혼 후 A남에게 귀속하는 것으로 한다.
6. A남 명의의 서울 마포구 ○○로 ○○○길 ○○아파트 ○○○동 ○○○○호의
   소유권(10억 원)은 이혼 후 A남에게 귀속하는 것으로 하고, 위 아파트를
   담보로 한 ○○은행에 대한 A남 명의의 채무(3억 원)도 A남에게 귀속하는
   것으로 한다.
7. A남 명의의 ○○루○○○○ 렉서스 자동차 소유권(7,000만 원)은 이혼 후
   A남에게 귀속하는 것으로 한다.
8. A남과 B녀 공동명의인 경기 하남시 ○○로 ○○○길 토지 ○○○㎡
   소유권(10억 원)은 이혼 후 A남에게 귀속하는 것으로 한다.
9. B녀 명의의 서울 강남구 ○○로 ○○○길 ○○아파트 ○○○동 ○○○○호에 대한
   임대차보증금반환채권(7억 원)은 이혼 후 B녀에게 귀속하는 것으로 한다.
10. B녀 명의의 ○○조○○○○ 그랜저 자동차 소유권(3,000만 원)은 이혼 후
   B녀에게 귀속하는 것으로 한다.

11. A남과 B녀는 위 1.항~10.항 합의에 반하여 양육권, 양육비,
   재산분할청구를 하지 아니한다.
12. A남과 B녀는 합의서 2부에 서명날인 후 1부씩 나누어 갖는다.

A남 (인)
B녀 (인)

B녀는 어이가 없었다. A남이 작성한 합의서 중 재산분할에 대한 합의내용을 보면, 거의 모든 재산을 다 A남이 가져가는 것이었기 때문이다.

부부의 전체 재산목록과 가액을 정리하면 다음과 같다.

재산목록 및 가액

  - 적극재산

1. A남 명의 서울 서초구 OO로 OOO길 OO아파트 OOO동 OOOO호 (15억 원)
2. A남 명의 서울 마포구 OO로 OOO길 OO아파트 OOO동 OOOO호 (10억 원)
3. A남 명의 OO루OOOO 렉서스 자동차 (7,000만 원)
4. A남과 B녀 공동명의 경기 하남시 OO로 OOO길 토지 OOO㎡ (10억 원)
5. B녀 명의 서울 강남구 OO로 OOO길 OO아파트 OOO동 OOOO호에 대한
   임대차보증금반환채권 (7억 원)
6. B녀 명의 OO조OOOO 그랜저 자동차 (3,000만 원)

-소극재산(채무)

1. 서울 마포구 OO로 OOO길 OO아파트 OOO동 OOOO호 아파트를 담보로
   한 A남의 OO은행에 대한 채무 (3억 원)

[순 재산 총 40억 원(43억-3억)]

그런데 위와 같이 총 40억 원에 달하는 재산 중에서 B녀가 받게 되는 것은, 현재 부부가 살고 있는 강남구 아파트에 대한 전세금(7억 원)과 B녀가 운행하고 있는 그랜저 자동차(3,000만 원)가 전부였다. 반면, A남이 갖게 되는 재산은 서초구 아파트(15억 원), 마포구 아파트(담보채무 3억 원을 제외한 가액 7억 원), 렉서스 자동차(7,000만 원), 하남시 토지(10억 원) 등 총 36억 원에 달했다. 즉, A남은 부부공동재산 40억 원 중 약 82%에 해당하는 32억 7,000만 원을, B녀는 약 18%에 해당하는 7억 3,000만 원을 갖게 되는 내용이었다.

"이게 말이 돼? 왜 모든 재산을 다 당신이 가져가는 거야?"

B녀는 A남에게 이렇게 말하며 따졌다. 그러자 A남은 코웃음을 쳤다.

"당신이 한 게 뭐가 있어?"

"뭐? 내가 한 게 없다는 거야?"

"당신이 돈 번 게 있냐고. 다 내 돈이잖아. 지금 살고 있는 전셋집이랑 자동차 가져가면 많이 가져가는 거 아니야?"

"지난 10년 간 당신 내조하고 아이 키운 거는?"

"그 값으로 전셋집이랑 자동차 주는 거야."

B녀는 울컥하는 마음이 들었다. 비록 이제 이혼을 앞두고 있다고 해도, 10년 동안 뒷바라지한 남편에게서 이런 소리를 들으니 너무나 억울하고 화가 났다.

"이 정도면 당신이 지금까지 우리 가정을 위해 해준 몫으로 충분하잖아? 애 키우는 데 무리가 있는 것도 아니고. 나중에 아이 대학 등록금이나 큰 돈 들어갈 거는 내가 다 낼게. 그럼 됐지?"

A남이 이렇게 이야기를 하자, B녀는 끝내 참지 못하고 눈물을 쏟고 말았다. A남은 예상치 못한 B녀의 반응에 놀라서 B녀를 달래주었지만, 재산분할의 내용에 대해서는 끝까지 양보를 하지 않았다.

A남은 서초구 아파트는 A남이 2007년에 어머니가 돌아가시면서 상속받은 특유재산이고, 마포구 아파트는 A남이 결혼하기 전부터 갖고 있던 특유재산이기 때문에 B녀가 재산분할 받을 수 있는 재산이 아니라고 설명하였다.

"아까 당신이 한 게 뭐가 있냐는 말은 미안해. 당신이 한 게 없다는 게 아니라, 법적으로 특유재산은 원래 재산분할이 안 되는 거야."

"특유재산...?"

"그래. 그러니까 특유재산이라는 건 말이야, 개인의 재산이라고 보면 되는 거야. 쉽게 말해서, 그 아파트 두 채는 우리 부부 재산이 아니라 내 개인 재산이라고. 이건 재산분할이 안 되는 거야. 그러면 남은 재산은 하남 땅이랑 우리가 지금 살고 있는 전셋집이 다잖아. 이걸 반으로 나누는 거야. 당신 입장에서야 하남 땅보다는 지금 집 전세금을 갖고 계속 여기서 사는 게 나을 거 아니야. 자동차야 각자 그대로 가지면 되는 거고."

"법적으로 그렇다는 거야?"

"그래. 내가 다 알아봤고, 법적으로 당신이 받을 수 있는 재산은 이 정도니까, 서명하는 게 좋을 거야. 괜히 소송까지 가고 그러면 당신이나 나나 힘들어져."

결국 B녀는 눈물을 머금고 합의서에 서명을 할 수밖에 없었다.

며칠 후 B녀는 A남과 함께 가정법원에 가서 협의이혼의사 확인신청을 하였다. 막상 이혼신청을 하고 보니 헛헛한 마음이 든 B녀는, 동네 커피숍으로 친구를 불러내었다. B녀는 친구에게 남편과 이혼하게 된 사실을 말해주었다. 친

구는 B녀를 위로하고 격려해주었다. B녀는 기분이 조금은 나아진 기분이 들었
다.

"그런데, 돈은 많이 받기로 했어?"

친구가 물었다.

"아니야. 지금 전셋집이랑 내 자동차만 받기로 했어."

"뭐? 네가 받는 게 겨우 전세금이랑 자동차가 다라고? 너희 부부 재산이
얼마인데 그거밖에?"

친구가 놀란 듯이 물었다.

"아파트 두 채 있는 거는 특유재산이라나? 그래서 못 받는다고 하고… 그
리고 돈은 다 남편이 벌었으니까, 내가 재산을 많이 가져갈 수가 없나봐."

"글쎄, 나야 잘 모르지만, 그거 확실한 얘기야?"

"남편이 그렇게 얘기했어. 법적으로 그렇다고."

"그건 남편 얘기고. 너도 확실하게 알아봐야지!"

B녀는 아차 싶었다. 남편의 말만 듣고 성급하게 결정해서는 안 되었다는
생각이 그제야 들었다. 그래서 B녀는 친구의 조언대로 재산분할에 대한 정보를
알아보았다. 인터넷 검색도 하였고, 전화를 통하여 이혼변호사와 상담도 하였
다. 그 결과 B녀는 자신이 굉장히 불리한 내용으로 재산분할 합의를 하였음을
알게 되었다. A남이 B녀에게 합의서를 내밀며 했던 말들이 전적으로 틀린 것
은 아니었지만, 기본적으로 A남 자신에게 유리한 방향으로 해석한 것이었으며,
그에 따라 합의서가 작성되었던 것이다. 예컨대, A남은 "당신이 한 게 뭐가 있
어?"라는 식으로 말했지만, 가사노동도 충분히 재산에 대한 기여로 인정이 되
어 재산분할에 대한 고려요소가 되는 것이었다. 또한, 특유재산은 원칙적으로
재산분할 대상이 아니나, 예외적으로 재산분할이 되는 때가 있었다. 서울 서초
구 아파트와 마포구 아파트는 A남의 특유재산이지만, B녀가 재산분할을 청구
할 수 있는 예외적인 경우에 해당된다고 볼 수 있었다. 그런데 A남은 이러한 점
에 대해서는 전혀 이야기해주지 않았던 것이다.

"합의서 다시 써. 알아보니까, 내가 너무 불리한 내용이더라."

B녀는 자신이 알게 된 재산분할에 대한 정보를 A남에게 이야기해주고, 다시 재산분할 합의를 하자고 요구하였다.

"저번에 내가 받기로 했던 전세금이랑 자동차에 더해서, 하남 땅을 나한테 줘. 아니면 현금으로 10억 원을 더 주던가."

그러나 A남은 코웃음을 치며 B녀의 요구를 거절하였다.

"그건 당신 생각이고. 이미 합의 다 끝났는데 그걸 뒤집을 수 없어."

"왜 뒤집을 수가 없어? 당사자인 내가 다시 하자는데!"

"당신이 합의서에 서명했잖아. 그걸로 끝난 거야."

"말도 안 되는 소리하지 마! 당신이 이렇게 나오면 소송할 거야."

"이 사람이, 합의 다 해놓고 나서 갑자기 왜 이러는 거야? 소송? 나한테 소송을 건다고?"

"그래! 내가 못할 것 같아? 소송하자, 소송해!"

결국 A남과 B녀는 재산분할에 대해서 합의를 이루지 못하였다. 현재 B녀는 이혼 및 재산분할청구소송을 준비 중이다.

나. 꼭 알아둘 법률상식 : 재산분할, 어떻게 정해지나?

1) 재산분할의 의미

재산분할이란 부부가 이혼을 하면서 결혼생활 중에 함께 형성한 재산을 나누어 갖는 것이다. 즉, 재산분할은 기본적으로 부부의 공동재산을 청산한다는 성격이 강하다. 그러나 반드시 공동재산 청산의 성격만을 가지는 것은 아니고, 이혼 후에 경제적으로 곤궁한 처지에 빠지게 될 수 있는 부부 일방에 대한 부양의 성격도 보충적으로 갖고 있다. 앞서 들었던 사례의 부부가 이혼을 하며 재산분할을 하는 경우, 이는 A남과 B녀가 공동재산을 청산하는 성격을 주로 갖는 것이지만, 이혼 후 곤궁한 처지에 처할 수 있는 가정주부 B녀에 대한 부양의 성격도 보충적으로 갖는다는 얘기다.

부부가 이혼을 하면 부부 일방은 상대방에 대하여 혼인기간 중 공동으로 모은 재산을 분할할 것을 청구할 권리가 있으며, 이를 재산분할청구권이라 한다. 이러한 재산분할청구권은 이혼소송을 통해 이혼하는 경우는 물론이고, 협의이혼을 하는 경우에도 당연히 인정되는 권리이다.

부부의 공동재산을 어떻게 분할할 것인지는 1차적으로 부부가 합의에 의하여 결정할 사안이다. 그러나 합의가 이루어지지 않으면 법원에 재산분할심판을 청구함으로써 재산분할을 할 수 있다. 이혼소송을 제기할 경우 통상 재산분할청구도 함께 하는 것이 일반적이나, 재산분할청구 없이 이혼소송만을 제기하여 이혼판결이 나온 경우에도, 이혼 후에 재산분할청구를 할 수 있다. 또한 재산분할에 대한 합의 없이 협의이혼을 한 경우에도 이혼 후에 재산분할을 청구를 할 수 있다.

2) 유책배우자도 재산분할을 청구할 수 있나?

재산분할은 부부 공동재산의 청산으로서 이루어지는 것이므로, 누구의 잘못으로 혼인이 파탄되었는지 여부와는 무관한 것이다. 혼인파탄의 책임이 누구에게 있는지에 관계없이 부부 일방은 상대방에게 재산분할을 청구할 권리가 있다. 따라서 혼인파탄에 책임이 있는 유책배우자라 할지라도, 상대방에게 재산분할을 청구할 수 있다.

3) 재산분할 대상이 되는 재산

a) 부부가 공동으로 형성한 재산은 재산분할 대상이 된다

재산분할이란 부부가 공동으로 형성한 재산을 나누는 것이기 때문에, 부부가 결혼생활을 하며 함께 형성한 재산은 당연히 재산분할의 대상이 된다. 예를 들어, 부부가 맞벌이를 하며 모은 돈으로 아파트를 구매했다면 이는 이혼 시에 분할하여야 하는 재산이다. 가정주부의 경우도 직접적인 경제활동을 하는 것은 아니지만 육아와 가사활동으로 남편의 경제활동을 내조하였다면, 이로써 재산 형성 및 유지에 기여한 것으로 인정된다. 따라서 아내는 가정주부이고, 남편이 외벌이를 하며 모은 돈으로 아파트를 구매하였다 하더라도, 이 아파트는 부부가 공동으로 형성한 재산으로서 재산분할 대상이 된다.

사례의 A남은 가정주부인 B녀가 부부 공동재산 형성에 기여한 바가 없다고 주장하지만, B녀는 아이를 양육하고 가사를 전담함으로써 A남의 경제활동을 내조한 것이기 때문에 재산 형성에 대해 기여했다고 보아야 한다. 그렇다면, 부부가 혼인 중에 취득한 렉서스 자동차, 경기 하남시 토지, 서울 강남구 아파트 임대차보증금, 그랜저 자동차는 모두 A남과 B녀의 공동재산으로서 재산분할 대상이 된다고 볼 수 있다.

b) 누구 명의로 되어 있는지는 중요하지 않다

부부의 공동명의가 아니라 부부 일방의 명의로 되어 있는 재산도 부부가 혼인기간 중에 협력하여 공동으로 형성한 것이라면 당연히 재산분할 대상이 된다.

또한 제3자 명의의 재산이라 하더라도, 부부 일방에 의하여 명의신탁된 것이거나 부부 일방이 실질적으로 지배하고 있는 것이고 부부 쌍방의 협력에 의하여 형성된 재산이라면, 재산분할의 대상이 된다. 예를 들어, 부부가 함께 모은 돈으로 아파트를 구매하였는데 명의를 시어머니로 한 경우, 이 아파트는 부부의 공동재산으로서 재산분할 대상이다.

즉, 실질적으로 부부의 공동재산이라면, 누구의 명의로 되어 있느냐는 문제가 되지 않는다.

c) 부부 일방 개인의 특유재산은 원칙적으로 재산분할의 대상이 되지 않는다

결혼 전부터 부부가 각자 소유하고 있던 재산, 또는 결혼 후에 취득한 것이기는 하나 부부 일방이 부모 등으로부터 상속받거나 증여받은 재산을 특유재산이라 한다. 이러한 특유재산은 부부가 공동으로 협력하여 형성한 부부공동재산이 아니기 때문에 원칙적으로 재산분할의 대상이 되지 않는다. 그러나 부부 일방의 특유재산이라 할지라도, 다른 일방이 적극적으로 그 특유재산의 유지에 협력하여 그 감소를 방지하거나 증식에 협력함으로써 재산의 보존, 유지, 증가를 위해 기여한 바가 있다면 재산분할 대상이 된다.

위의 사례를 다시 생각해보자. 부부의 재산 중 서초구 아파트는 A남이 2007년에 어머니가 돌아가시면서 상속받은 것이고, 마포구 아파트는 A남이 혼인 전부터 갖고 있던 재산이다. 그렇다면 서초구 아파트와 마포구 아파는 부부의 공동재산이 아니라 A남의 특유재산인 것이다. 그러나 B녀는 혼인기간동안 가사, 육아를 전담하며 A남을 내조함으로써, 위 아파트들의 가치 감소를 방지하였거나 가치 증식에 기여했다고 인정된다. 따라서 위 아파트들은 비록 A남의 특유재산이지만 재산분할 대상에 포함될 여지가 있다.

실무적으로 보면, 보통 혼인기간이 1~2년 정도로 짧은 경우 특유재산은 재산분할의 대상으로 포함시키지 않는다. 반대로 혼인기간이 3~5년 이상으로 긴 경우는 부부 일방의 특유재산도 재산분할의 대상으로 포함시켜 다른 일방의 기여도에 따라 특유재산의 가치 감소 방지분 또는 가치 증가분에 대한 권리를 인정해주는 경우가 많다. 따라서 혼인기간이 어느 정도 장기인 경우에는 상대방 배우자의 특유재산이라 할지라도 재산분할 받기를 미리 포기하지 말고, 특유재산에 대한 재산분할을 청구하여 특유재산의 보존, 유지, 증가에 기여하였다는 점을 적극적으로 주장, 증명하도록 하여야 한다. 위 사례에서 B녀의 경우, 혼인기간이 10년이 넘었으므로, A남의 특유재산인 서초구 아파트와 마포구 아파트에 대한 재산분할청구권이 인정될 여지가 크다.

d) 퇴직금도 재산분할 대상인가?

이혼 당시 부부 일방이 이미 수령한 퇴직금은 당연히 재산분할의 대상이 된다. 퇴직금을 수령하기 위해서는 직장에서 일정기간 근무할 것이 요구되는 것이기 때문에, 부부 일방의 직장 근무에 대하여 상대방 배우자가 협력한 것으로 인정된다면, 부부 일방이 받은 퇴직금은 부부가 공동으로 협력하여 형성한 재산이 되는 것이다.

만약 이혼 당시에 부부 일방이 아직 퇴직을 하지 않고 직장에 재직 중어어서 아직 퇴직금을 받지 않은 경우에도 퇴직금이 재산분할 대상이 될 수 있다. 이런 경우에는 이혼 당시 시점(이혼소송 사실심 변론종결 시)에 퇴직할 경우 수령할 수 있을 것으로 예상되는 퇴직금 상당액이 재산분할 대상이 된다.

만약 배우자가 직장생활을 하고 있다면, 현재 퇴직을 하였든 아직 직장에 다니고 있든, 재산분할 청구 시에 퇴직금을 재산분할 대상에 포함시켜야 한다.

e) 빚도 나눠야 한다고?

　　부부 일방이 제3자에 대하여 부담하는 채무는 원칙적으로 이혼 시 재산분할의 대상이 되는 것이 아니다. 그러나 이 채무가 부부 공동재산 형성을 위해 부담하게 된 것이거나 부부의 일상가사를 위해 부담하게 된 것이라면, 재산분할 대상이 될 수 있다. 예를 들어보자. 부부가 함께 살 집을 마련하기 위해 남편이 주택담보 대출을 받은 경우, 부부의 생활용품이나 육아용품 구입 등을 위해 아내가 대출을 받은 경우, 이러한 채무는 재산분할 대상이 된다. 이렇게 채무가 재산분할 대상이 되는 경우에는 재산분할 대상인 적극재산에서 채무를 공제하게 된다. 위 사례의 경우 부부는 총 43억 원의 적극재산과 함께 3억 원의 채무를 갖고 있다. 그렇다면, 적극재산 43억 원에서 채무 3억 원을 공제한 40억 원을 부부가 나누어 갖게 되는 것이다.

　　그런데 만약 부부의 적극재산보다 소극재산(빚)이 더 많은 경우, 부부 일방이 상대방에 대하여 부부의 채무를 분할하자는 재산분할 청구를 할 수 있을까? 이에 대하여 우리 법원은 "소극재산의 총액이 적극재산의 총액을 초과하여 재산분할을 한 결과가 결국 채무의 분담을 정하는 것이 되는 경우에도 법원은 그 채무의 성질, 채권자와의 관계, 물적 담보의 존부 등 일체의 사정을 참작하여 이를 분담하게 하는 것이 적합하다고 인정되면 그 구체적인 분담의 방법 등을 정하여 재산분할 청구를 받아들일 수 있다 할 것이다."라고 판시하여, 채무를 분할하자는 취지의 재산분할 청구가 가능함을 밝힌바 있다. 부부가 공동생활을 위한 목적으로 빚을 졌다면, 이혼 시에 이러한 빚도 부부 양방이 나누어 부담하게 되는 것이다.

f) 재산분할 대상 재산 및 가액 산정의 기준시기

　　부부의 공동재산 및 그 재산의 가액은 이를 산정하는 시기에 따라 차이가 있을 수 있기 때문에, 재산분할 대상 재산 및 가액을 산정하는 기준 시기를 언제로 보느냐가 문제된다. 판례에 따르면, 부부가 협의이혼을 한 경우에는 이혼신고일을 기준으로, 이혼소송을 하는 경우에는 이혼소송의 사실심 변론종결일을 기준으로 재산분할 대상 재산과 가액을 산정한다.

4) 재산분할 합의

위자료 합의와 마찬가지로, 재산분할의 액수와 방식 역시 부부의 합의로 정할 수 있다. 통상 재산분할합의서를 2부 작성하여 부부가 각 서명과 날인을 하여 1부씩 나누어 갖는 방식을 이용한다. 위 사례의 부부 역시 재산분할 합의 내용이 포함된 '협의이혼합의서'를 작성하는 방식으로 재산분할에 합의했다.

대개의 부부들이 위 사례의 A남이 작성한 협의이혼합의서 내용과 비슷하게 재산분할 합의서를 작성한다. 하지만 이보다 좀 더 자세히 합의서를 작성하는 편이 좋다. 특히 부부 일방이 재산분할청구권을 포기하는 내용으로 재산분할합의를 할 경우에는 재산분할 대상이 되는 재산목록, 각 재산의 액수, 부부 쌍방의 기여도 등에 대한 내용도 포함시키는 것이 안전하다. 최근 판례에 의하면, 부부가 협의이혼 할 것을 합의하는 과정에서 이를 전제로 재산분할청구권을 포기하는 재산분할합의서를 작성한 경우, 부부 쌍방의 협력으로 형성된 공동재산 전부를 청산, 분배하려는 의도로 재산분할의 대상이 되는 재산액, 이에 대한 쌍방의 기여도와 재산분할 방법 등에 관하여 협의한 결과 부부 일방이 재산분할청구권을 포기하기에 이르렀다는 등의 사정이 없는 한 재산분할 합의의 효력이 부정되기 때문이다.

합의서는 이런 식으로 작성하면 된다.

〈재산분할 합의서〉

A남과 B녀는 이하의 내용과 같이 이혼 후의 재산분할에 관한 합의를 한다.

재산목록 및 가액

– 적극재산

1. A남 명의 서울 서초구 OO로 OOO길 OO아파트 OOO동 OOOO호 (15억 원)

2. A남 명의 서울 마포구 OO로 OOO길 OO아파트 OOO동 OOOO호 (10억 원)

3. A남 명의 OO루OOOO 렉서스 자동차 (7,000만 원)

4. A남과 B녀 공동명의 경기 하남시 OO로 OOO길 토지 OOO㎡ (10억 원)

5. B녀 명의 서울 강남구 OO로 OOO길 OO아파트 OOO동 OOOO호에 대한
   임대차보증금반환채권 (7억 원)

6. B녀 명의 OO조OOOO 그랜저 자동차 (3,000만 원)

– 소극재산(채무)

1. 서울 마포구 OO로 OOO길 OO아파트 OOO동 OOOO호 아파트를 담보로
   한 A남의 OO은행에 대한 채무 (3억 원)

   [순 재산 총 40억 원(43억–3억)]

   재산분할의 방식 및 이유 (특유재산, 기여도 등)

1. A남 명의의 서울 서초구 OO로 OOO길 OO아파트 OOO동 OOOO호는
   A남이 2007. 모친 OOO으로부터 상속받은 특유재산이며, B녀는 위

아파트에 거주한 적이 없고, 혼인기간 중 소득을 올리지 않았으므로, 위 아파트의 가치 증가 또는 가치 감소 방지에 기여한 바가 없다. 따라서 위 아파트는 이혼 후 그대로 A남이 소유한다.

2. A남 명의의 서울 마포구 OO로 OOO길 OO아파트 OOO동 OOOO호의 소유권(10억 원)은 A남이 혼인 전부터 소유하고 있던 특유재산이며, B녀는 혼인기간 중 소득이 없었으므로, 위 아파트의 가치 증가 또는 가치 감소 방지에 기여한 바가 없다. 따라서 위 아파트는 이혼 후 그대로 A남이 소유하며, 위 아파트를 담보로 한 OO은행에 대한 A남 명의 채무(3억 원)도 그대로 A남에게 귀속되는 것으로 한다.

3. A남 명의의 OO루OOOO 렉서스 자동차는 이혼 후 A남이 그대로 소유한다.

4. A남과 B녀 공동명의의 경기 하남시 OO로 OOO길 토지 OOO㎡는 A남의 소득으로 구매한 것이므로, 이혼 후 그대로 A남이 소유한다.

5. B녀 명의 서울 강남구 OO로 OOO길 OO아파트 OOO동 OOOO호에 대한 임대차보증금반환채권은, B녀가 위 아파트에서 오랫동안 거주한 점, 현재 위 아파트에서 B녀와 딸 OOO가 거주하고 있는 점을 고려하여, 이혼 후 그대로 B녀가 보유하는 것으로 한다.

6. B녀 명의 OO조OOOO 그랜저 자동차 소유권은 이혼 후 그대로 B녀가 소유한다.

7. 이상의 재산분할의 방식은 혼인기간 중 공동재산에 대한 A남과 B녀의 기여도, 특유재산의 법리, 자녀 양육 및 부양적인 측면에 대한 고려에 의하여 A남과 B녀의 진정한 합의에 의하여 정한 것으로, A남과 B녀는 본 합의서 1.~7.항 합의에 반하여 재산분할을 청구하지 않기로 한다.

A남과 B녀는 재산분할합의서 2부에 각 서명날인 후 1부씩을 소지한다.

A남 (인)

B녀 (인)

재산분할에 합의할 때는 재산분할의 비율, 재산분할의 방법에 대해 충분히 고민하여 합의서를 작성하여야 한다. 뒤에서 설명하겠지만, 기여도, 혼인기간 등에 따라 자신이 받을 수 있는 재산액을 뽑아보고, 이 금액 이상으로 합의를 하도록 하여야 하며, 최소한 자신이 받을 수 있는 금액보다 현저히 적은 금액으로 합의를 하는 일은 없어야 한다.

위 사례에서 B녀의 경우 재산분할 비율에 대해 제대로 알아보지 않고 섣불리 남편 A남이 작성한 재산분할합의서에 서명날인을 해버렸는데, 이는 치명적인 실수다.

한편 위자료 합의와 마찬가지로 협의이혼을 전제로 한 재산분할 합의는 실제로 협의이혼이 이루어진 경우에 효력이 있는 것이고, 협의이혼을 하지 못하여 이혼소송이 진행될 경우에는 효력이 없다. 따라서 협의이혼을 하기로 하면서 자신에게 너무 불리한 내용으로 재산분할 합의를 한 경우에는 협의이혼을 하지 말고 이혼소송을 진행하거나, 시간이 흐른 후 다시 협의이혼을 하며 새롭게 재산분할 합의를 하면 된다. 다만, 협의이혼을 합의하면서 작성한 재산분할합의서의 내용은, 이혼소송에서 법원이 재산분할 비율을 산정할 때 고려하는 참고사항이 될 수는 있다.

불리한 재산분할에 합의해버린 B녀로서는 A남과 협의이혼을 하면 안 된다. 이대로 협의이혼을 하게 된다면, 불리한 합의내용으로 재산분할이 이루어지게 되기 때문이다. B녀는 협의이혼의사확인신청을 취하하고, A남을 상대로 이혼 및 재산분할청구소송을 제기하여, 이혼소송 과정에서 적극적으로 재산분할에 대해 다투어야 한다.

<u>5) 재산분할 비율의 결정</u>

재산분할에 있어 가장 중요한 것은 부부 양쪽이 얼마의 비율로 공동재산을 나누어 가질 것이냐의 문제다.

재산분할청구 사건에서 재산분할 비율의 결정은 법원의 재량에 맡겨져 있고, 법원은 통상적으로 ① 공동재산 형성 및 유지에 대한 기여도, ② 공동재산의 액수, ③ 혼인기간, ④ 자녀 양육관계, ⑤ 혼인파탄의 원인, 유책행위의 유무 및 정도 등 부부 쌍방의 일체의 사정을 고려하여 재산분할 비율을 결정한다.

이 중 가장 중요한 결정기준은 '재산 형성 및 유지에 대한 기여도'이다. 통상 부부가 맞벌이를 하는 경우 재산분할 비율은 50 대 50으로 정해지는 것이 타당하고, 아내가 가정주부인 경우에도 육아와 가사를 전담하며 남편의 경제활동을 내조하였다면 원칙적으로는 50 대 50의 비율을 기본으로 하여 재산을 분할해야 한다. 그러나 부부 두 사람의 기여도 차이가 크다면, 기여도가 큰 쪽으로 유리한 재산분할 비율이 결정되기 마련이다. 예를 들어, 남편의 월급이 아내의 월급보다 월등히 많은 경우, 남편이 사업을 하며 많은 재산을 모은 반면 아내는 가사노동만을 한 경우 등에는 남편에게 유리하게 재산분할 비율이 정해질 가능성이 높다.

다만, 이러한 경우에도 혼인기간이 긴 경우에는 아내도 상당히 높은 재산분할 비율을 받을 수 있다. 남편은 큰돈을 버는 반면 아내는 가사만을 전담하였다고 해도, 혼인기간이 아주 길면 아내가 오랜 기간 남편을 내조한 공이 있으므로 높은 기여도를 인정받을 수 있는 것이다.

위 사례의 경우 A남은 사업을 영위해서 높은 소득을 올린 반면, B녀는 가정주부로서 가사노동만을 하였으므로, A남의 기여도가 B녀의 기여도에 비해 높다고 보아야 한다. 따라서 A남이 B녀보다 많은 재산을 가져가게 된다. 그러나 부부의 혼인기간이 10년이 넘는 장기라는 점을 감안하면, B녀는 최소한 부부가 최초로 합의한 재산분할비율 18%보다는 더 많은 재산분할비율을 인정받을 수 있다.

6) 재산분할 청구를 할 수 있는 기간

재산분할 청구는 이혼한 날로부터 2년 이내에 할 수 있고, 이 기간이 경과하면 재산분할청구권은 소멸된다. '이혼한 날'의 의미는 협의이혼의 경우에는 이혼신고일, 이혼소송일 경우에는 이혼판결 확정일을 가리킨다.

이혼소송에서 이혼청구와 함께 재산분할청구를 하는 경우에는 특별히 청구 기간이 문제될 일은 없다. 그러나 이혼소송에서 재산분할청구를 함께 하지 않은 경우, 또는 협의이혼을 했지만 재산분할에 대한 합의가 이루어지지 않은 경우에는 청구 기간을 놓칠 여지가 있으므로, 이혼한 날로부터 2년 안에 재산분할을 청구해야 한다는 사실을 잊지 말아야 한다.

7) 재산분할 대상인 배우자 명의 재산 찾아내기

a) 사전에 부부 공동재산 목록 정리하기

재산분할청구를 위한 첫 단계는 재산분할 대상인 부부 공동재산 목록을 모두 정리해두는 것이다. 본인 명의로 된 재산을 정리하는 것은 기본이고, 배우자 명의의 재산까지 모두 찾아내서 정리해두어야 한다. 부부 사이라면 배우자가 거래하는 은행에 예치된 예금, 배우자 명의의 부동산, 채권, 주식 기타 재산에 대해 파악할 수 있을 것이다. 각 재산의 구체적인 액수까지는 몰라도, 배우자 명의로 어떠한 재산이 있는지 정도는 사전에 파악해서 정리해놓는 것이 바람직하다.

b) 내가 모르는 배우자 명의 재산 찾아내는 법

그러나 경우에 따라 배우자의 재산을 완전히 파악하기 어려울 때가 있다. 이럴 때는 일단 재산분할청구를 한 후 재산명시 신청, 재산조회 신청, 사실조회 신청, 금융거래정보제공명령 신청 등을 통하여 배우자 명의 재산을 찾아내야 한다.

- 재산명시 신청

재산명시 제도란, 재산분할청구 사건에서 법원이 직권 또는 당사자 신청에 의하여 상대방에게 자신의 재산목록을 기재하여 제출하라고 명령하는 것이다. 따라서 배우자의 재산을 파악하고 싶다면, 법원에 재산명시 신청을 하면 된다.

재산분할청구를 한 당사자가 재산명시 신청을 하면, 법원은 우선 재산명시 신청서를 상대방에게 송달하여 이에 대한 의견을 표명할 기회를 주고, 신청서 기재내용과 상대방 의견을 종합하여 재산명시가 필요한지 여부를 결정한다. 법원이 재산명시가 필요하다고 인정하면, 상당한 제출기간을 정해 재산상태를 명시한 재산목록을 제출하도록 명한다. 법원이 재산명시를 명령하면, 그런 명령을 받은 당사자는 자신이 갖고 있는 재산목록을 제출하여야 한다.

- 재산조회 신청

재산명시명령을 거부하거나 거짓의 재산목록을 제출하면 과태료가 부과될 수는 있으나, 재산명시제도는 당사자가 스스로 자신의 재산목록을 제출하게 하는 것이므로, 이를 통해 배우자의 모든 재산을 완전히 파악하기에는 다소 부족

할 수가 있다. 이럴 때 보다 확실하게 배우자의 재산을 파악할 수 있는 방법이 재산조회 제도이다.

재산명시 절차에 따라 제출된 재산목록만으로는 재산분할청구사건의 해결이 곤란하다고 인정할 경우에, 법원은 직권 또는 당사자의 신청에 의하여 상대방 명의의 재산에 관하여 조회할 수 있다. 따라서 배우자가 제출한 재산목록에 누락된 사항이 있거나, 재산목록을 신뢰할 수 없다고 판단된다면 법원에 재산조회신청을 함으로써 배우자의 재산을 파악할 수 있다. 재산조회를 신청할 때는 신청서에 ① 조회 대상 당사자, ② 조회할 공공기관, 금융기관 또는 단체, ③ 조회할 재산의 종류, ④ 과거의 재산보유 내역에 대한 조회를 요구하는 때에는 그 취지와 조회기간, ⑤ 신청취지와 신청사유를 기재하여 제출하면 된다.

이렇게 재산조회 신청을 하면, 법원은 신청인으로부터 재산조회에 필요한 비용을 미리 받고, 신청서에 기재된 각 공공기관, 금융기관, 단체 등으로부터 회신을 받아 조회 대상 당사자(배우자)의 재산들을 조회하게 된다. 이처럼 재산조회 제도는 재산명시 제도와 같이 당사자가 직접 재산목록을 제출하게 하는 것이 아니라, 각 기관을 통하여 배우자 재산목록을 조회하는 것이기 때문에 보다 정확하고 확실하게 재산을 파악할 수 있다.

– 사실조회 신청, 금융거래정보제출명령 신청
재산조회 제도를 이용하여 여러 공공기관, 금융기관, 단체를 통해 배우자의 재산을 파악할 수도 있지만, 각 기관에 대하여 사실조회 신청, 금융거래정보제출명령 신청을 하여 배우자의 재산을 파악할 수도 있다.

예를 들어, 배우자가 A라는 회사에 대하여 얼마간의 채권을 갖고 있다는 사실을 증명하여 이를 재산분할 대상에 포함시키고자 한다면, A회사에게 배우자가 채권을 갖고 있는지 여부 및 채권의 액수에 대해 사실조회 신청을 하여 회신을 받으면 된다. 만약 배우자 소유 부동산을 알아야 한다면, 국토교통부에 대해 배우자 명의의 부동산이 있는지 여부에 대한 사실조회 신청을 할 수 있다. 배우자가 은행예금 및 채권을 보유하고 있는 것은 알고 있지만, 구체적으로 어느 은행에 얼마의 예금을 갖고 있는지 모를 경우에는 배우자의 주거래은행들에게 배우자의 통장 계좌 및 거래내역에 대한 금융거래정보제출명령 신청을 하여 회신을 받음으로써 이를 확인할 수 있다.

c) 배우자가 재산을 빼돌렸다면?

만약 배우자가 재산분할 대상인 부부 공동재산을 다른 사람 명의로 돌려 놓거나 재산을 처분하여 이를 은닉하는 행위를 한다면, 이에 대해 어떻게 대처 해야 할까?

배우자가 재산분할청구권의 행사를 방해한다는 것을 알면서도 재산권을 목적으로 하는 법률행위를 한 때에는, 가정법원에 그 법률행위의 취소 및 원상 회복을 구할 수 있다. 예를 들어, 위 사례의 A남이 부부 공동재산인 하남시 토지를 형에게 증여하고 토지의 등기를 이전하였다면, B녀는 법원에 A남과 형 사이의 토지증여 계약을 취소하고, 형 명의로 이전된 토지의 등기를 다시 A남 명의로 돌려놓을 것을 청구할 수 있는 것이다. 만약 A남에게 토지를 증여받은 형이 이를 다시 자신의 친구에게 매매하였다면, 형과 친구 사이의 매매계약, A남과 형 사이의 증여계약을 순차로 취소하고 토지 소유권을 다시 A남 명의로 돌려놓을 것을 청구하면 된다. 이러한 청구를 '사해행위詐害行爲 취소 및 원상회복 청구'라고 한다.

그런데 사해행위 취소 및 원상회복 청구는 부부 일방의 사해행위(재산분할 청구권 행사를 해하는 행위)로 인해 이익을 받은 자(수익자)나 전득轉得한 자(전득자轉得者)가 사해행위 또는 전득 당시에 상대방 배우자의 재산분할청구권 행사에 해를 끼친다는 사실을 알지 못하는 경우에는 받아들여지지 않는다. 만약 A남이 형에게 하남시 토지를 증여할 때 형이 A남으로부터 토지를 증여받음으로써 위 토지에 대한 B녀의 재산분할청구권 행사를 방해한다는 사실을 알지 못했다면, 위 증여를 취소할 수 없는 것이다. 따라서 실제 사해행위취소소송에서는 수익자와 전득자가 수익행위, 전득행위 당시 재산분할청구권 행사에 해를 끼침을 알고 있었는지 여부가 주요한 쟁점이 된다.

사해행위취소청구는 사해행위가 있음을 인지한 날로부터 1년, 사해행위가 있은 날로부터 5년 내에 제기하여야 하며, 이 기간이 경과하면 더 이상 청구를 할 수 없다. 이 점에 유의하여, 위 기간 내에 소송을 제기하도록 해야 한다.

8) 재산분할 많이 받기 위한 팁

a) 배우자와 협상하여 유리한 조건으로 합의하기

어떻게 하면 재산분할을 최대한 많이 받을 수 있을까? 가장 좋은 방법은 당연히 배우자와 합의를 통하여 많은 재산을 분할 받는 것이다. 빤한 스토리를 되풀이해서 강조하는 것 같지만, 이혼에 이르는 과정 전반에서 가장 중요한 것이 배우자와의 대화와 협상이다.

협의이혼 시에 재산분할에 대한 합의를 하는 경우는 물론이고, 이혼 및 재산분할청구 소송에서도 배우자와의 합의가 있으면 유리한 조건으로 조정이 성립될 수 있기 때문에 소송에 들어갔다고 해서 배우자와의 협상을 포기할 일은 아니다.

어떠한 방식으로 배우자와 합의에 이를지는 개별 사안에 따라 달라지는 것이나, 기본적인 협상의 기술은 상대에게 원하는 것을 주고 나도 원하는 것을 받는 방법이다.

예를 들어, 유책행위를 한 배우자가 이혼을 원하여 소송을 제기했는데, 당신은 배우자의 유책행위를 증명할 수 있는 증거를 갖고 있다고 가정해보자. 이러한 상황에서는 특별한 사정이 없는 한 배우자의 이혼청구는 기각될 가능성이 높다. 이 때 당신 역시 이혼을 할 마음이 있다면, 배우자에게 최대한 많은 재산을 주면 이혼에 응하겠다는 식으로 협상을 시도해볼 수 있다. 배우자가 진정 당신과 이혼하기를 원한다면 재산분할 부분에 대해서 어느 정도의 손해는 감수할 수도 있기 때문이다. 배우자가 이혼소송을 제기하였지만, 사실 재판상 이혼사유가 존재하지 않거나 재판상 이혼사유의 존재를 증명하는 데에 난항을 겪고 있는 상황에서도 마찬가지의 방법으로 배우자와 협상을 해볼 수 있다.

또 다른 예로, 만약 당신이 배우자와 함께 부부 공동재산인 건물에서 식당을 운영하고 있는데, 이 식당 건물은 재산적 가치가 그렇게 크진 않지만 배우자가 이 식당에 굉장한 애착을 갖고 있다고 하자. 이런 상황이라면, 당신은 이 식당 건물 소유권 전부를 배우자에게 주되, 이외의 다른 재산은 당신에게 귀속되게 하는 것으로 재산분할 합의를 시도할 수 있다. 반대로 당신이 식당 건물을 갖고 싶다면, 다른 재산은 어느 정도 포기하면서 식당 건물을 당신 소유로 하게 만드는 재산분할 합의를 하면 된다.

한편 앞선 사례의 B녀와 같이, 재산분할에 대한 정보 부족으로 배우자의 말만 듣고 불리한 내용의 재산분할 합의를 하여서는 절대로 안 된다. 반드시 명심해야 할 사항이다.

b) 공동재산 형성과 보존을 위한 노력을 강조할 것

배우자와 재산분할 합의를 이루지 못한다면, 결국 법원의 심판에 따라 재산이 분할된다. 위에서 이미 설명했거니와, 재산분할 비율을 결정하는 가장 중요한 기준은 공동재산 형성에 대한 부부 쌍방의 기여도다. 그렇다면, 유리한 재산분할 비율을 받아내기 위해서는 기여도를 강조할 필요가 있지 않을까. 즉, 당신은 부부 공동재산 형성과 보존과 증식에 최대한의 노력을 기울였고, 이러한 노력의 정도가 배우자에 비해 크다는 점을 주장하고 증명해야 하는 것이다.

당신의 수입이 배우자에 비해 월등히 많다면 이 부분을 주장하며 당신과 배우자의 수입을 증명할 급여명세서, 세금신고서 등등의 자료를 제출하자. 또 당신이 주식투자나 부동산투자에 성공하였다면 당신의 재테크로써 부부 공동재산이 크게 증식되었다는 점을 주장하며 주식거래계좌나 부동산 매매계약서, 부동산의 가격 상승을 나타내는 각종 자료들을 제출하면 좋다. 이처럼 당신의 기여도가 배우자에 비해 높은 경우에는 공동재산의 형성 및 증식 과정에서 당신이 기여한 부분을 설명하고, 이를 증명할 자료를 제출함으로써 기여도를 인정받을 수 있다. 위의 사례에서 A남의 경우에는 이러한 전략을 이용해야 한다.

반대로, 객관적으로 당신보다 배우자의 기여도가 더 높은 것으로 보이는 경우에는 어떤 전략이 필요할까? 남편은 큰 사업을 하여 많은 수입을 얻어온데 비해 아내는 가정주부로서 육아와 가사만 전담한 경우가 가장 일반적이다. 위 사례의 B녀가 바로 이러한 경우다. 이럴 때 아내 입장에서는, 자신이 육아와 가사에 최대한 노력하여 남편이 사업에 집중할 수 있게 하였다는 사실을 진술하면서, 이러한 내조를 통하여 공동재산의 보존에 큰 기여를 하였음을 강조하는 전략이 필요하다. 내조의 공을 증명할 객관적인 자료를 찾는 것은 쉬운 일이 아니지만, 육아와 가사를 전담하여 내조를 한 사실을 최대한 구체적이고 논리적으로 진술하고, 이웃 사람들이나 부모, 친지들의 진술, 필요하다면 자녀들의 진술을 확보하는 등 사실 증명을 위해 최대한의 노력을 기울인다면, 재판부도 이러한 주장을 신뢰할 수 있다.

9) 배우자의 재산 처분을 미리 막을 수 있는 방법

a) 가압류와 가처분

재산분할을 청구한다면 반드시 선행해야 할 조치가 바로 가압류와 가처분이다. 위자료를 청구하는 경우에도 마찬가지다. 만약 재판에서 위자료, 재산분할청구가 받아들여졌다 하더라도, 그 사이 배우자가 자기 명의의 재산을 제3자에게 처분하였다면, 그 집행이 불가능하게 되어 실제로 위자료와 재산분할을 받을 수 없는 사태가 발생한다. 이를 방지하기 위한 조치가 바로 가압류, 가처분이다.

가압류, 가처분은 채권의 집행을 보전하기 위하여 채무자(배우자)의 재산 처분행위를 임시로 막는 것이다. 이 중 가압류는 금전채권(돈을 받을 권리)의 집행보전을 위한 것이고, 가처분은 채권자와 채무자가 다투고 있는 대상에 관한 집행을 보전하거나 임시의 지위를 구하기 위한 것이다.

가압류와 가처분의 차이에 대하여 간단히 이렇게만 알아두자. 첫째, 가압류는 배우자의 부동산, 동산, 채권에 대해 모두 실행할 수 있지만, 가처분은 사실상 부동산에 대하여만 할 수 있다고 보아야 한다. 따라서 배우자가 제3자에 대하여 채권을 갖고 있거나 은행에 대하여 예금채권을 갖고 있는 경우에는 가처분이 아니라 채권가압류를 신청해야 하는 것이다. 둘째, 배우자로부터 위자료나 재산분할로 금전(돈)을 받고자 하는 경우에는 배우자의 재산에 대해 가압류를 해야 한다. 반면, 배우자로부터 금전이 아니라 어떠한 재산 그 자체를 받고자 하는 경우에는 그 재산에 대한 가처분을 하면 된다. 예를 들어, 재산분할로 배우자 명의의 아파트 소유권을 받고자 한다면, 이 아파트의 매매나 기타 처분을 금지하는 가처분 신청을 하라는 것이다.

가압류, 가처분은 소송 진행 중에도 할 수 있지만, 배우자가 재산을 은닉하는 것을 방지하기 위해서는 소송 제기 전이나 소송이 진행되는 중이라도 배우자 재산을 파악하는 즉시 미리 가압류, 가처분을 해놓는 것이 좋다. 이혼소송 제기 전 가압류, 가처분 신청을 하는 경우에는 가압류, 가처분할 대상이 있는 곳을 관할하는 법원에 신청하고, 이혼소송 제기 후에는 이혼소송을 관할하는 법원에 신청하면 된다.

b) 사전처분

이혼소송을 제기한 이후에는 가압류, 가처분 외에도 사전처분 제도를 활용하여 배우자의 재산 처분을 방지할 수 있다.

이혼소송의 제기나 이혼 조정 신청, 심판청구 등이 있는 경우에 가정법원, 조정위원회 또는 조정담당판사는 사건의 해결을 위해 특히 필요하다고 인정한 경우에는 직권 또는 당사자의 신청에 의해 상대방이나 그 밖의 관계인에 대해 아래와 같은 처분을 할 수 있고, 이를 사전처분이라 한다.

① 현상을 변경하거나 물건을 처분하는 행위를 금지하는 처분
② 사건에 관련된 재산의 보존을 위한 처분
③ 관계인의 감호와 양육을 위한 처분
④ 그 밖의 적당하다고 인정되는 처분

부부 일방은 이혼 및 재산분할 청구를 한 이후 이 사건을 관할하는 법원에 '② 사건에 관련된 재산의 보존을 위한 처분'으로서 재산분할 대상이 되는 배우자 재산의 처분을 금지하여 줄 것을 신청할 수 있다. 참고로 재산분할의 대상인 재산뿐만 아니라 위자료 지급의 재원이 되는 배우자 재산에 대하여도 사전처분을 신청할 수 있다.

사전처분 신청서에는 재산분할 대상이 되는 배우자 명의 재산을 명시하고, 재산분할청구 사건의 합리적인 해결을 위해 배우자의 해당 재산 처분을 금지해야 할 필요가 있다는 점을 기재하면 된다.

가압류와 가처분은 이혼소송을 제기하기 전에도 신청할 수 있지만, 사전처분은 이혼소송이 제기된 이후에만 신청할 수 있다. 이러한 사전처분이 내려지면, 배우자는 해당 재산을 처분할 수 없게 되어 가압류, 가처분과 같은 효과를 얻을 수 있다.

만약 당사자가 사전처분을 받고도 이에 위반하여 재산을 처분한 경우에는 가정법원, 조정위원회, 조정담당판사의 직권이나 권리자의 신청에 의해 결정으로 1천만 원 이하의 과태료가 부과될 수 있다.

사전처분 제도에 대하여 조금 더 설명하고 싶다. 가사소송 및 심판의 경우 법원의 최종적인 판단이 내려지기 전에 재산 및 양육 등에 관한 일정한 처분이 필요할 때가 있기 때문에, 우리 법은 사전처분 제도를 두고 있다. 위 ① ~④ 의 처분 내용을 보면 알겠지만, 사전처분에는 비단 위자료와 재산분할 대상 재산의 처분을 막는 처분만이 존재하는 것이 아니다. 재산 및 양육 사항 전반에 걸쳐 다양한 사전처분이 존재한다. 예를 들어, 임시로 양육자를 정하는 사전처분, 미리 양육비의 지급을 구하는 사전처분도 있다. 임시 양육자 지정, 양육비 지급의 사전처분은 '③ 관계인의 감호와 양육을 위한 처분'에 해당하는 것이다. 이러한 효과는 가압류, 가처분으로는 얻을 수 없는 것이다. 이처럼 위자료, 재산분할 청구를 위한 재산보존 외에도, 양육비, 양육자 지정, 면접교섭 등 전반에 걸쳐 사전처분을 신청할 수 있으므로, 이혼소송 과정에서 사전처분을 효과적으로 이용할 필요가 있다.

10) 위자료와 재산분할 지급 강제수단

a) 이행명령 신청

재산분할 청구가 인용되었거나 조정이 성립하였음에도 상대방이 재산분할 의무를 이행하지 않는 경우가 있다. 위자료 청구가 인용되었음에도 위자료를 지급하지 않는 경우도 있다. 이럴 때는 이행명령을 신청하여 상대방의 위자료 지급의무, 재산분할의무 이행을 강제할 수 있다.

가정법원은 판결, 심판, 조정조서, 조정을 갈음하는 결정 또는 양육비부담 조서에 의하여 ① 금전의 지급 등 재산상의 의무, ② 유아의 인도 의무, ③ 자녀와의 면접교섭 허용 의무 중 어느 하나에 해당하는 의무를 이행하여야 할 사람이 정당한 이유 없이 그 의무를 이행하지 아니하는 경우에는 당사자의 신청에 의하여 일정한 기간 내에 그 의무를 이행할 것을 명할 수 있다. 이를 이행명령이라 한다.

이행명령은 위자료 지급 판결을 한 법원, 재산분할심판을 한 법원에 신청하면 된다. 이행명령 신청서에는 위자료 지급이나 재산분할을 명하는 판결, 조정, 심판이 있었다는 사실 및 배우자가 위자료 지급의무나 재산분할 의무를 이행하지 않고 있다는 사실을 적시하면 된다.

만약 상대방이 이행명령을 받고도 정당한 이유 없이 위자료, 재산분할 지급의무를 이행하지 않으면, 가정법원 · 조정위원회 또는 조정담당판사는 직권 또는 권리자의 신청에 의해 결정으로 1천만 원 이하의 과태료를 부과할 수 있다. 또한, 만약 법원의 이행명령이 위자료와 재산분할로서 금전을 정기적으로 지급하라는 명령이었을 경우, 상대방이 정당한 이유 없이 3회 이상 금전 지급의무를 이행하지 않은 경우에는 가정법원은 권리자의 신청에 의해 결정으로

30일 이내의 범위에서 금전지급의무를 이행할 때까지 상대방을 감치監置에 처할 수 있다. 따라서 상대방이 이행명령에 따르지 않을 경우에는 과태료부과신청 및 감치신청을 통하여 상대방을 압박할 필요가 있다.

b) 강제집행

배우자에게 집행할 재산이 충분히 있는 경우에는 위자료나 재산분할을 명하는 판결, 조정조서 등을 집행권원執行權原으로 하여 배우자 재산에 대한 강제집행을 할 수 있다.

제7부
우리 아이,
내가 키우고
싶다면?

이혼에서 재산 외에도 또 하나의 주요한 쟁점이 되는 것이 바로 자녀양육권
이다.

부부는 이혼을 해도 부모자식 간의 관계는 변하지 않는다. 물론 자녀에 대해
큰 관심이 없는 비정한 부모도 있지만, 대부분은 그렇지 않다. 피는 물보다
진하다고 하지 않던가? 많은 부모들은 여건만 된다면 이혼 후에도 본인이 아
이를 양육하고 싶어 하고, 이 때문에 이혼을 할 때 양육권에 대한 분쟁이 잦
은 것이 현실이다.

 양육권 외에도 면접교섭권, 양육비 역시 다툼의 대상이다.

이처럼 자녀 문제를 두고 다투는 부부들이 꼭 명심해야 할 것이 있다. 양육자
지정, 면접교섭권의 방식, 양육비의 액수 등... 이 모든 것은 다 아이를 위한
방향으로 결정되어야 한다는 것이다. 부모의 욕심으로 아이를 불행하게 만드
는 일은 결코 없어야 한다.

무엇보다, 아이의 행복이 우선이다.

1장. 우리 딸, 절대 양보 못해!

가. '딸바보' 엄마아빠의 양육권 다툼

결혼 5년차의 A남, B녀 부부는 고부始婦갈등으로 인하여 오랜 기간 힘들어하다가, 최근 이혼에 합의했다. A남은 해외 명문대를 졸업하고 국내 대기업에서 다년간 근무하다 IT 기반의 스타트업을 창업한 사업가이고, A남의 아버지는 명망 있는 대학교수, 어머니는 개인병원 원장으로, 소위 '잘 나가는' 집안이었다. 그에 비하여 B녀는 작은 언론사에 다니는 기자였고, 집안 역시 평범한 편이었다. A남과 B녀는 스펙과 집안의 차이를 사랑으로 극복하고, 오랫동안 연애를 하여 결혼에까지 이르렀다.

그러나 결혼 후에 B녀가 부딪힌 시媤월드는 상상을 초월할 정도였다. 우선, B녀는 시어머니의 강요로 인하여 억지로 직장을 그만두게 되었다. B녀는 비록 봉급이 높거나 사회적으로 인정받는 것이 아닐 수 있어도, 자신의 직업에 애착을 갖고 있었다. 그러나 시어머니는 부부가 결혼을 하자마자 다짜고짜 B녀에게 직장을 그만두라고 하였다.

"이제 결혼했으니, 사업하는 남편 뒷바라지해야지. 아이도 가져야 하고. 이번 달까지만 하고, 직장 그만두도록 해라."

"어머니. 하지만… 저로서는 어렵게 입사한 곳이고, 몇 년 동안 일한 곳이에요."

B녀는 시어머니에게 직장을 그만두고 싶지 않다는 의사를 분명히 밝혔다. 그러나 시어머니는 "그런 델 다녀서 뭐하냐?" "그거 얼마나 번다고?" "누가 며느리 뭐 하냐고 물어보면, 이름도 못 들어본 인터넷 신문사 얘기 꺼내기도 싫다. 가정주부가 오히려 낫지." 등의 이야기로 B녀의 자존심에 상처를 입혔고, 끊임없이 퇴사를 강요하였다. 결국 B녀는 직장을 그만둘 수밖에 없었다.

허나 이것은 시작에 불과했다. 시어머니는 계속하여 A남과 B녀를 비교하고, 두 집안을 비교하며 B녀와 친정을 무시하는 언사를 내뱉었다. B녀는 어떻게든 참아보려 노력했지만, 자신이 왜 이런 대접을 받고 살아야 하는 것인지 서러움이 복받쳐 오를 때가 한두 번이 아니었다. 만약 남편 A남이 시어머니의 행동을 제지할 수 있었다면, 상황은 달랐을 것이다. 그러나 A남은 지나치게 유순한 성격인데다, 어렸을 때부터 어머니의 말을 한 번도 어긴 적이 없는 사람이었다. A남은 아내를 무시하는 어머니에게 단 한마디도 하지 못하였다. 이런 A남을 보며, B녀는 서운하기도 하고 답답하기도 하였다.

그래도 B녀가 참을 수 있었던 것은 눈에 넣어도 아프지 않을 네 살배기 외동딸 때문이었다. B녀만의 생각인지는 모르지만, 딸은 B녀를 꼭 빼닮은 얼굴을 하고 있었다. 가사와 육아를 하고, 시어머니의 등쌀에 시달리는 힘든 생활이었지만, 딸을 보고 있으면 힘이 났다. 이 아이를 위해서라면 뭐든 다 할 수 있을 것이란 생각이 들었다.

이런 금지옥엽 외동딸의 생일에 최악의 사건이 벌어지고 말았다.

부부 슬하 외동딸의 네 번째 생일. 부부는 A남과 B녀의 부모님들을 집으로 초대해서 가볍게 식사를 하며 함께 딸의 생일을 축하해주었다.

"자! 승미야. 이거 받아라. 우리 승미, 인형이랑 옷 좋아하지?"

시어머니는 손녀의 생일선물로 바비인형과 원피스를 준비했다.

"할머니께 고맙습니다, 해야지."

B녀가 딸을 보며 말했다.

"하…머니, 고맙습니다."

딸은 더듬거리며 할머니께 고맙다는 말을 전했다. 문제는 여기에서 터졌다.

"우리 승미는 예쁘고, 잘 먹고, 잘 걸어다니고 다 좋은데, 말이 좀 느려."

사실 부부의 딸은 다소 말이 느린 편이어서, 부부도 내심 걱정을 하고 있었다. 특히 B녀는 시어머니 때문에 직장을 그만두고 딸의 육아에만 전념하면서, 딸만큼은 정말 최고로 키우고 싶은 마음을 가졌기 때문에, 쉽사리 딸의 말문이 터지지 않자 조바심이 나던 터였다.

"엄마 닮아서 그렇지. 아빠를 닮았으면 벌써 말 잘했을 텐데. 안타까워."

시어머니는 이렇게 덧붙이고는 진심으로 안타깝다는 표정을 지었다. B녀는 너무나 어처구니가 없어서, 얼굴이 붉어졌다. B녀의 친정 부모님도 당황하고 불쾌한 기색이 역력했다. 더욱더 어이없는 건 그 다음이었다.

"그러게요, 어머니. 그런데 금방 말 잘 할 거에요. 걱정 마세요."

A남이 시어머니의 말에 이렇게 덧붙였던 것이다. 이로 인하여, B녀의 A남에 대한 감정은 서운함과 답답함을 넘어 분노에까지 이르게 되었다.

악몽이 된 딸의 생일잔치 이후, 부부의 관계는 급속도로 악화되었다. B녀는 이대로는 도저히 남편 A남과 시어머니를 견뎌낼 수 없었다. B녀는 A남에게 진지하게 이혼을 원한다고 이야기하였다. A남은 B녀의 입장을 이해한다고는 하면서도 이왕 지금까지 참은 것 조금 더 참아보라고 하면서, 어머니도 나이가 들면 나아질 거라는 이야기를 하여 B녀의 속을 긁어놓았다. A남은 이에 그치지 않고, 시어머니에게 B녀가 이혼을 원한다는 이야기까지 해버렸다. 이에 시어머니는 B녀에게 전화를 걸어서 폭언을 퍼부었다. "미친 X이 주제를 모르고 이혼 얘기를 하냐?" "이럴 거면 왜 우리 아들에게 시집을 와서 아들을 이혼남 만드는 거냐?" "먹여주고 재워줬더니, 배은망덕하게 이혼 얘기를 꺼낸단 말이냐?" 이

과정에서 부부 사이는 완전히 파탄이 나버렸다.

결국 부부는 이혼을 하기로 했다. 두 사람은 이혼 자체에는 합의하였지만, 재산분할 문제에 있어서는 의견 충돌을 빚었다. A남도 그렇지만, 시어머니까지 끼어들어, "우리 집안에 빈손으로 왔으면 빈손으로 나가라!" 식으로 나왔던 것이다. 그러자 B녀도 지지 않고 맞불을 놓았다. "어머님 때문에 이혼을 하게 되었으니 이 문제로 위자료 청구를 하겠어요!" 이미 이혼을 결심한 마당에, 더 이상 당하고만 있기는 싫었던 것이다.

그보다 더 큰 문제는 양육권이었다. 두 사람은 딸의 양육권에 대해서 한 치의 양보도 없었다.
"승미는 내가 키울 거야."
"내가 키울 거야."
"엄마가 키우는 게 낫지."
"요즘 세상에 그런 말이 어딨어? 아빠는 부모 아니야?"
B녀도 그렇지만, A남 또한 딸을 끔찍이도 아꼈다. A남은 바쁜 회사 생활 속에서도, 늘 아침에 딸을 어린이집에 데려다주고, 주말에는 모든 일정을 비우고 딸과 시간을 보냈다. 요즘 흔히 말하는 딸바보 아빠였다. 그렇기 때문에 딸과 헤어진다는 생각은 도저히 할 수가 없었다. 아내와는 헤어질지라도 딸과 떨어져 지낼 수는 결코 없었다. 이는 B녀도 마찬가지라, 부부 간의 양육권 분쟁은 예정된 수순이나 다름없었다. 물론 시어머니도 "네가 뭔데 우리 손녀를 데리고 가냐!" 하면서 역정을 내었다. 부부는 이 문제를 갖고 몇날며칠 오랜 시간 대화를 나눴으나, 끝내 타협을 하지 못했다.

결국 부부는 이혼소송을 통하여 딸의 양육권을 다투게 되었다. B녀는 이혼 소장을 접수하기 전날 밤, 딸의 자는 모습을 바라보았다.
'무슨 일이 있어도 널 뺏기지 않을게.'

B녀는 다짐하고 또 다짐했다.

나. 꼭 알아둘 법률상식 : 친권, 양육권, 면접교섭권

1) 친권과 양육권의 의미

친권親權 이란 부모가 미성년 자녀에 대해서 가지는 신분·재산상 권리와 의무를 말한다. 구체적으로, 친권자자인 부모는 자녀에 대하여 ① 자녀를 보호·교양할 권리와 의무, ② 자녀의 거소를 지정할 수 있는 권리, ③ 자녀의 보호·교양을 위해 필요한 징계를 할 권리, ④ 자녀의 재산에 대해 관리할 권리 및 자녀의 재산상 행위를 대리할 권한을 갖는다.

양육권養育權은 부모가 미성년인 자녀를 자신의 보호 하에 두고 키우면서, 이러한 양육에 필요한 사항을 결정할 수 있는 권리를 뜻한다. 양육에 필요한 사항을 결정할 권리란 자녀를 보호·교양할 권리와 의무, 자녀의 거소를 지정할 수 있는 권리 등을 의미하는 것이므로, 결국 양육권은 친권에 포함되는 개념이라고 볼 수 있다.

부모는 공동으로 친권과 양육권을 행사하지만, 부모가 이혼하는 경우에는 친권자와 양육자를 부모 중 일방 또는 쌍방으로 지정하여야 한다. 이 때 친권자와 양육자를 각각 달리 지정할 수 있는데, 이러한 경우에는 친권의 효력은 양육권을 제외한 부분에만 미치게 되어, 자녀 양육과 관련한 부분에서는 양육자가 친권자에 우선하게 된다. 그러나 실무상 친권자와 양육자를 각각 다르게 지정하는 경우는 드문 일이고, 최근에는 부모를 공동친권자로 정하는 일도 드물다. 대부분 친권자와 양육자를 같은 사람으로 지정한다.

2) 친권자 및 양육자의 지정

친권자와 양육자의 지정은 1차적으로 부부의 합의에 의해서 결정된다. 그러나 부부가 합의를 할 수 없거나 합의가 이루어지지 않은 경우에는 가정법원이 개입하여 이를 결정한다. 친권자와 양육사항의 결정은 자녀의 복리를 위해 반드시 필요한 부분이기 때문이다.

협의이혼을 하는 경우, 부부가 이혼에 대한 합의 외에도 자녀의 양육과 친권에 대한 합의가 반드시 필요하다는 점은 제3부 협의이혼 부분에서 이미 설명한 바 있다. 즉, 협의이혼을 할 때 부부는 친권자의 지정 및 양육자의 지정 등 양육에 관한 사항(양육자의 결정, 양육비용의 부담, 면접교섭권의 행사 여부 및 방법)에 대해서도 합의를 해야 한다. 만약 부부가 친권자 및 양육자 지정에 대하여 합의할 수 없거나 합의가 이루어지지 않는 경우에는, 가정법원이 직권으로 또는 당사자의 청구에 따라 친권자 및 양육자를 지정한다.

이혼소송을 하는 경우에도 친권자의 지정 및 자녀 양육에 관한 사항은 자녀의 복리를 위해서 반드시 정해져야 할 부분이다. 이혼소송 시에 부부는 우선 합의를 통하여 양육자의 지정 등 양육에 관한 사항을 정할 수 있으며, 만약 부부가 친권자 및 양육자 지정에 대하여 합의할 수 없거나 합의가 이루어지지 않는 경우에는 가정법원이 직권으로 또는 당사자의 청구에 따라 양육자를 지정하게 된다. 친권의 경우에는, 가정법원이 직권으로 친권자를 지정하나, 대부분의 경우 양육자와 친권자를 일치시키기 때문에, 특별한 사정이 없는 한 양육자를 친권자로 지정한다고 보면 된다.

위 사례에서 본 부부는 딸의 양육권을 누가 갖는지에 대하여 합의를 이루지 못했다. 그리하여 B녀는 이혼 및 양육자 지정 소송을 제기하였다. 결국 딸의 양육자는 가정법원의 판단에 맡겨진 것이다.

한편, 이혼소송의 경우에는 임시로 양육자를 정해달라는 사전처분을 신청할 수 있다. 사전처분이 인용되면, 사전처분을 신청한 자가 임시 양육자로 지정되어 법원의 판결 전까지 자녀를 양육할 권리를 갖게 된다.

3) 우리 아이, 내가 키우기 위해서는?

a) 배우자와의 합의

협의이혼이든 이혼소송이든, 양육자의 지정 등 자녀 양육에 대한 사항은 부부가 합의로 정할 수 있다. 그러므로 양육자가 되어 아이를 키우고 싶다면, 배우자와 이러한 내용으로 합의를 하는 것이 우선이다.

배우자가 자녀 양육을 포기한다면 아무 문제가 없지만, 배우자 역시 자녀를 양육하고 싶어 한다면 양육권을 놓고 부부가 치열한 줄다리기를 해야 한다.

만약 배우자에 비해 당신의 양육환경이 좋고 자녀들도 배우자가 아니라 당신과 살고 싶어 한다면, 배우자에게 이런 점을 설득시키고 협상을 해볼 수 있다. 배우자 역시 자녀들의 부모인지라, 자녀들이 보다 나은 환경에서 자라나길 원할 것이며, 자녀들의 의사를 존중할 것이기 때문이다. 특히 배우자가 이혼 후에 곧바로 다른 이성과 동거하거나 결혼을 할 예정일 때는, 배우자가 새로운 가정을 꾸리는 데에 자녀들이 걸림돌이 될 수도 있고, 자녀들 역시 새로운 환경에 적응하기 힘들다는 점을 지적함으로써 배우자가 양육권을 포기하게 만들 수 있다.

다른 한편으로는, 배우자에게 충분한 면접교섭권을 보장해주어 자녀들과 계속 밀접한 관계를 유지할 수 있게 해주고, 재산분할이나 양육비 부분에서 일정 부분 배려와 양보를 해주는 방식으로 배우자를 설득해보는 것도 필요하다.

b) 법원으로부터 양육자로 지정 받기

부부 간에 합의가 되지 않으면 법원이 직권 또는 당사자의 신청에 의해 양육자를 지정한다. 따라서 배우자와 합의를 이루지 못했다면, 협의이혼의 경우 양육자 지정 심판청구를 하고, 이혼소송의 경우에는 이혼청구와 병합하여 양육자지정청구를 구하면 된다.

법원으로부터 양육자로 지정받기 위해서는, 법원이 양육자를 결정함에 있어 고려하는 사정들이 어떤 것인지를 알고, 이를 바탕으로 법원을 설득하여야 한다. 법원은 자녀의 복리를 최우선적으로 고려하여 양육자를 지정하며, 구체적으로는 ① 부모의 경제력, ② 부모의 자녀에 대한 애정, ③ 부모의 양육의사, ④ 부모의 양육방식, ⑤ 교육환경 및 주거환경, ⑥ 자녀의 성별과 연령, ⑦ 부모와 자녀 사이의 친밀도, ⑧ 자녀의 의사 등을 종합적으로 고려한다.

위의 요소들을 전체적으로 고려했을 때 당신의 양육환경이 배우자의 양육환경에 비해 우월한 경우라면, 이러한 사실을 있는 그대로 주장하면 된다. 즉, 당신이 자녀를 양육하기에 재산과 소득이 충분한 점, 양육방식이 합리적이고 자녀의 복리에 도움이 된다는 점, 자녀에 대해 애정을 갖고 있고 자녀와 친밀한 관계를 유지하고 있는 점, 자녀 또한 계속해서 당신과 살고 싶어 한다는 점 등을 강조하면 된다.

반대로 배우자의 양육환경이 보다 우월한 경우나 양쪽의 우열을 가리기 힘든 경우라면, 배우자에 비해 당신이 유리한 요소들을 적극적으로 주장하고, 실제로 유리한 요소를 만들기 위해 노력해야 한다. 예를 들어, 당신이 배우자에게 경제력 측면에서는 뒤지지만 자녀와 친밀한 관계를 유지하고 있다면, 이 부분을 적극적으로 강조하고, 실제로도 자녀와의 관계에 신경을 써서 자녀를 당신의 편으로 만들라는 것이다. 앞선 사례의 B녀는 경제력 측면에서 A남에 비해 열위에 있으나, 딸의 육아를 전적으로 담당하고 있으므로, 딸의 양육자로 지정되려면 이러한 점을 적극적으로 어필하여야 한다. 반대로 A남은 B녀에 비해 경제적으로 풍요로워 딸의 양육에 유리하다는 점, 비록 주로는 B녀가 딸을 양육하고 있지만, 자신도 아침마다 어린이집에 딸을 데려다주고 주말에도 항상 딸과 시간을 보낸다는 사실 등을 내세울 필요가 있다.

실무적으로 보면, 양육자 결정에서 '자녀의 의사'가 굉장히 중요한 요소로 작용하고 있다. 특히 자녀가 13세 이상인 경우에는, 자녀의 의견을 들을 수 없거나 자녀의 의견을 듣는 것이 오히려 자녀의 복지를 해칠 만한 특별한 사정이 있는 경우를 제외하고는 법원이 양육자 지정 심판에 앞서 반드시 자녀의 의견을 청취하도록 하고 있다.

또한 부모의 양육환경이 현저하게 차이가 나지 않는 이상, 현재 자녀를 양육하고 있는 자를 양육자로 지정하는 경향이 있다. 따라서 당신이 자녀를 양육하고 싶다면, 자녀와 좋은 관계를 유지하면서 자녀가 당신과 살고 싶어 하게 만들고, 가능하다면 배우자가 아닌 당신이 자녀를 양육해야 한다. 이러한 점을 잘 아는 사람들은 실제로 이혼을 앞두고 아이를 데리고 집을 나가기도 하고, 배우자가 데리고 나간 아이를 다시 빼앗아오려 하기도 한다. 물론 자녀 양육을 확보하기 위해서 이미 배우자가 양육하고 있는 아이를 물리력을 이용하여 빼앗아오는 일은 삼가야 하며, 이러한 사실은 오히려 양육자 지정에서 불리한 요소로 작용할 수도 있다.

부부가 함께 자녀를 양육하고 있는 경우에는, 아내(어머니)가 양육자로 지정되는 경우가 많으며, 특히 자녀의 나이가 어린 경우는 이러한 경향이 보다 강하다. 이러한 점에서 보면, 위 사례의 경우 어머니인 B녀가 딸의 양육자로 지정

될 가능성이 높다. 그러나 이것은 경향일 뿐이지 절대적인 것이 아니므로, 남편 입장에서도 양육권을 포기할 것이 아니라 자기에게 유리한 요소를 적극적으로 강조하고 스스로도 유리한 요소를 만들어서 양육자로 지정되기 위해 노력해야 한다.

4) 배우자가 데려간 우리 아이 되찾기: 양육자 변경심판 청구

이혼 당시 자녀의 친권자 및 양육자를 지정한 이후에도, 자녀의 복리를 위해 필요한 경우에는 친권자 및 양육자를 변경할 수 있다. 친권자의 변경은 가정법원에 친권자 변경심판 청구를 함으로써 할 수 있으며, 양육자 변경은 부모 간의 합의 또는 가정법원에 양육자 변경심판 청구를 통해 할 수 있다.

법원이 양육자 변경 여부를 결정할 때는 역시 양육자 지정 시와 마찬가지로 ① 부모의 경제력, ② 부모의 자녀에 대한 애정, ③ 부모의 양육의사, ④ 부모의 양육방식, ⑤ 교육환경 및 주거환경, ⑥ 자녀의 성별과 연령, ⑦ 부모와 자녀 사이의 친밀도, ⑧ 자녀의 의사 등의 요소를 종합적으로 고려한다. 따라서 만약 양육자 지정 이후에 양육자의 경제력이 악화되었다거나, 양육자와 자녀 간의 관계가 악화되었다거나, 자녀가 양육자의 변경을 원하는 경우 등의 사정이 있는 경우에는 자녀의 복리를 위해 양육자 변경이 필요하다는 점을 소명하며 양육자 변경심판 청구를 하여 아이를 되찾아올 수 있다.

<u>5) 비양육자가 아이를 데려가서 돌려주지 않을 땐?</u>

a) 유아인도심판 청구

이혼 후 상대방이 자녀를 데려가서는 양육자에게 다시 보내주지 않는 경우 양육자는 상대방 주소지 관할 가정법원에 자녀를 돌려보내달라는 내용의 유아인도심판 청구를 할 수 있다.

법원은 특별한 사정이 없는 한 유아인도 청구를 인용하는 심판을 하고 상대방에게 유아인도명령을 내린다.

법원의 유아인도심판 확정 전에 자녀를 신속히 인도받아야 할 이유가 있는 경우라면, 심판이 확정되기 전에 법원에 유아인도 사전처분을 신청하면 된다.

b) 유아인도명령이 내렸는데도 이행하지 않는다면?

상대방이 유아인도명령을 따르지 않고 양육자에게 자녀를 돌려보내주지 않는 경우에는 이행명령 신청을 할 수 있다. 상대방이 이행명령에 따르지 않으면 과태료부과 신청을 할 수 있으며, 과태료 부과 후 30일 이내에 자녀를 인도하지 않는 경우에는 감치명령 신청을 할 수 있다.

또한, 유아인도심판정본을 권원으로 하여 집행관을 통해 상대방으로부터 자녀를 강제로 데려오는 강제집행을 할 수도 있다. 다만, 강제집행 시에 자녀가 거부 의사를 표하면 양육자라 할지라도 강제로 자녀를 데려올 수 없다는 점은 알아두어야 한다.

6) 면접교섭권

a) 면접교섭권의 의미 및 내용

면접교섭권이란 비양육자가 자녀와 접촉할 수 있는 권리다. 이혼 후에 양육자로 지정되지 않은 자도 여전히 자녀의 부모이기 때문에 자녀와의 면접교섭을 할 권리가 인정되는 것이다. 한편 자녀 역시 비양육자인 부모와 면접–교섭할 권리를 갖는다.

자녀와의 면접교섭은 자녀와의 직접적인 만남, 서신이나 이메일 교환, 전화통화 등 다양한 방법을 통해 이루어질 수 있다.

b) 면접교섭의 행사 여부, 방법, 범위의 결정

– 부모 간의 합의 또는 면접교섭허가심판 청구

협의이혼이든 이혼소송이든, 면접교섭의 행사여부, 방법, 범위에 대해서는 부모가 합의해서 정할 수 있다. 면접교섭에 대해서 합의를 할 때는, 예를 들어 '매주 토요일 오전 10시에 양육자 모 B녀가 비양육자 부 A남의 집에 딸을 데려다주고, A남은 오전 10시부터 오후 2시까지 면접교섭을 하며, 면접교섭이 끝난 이후에는 딸을 B녀의 집으로 데려다준다.' 같은 식으로, 면접교섭의 일시를 규칙적으로 정하고, 면접교섭 시간, 인도장소, 면접장소 등을 자세하게 정하는 것이 좋다. 이렇게 하여야 자녀가 안정적으로 생활할 수 있고, 면접교섭과 관련하여 이혼한 부모 간에 분쟁이 생기는 것을 예방할 수 있다.

만약 부모 간에 면접교섭에 대한 합의가 이루어지지 않으면 가정법원에 면접교섭허가심판을 청구할 수 있다.

- 면접교섭의 사전처분

이혼소송 중에 부부 일방이 자녀를 양육하며 상대방 배우자와 자녀 간의 만남을 막고 있는 경우에는, 사전처분 제도를 이용할 수 있다. 이혼소송을 관할하는 법원에 자녀와의 면접교섭을 허가해달라는 사전처분 신청을 하면 된다. 법원이 사전처분 신청을 받아들여 면접교섭을 허가하는 처분을 하면, 소송이 끝나기 전에도 자녀와 면접-교섭할 수 있다.

c) 면접교섭권이 제한되거나 배제되는 경우

가정법원은 자녀의 복리를 위하여 필요한 때에는 당사자의 청구 또는 직권에 의하여 면접교섭을 제한하거나 배제할 수 있다. 구체적으로 어떤 경우에 자녀의 복리를 위하여 면접교섭권이 제한, 배제될 수 있을까? ① 자녀가 면접교섭을 원치 않는 경우, ② 비양육자(면접교섭권자)에게 현저한 비행 등 친권상실 사유가 있는 경우, ③ 비양육자의 유책행위가 자녀의 복리에 좋지 않은 영향을 끼칠 우려가 있는 경우, ④ 비양육자가 면접교섭 과정에서 양육자에 대한 근거 없는 비방을 하거나 정당한 사유 없이 면접교섭 방식이나 조건을 변경하는 경우, ⑤ 비양육자가 자녀를 탈취할 우려가 있는 경우 등이다.

양육자는 위와 같은 사유가 있는 경우 자녀의 복리를 위하여 면접교섭권이 제한되거나 배제될 필요성이 있다는 점을 소명하며 가정법원에 면접교섭 제한 및 배제 신청을 할 수 있다.

d) 양육자가 면접교섭을 방해할 경우에는?

양육자가 비양육자에게 자녀를 보내주지 않는 등 합의된 면접교섭을 방해한다면, 비양육자는 법원에 면접교섭허용의무 이행명령을 신청할 수 있다. 양육자가 이행명령에 따르지 않으면 가정법원은 직권 또는 당사자의 신청에 의해 1천만 원 이하의 과태료를 부과할 수 있다. 따라서 양육자가 이행명령에도 불구하고 자녀와의 면접교섭을 방해한다면, 법원에 과태료 부과 신청을 통하여 양육자를 압박할 수 있다.

2장. 아이는 나 혼자 키워?

가. 아이 엄마가 양육비를 줄 수 없대요!

A남과 B녀는 슬하에 다섯 살배기 아들을 두고 있는 결혼 7년차의 40대 부부다. A남은 대기업 인사팀에서 근무하고 있는데, 늘 야근의 연속이었다. 가정주부인 B녀는 A남에게 불만이 많았다. A남이 늘 집에 늦게 들어오고, 주말에는 집에서 잠만 자다보니, 제대로 된 결혼생활을 하는 것 같지 않았다. 불만은 아들이 태어난 이후로 더욱더 커졌다. B녀는 A남이 아들의 육아에 신경 쓰지 않고, 자기만 아들을 돌보는 것에 큰 스트레스를 받았다. 물론 A남은 A남대로 사정이 있었다. 아이를 돌보고 싶어도, 회사 업무 때문에 도무지 시간이 나지 않고, 주말에는 주중의 과도한 업무로 인한 피로가 몰려와 쉴 수밖에 없었던 것이다. 그렇다고, A남이 주말에 아들을 나 몰라라 한 것은 아니었고, 나름대로 아들을 돌보려 애를 썼다. 다만 너무나 피곤했을 뿐이었다.

이러한 문제로 부부 사이는 점차 소원해져갔고, 급기야 아내에게는 다른 남자가 생겼다. 아침에 아들을 어린이집에 보내고 나서 자주 가던 카페의 사장 C남과 눈이 맞은 것이었다. 평일 오전의 카페는 한산했고, 그곳에서 B녀는 C남과 여유롭고 재밌는 대화를 나눴다. 행복한 시간이었다. 그러다 다시 아들을 데리고 집에 올 때면, 마치 지옥에 온 것 같은 기분이 들었다.

A남이 B녀의 불륜사실을 알게 되어, 부부는 돌이킬 수 없는 강을 건너게 되었다. B녀는 "당신도, 아이도 지긋지긋해!"라는 말을 남기고 집을 나가 C남과 동거를 시작했다. A남은 졸지에 혼자서 아이를 키우게 된 것이다.

그렇게 1년이 지났다. A남은 집안일을 하고 아들을 돌봐줄 도우미 아주머니를 고용했을 뿐 아니라, 종종 어머니의 도움도 받아가며 B녀의 빈자리를 채웠다. 직장을 다니며 아이를 돌보는 것이 쉽지는 않았지만, 그럭저럭 해나갈 만했다. 오히려, B녀의 투정과 핀잔을 듣지 않는 것이 편하기도 했다. 다만, 아들이 엄마를 찾을 때는 가슴이 아팠다. 그러나 어쩔 수 없는 일이었다.

B녀는 집을 나간 지 1년이 지난 어느 날 A남을 찾아왔다. C남과 결혼을 하기로 했다면서, 호적 정리를 하자는 것이었다.

"그놈이랑 결혼을 한다고?"

"응."

"대단하다, 진짜."

"긴 말 할 거 없고, 이혼하자."

"뭐, 그래야지. 진작 했어야 했는데."

A남은 이혼을 하자는 B녀의 말이 놀랍지 않았다. 당연한 수순이었다. 이미 1년 전에 부부 사이는 파탄이 난 것이었기 때문이다. 이제 와서 B녀와 다시 잘 해보고 싶은 생각도 전혀 없었다. 한 가지 걸리는 것은 아이 문제였다.

"당신 혹시 우리 아이..."

"당신이 키워. 양보할게."

B녀가 A남의 말을 끊으며 말했다. A남은 헛웃음이 나왔다. 혹시나 B녀가 아이를 데려가겠다고 할까봐 걱정한 자신이 우습게 느껴졌다. 하긴, 아이가 지겹다고 했던 B녀가 아니었던가.

"대신, 양육비 받아낼 생각은 하지 말고."

"뭐야?"

"나 돈 없어. 그이도 장사 안 돼서 카페 접고 다른 일 알아보고 있고, 나도 작은 회사에서 경리 보고 있어."

"자업자득이구만."

"그래, 당신이 그런 식으로 말할 줄 알았어. 어쨌든 양육비는 못 줘."

A남은 어이가 없었다.

"이봐, 애는 나 혼자 키우는 거야? 나 애 돌보느라 도우미 아줌마 쓰는 거랑 어머니가 가끔 애 봐주시는 거에 대해서 용돈 드리는 것만 해도 한 달에 200만 원 가까이 들어."

"아, 그래? 난 월급이 200만 원이야. 당신한테 줄 돈 없어."

"나한테 돈 주라는 게 아니라, 우리 아이한테 주라는 거야."

"당신은 돈 많이 벌잖아. 당신 월급 500만 원씩 버는 거 다 아는데, 이 하찮은 200만 원짜리 봉급쟁이한테 양육비 달라는 거는 좀 그렇지 않아?"

"대답할 가치를 못 느낀다..."

A남은 B녀를 돌려보내고, 아는 변호사에게 전화를 걸었다. 변호사와 전화 상담을 한 결과, A남은 B녀를 상대로 이혼 및 양육비 청구소송을 진행하기로 하였다.

나. 꼭 알아둘 법률상식 : 양육비 청구에 대하여

1) 양육자의 비양육자에 대한 양육비 청구권

부부가 이혼한 경우에도 부모로서의 양육의무는 사라지는 것이 아니므로, 부모는 공동으로 자녀 양육에 필요한 비용을 부담해야 한다. 그러므로 이혼 후 자녀를 직접 양육하지 않는 비양육자도 양육자와 함께 자녀 양육비를 분담할 의무가 있다. 즉, 비양육자는 자녀 양육비 중 자신의 부담 부분만큼을 양육자

양육비산정기준표

	0~199만 원	200만 원~299만 원	300만 원~399만 원	400만 원~499만 원	500만 원~599만 원	600만 원~699만 원	700만 원 이상
	평균양육비(원) 양육비 구간	평균양육비(원) 양육비 구간	평균양육비(원) 양육비 구간	평균양육비(원) 양육비 구간	평균양육비(원) 양육비 구간	평균양육비(원) 양육비 구간	평균양육비(원) 양육비 구간
0세 이상 3세 미만	526,000	653,000	761,000	906,000	1,012,000	1,106,000	1,526,000
	20만 원 ~58만 9천 원	59만 원 ~70만 7천 원	70만 8천 원 ~83만 3천 원	83만 4천 원 ~95만8천 원	95만 9천 원 ~105만 9천 원	16만 원 ~131만 5천 원	131만 6천 원 이상
3세 이상 6세 미만	490,000	705,000	878,000	1,008,000	1,238,000	1,334,000	1,789,000
	23만 9천 원 ~89만 7천 원	59만 8천 원 ~79만 1천 원	79만 2천 원 ~94만 2천 원	94만 3천 원 ~112만 3천 원	112만 4천 원 ~128만 8천 원	128만 6천 원 ~154만 6천 원	154만 7천 원 이상
6세 이상 12세 미만	533,000	708,000	902,000	1,059,000	1,202,000	1,371,000	1,906,000
	18만 5천 원 ~62만원	62만 1천 원 ~80만 4천 원	80만 5천 원 ~98만 원	98만 1천 원 ~113만 원	113만 1천 원 ~128만 6천원	128만 7천 원 ~163만 8천 원	163만 9천 원 이상
12세 이상 15세 미만	604,000	755,000	947,000	1,095,000	1,305,000	1,520,000	2,046,000
	31만 3천 원 ~67만 9천 원	68만 원 ~85만 1천 원	85만 2천 원 ~102만 1천 원	102만 2천 원 ~120만 원	120만 1천 원 ~141만 2천 원	141만 3천 원 ~178만 2천 원	178만 3천 원 이상
15세 이상 18세 미만	608,000	844,000	1,115,000	1,204,000	1,424,000	1,668,000	2,270,000
	34만 3천 원 ~72만 5천 원	72만 6천 원 ~97만 9천 원	98만 원 ~115만 9천 원	116만 원 ~131만 4천 원	131만 5천 원 ~154만 6천 원	154만 7천 원 ~196만 8천 원	196만 9천 원 이상
18세 이상 21세 미만	959,000	1,185,000	1,303,000	1,361,000	1,728,000	1,974,000	2,221,000
	31만 4천 원 ~107만 2천 원	107만 3천 원 ~124만 4천 원	124만 5천 원 ~133만 1천 원	133만 2천 원 ~154만 4천 원	154만 5천 원 ~185만 1천 원	185만 2천 원 ~209만 7천 원	209만 8천 원 이상

기초 설명

1. 산정기준표의 가로축은 부와 모의 소득을 모두 합한 금액을 나타낸다. 여기서 소득이란 근로소득 또는 영업소득에 부동산 임대수입, 이자수입 등을 모두 합한 순수입 총액으로 세전소득을 적용하며, 정부 보조금이나 연금 등을 수령하는 경우에는 그 금액도 소득으로 본다.

2. 산정기준표의 세로축은 자녀의 나이 구간을 나타낸다.

3. 산정기준표의 표준양육비는 우리나라에서 약 50% 가량을 차지하고 있는 양육자녀 2명인 가구(4명 가구)를 기준으로 한 자녀 1명당 평균양육비를 나타낸다.

4. 표준양육비를 가산 및 감산할 만한 사정이 있는 경우에는 재판부의 심리를 거쳐 다음과 같은 양육비 가산 · 감산 요소들을 고려하여 구체적 양육비를 결정한다.

   ① **거주 지역(도시는 가산, 농어촌은 감산)**

   ② **자녀수(자녀 1명인 경우 가산, 자녀 3명 이상인 경우 감산)**

   ③ **고액의 치료비(중증 질환, 장애, 특이체질 등으로 인한 치료비 등)가 드는 경우**

   ④ **부모가 합의한 고액의 교육비(유학비, 예체능 등 특기 교습비)가 드는 경우**

   ⑤ **부모의 재산상황**

5. 최저양육비(부모합산소득 0~199만 원의 양육구간에서 최하한으로 표시된 금액)는 소득과 재산이 없는 무자력자인 경우에도 부모로서 부담하여야 하는 최소한의 양육비이다.

에게 지급해주어야 한다.

위 사례의 B녀는 자신에 비하여 A남의 소득이 훨씬 더 많다는 이유로 양육비를 부담할 수 없다고 하지만, 이는 말도 안 되는 주장이다. B녀 역시 아들의 어머니로서 A남과 함께 양육비를 분담해야 한다.

어떠한 방식으로 얼마의 양육비를 지급할 것인지는 이혼할 때 부부가 합의하여 정할 수 있다. 양육비 지급 방식은 정기금 형식으로 매달 얼마의 양육비를 지급하도록 정하는 것이 보통이지만, 일시금으로 한 번에 양육비를 지급받는 방식으로 합의할 수도 있다. 또한 금전으로 받는 경우가 일반적이지만, 아파트, 상가 등 부동산이나 기타 재산으로 양육비를 주고받는 것으로 합의할 수도 있다. 양육비의 액수 역시 부부가 합의하여 정한다.

만약 부부 간에 양육비에 대한 합의가 이루어지지 않은 경우에는 양육자가 비양육자를 상대로 가정법원에 양육비 지급을 구하는 심판을 청구할 수 있고, 이혼소송을 하는 경우에는 위 사례의 A남과 같이 이혼청구와 함께 양육비 청구를 할 수 있다.

한편 양육자는 비양육자에 대하여 현재 및 장래의 양육비뿐만 아니라 과거의 양육비도 청구할 수 있다. 즉, 부모 중 어느 한쪽만이 자녀를 양육해왔지만 상대방에게 양육비를 지급받지 못한 경우에는, 상대방이 부담해야 할 몫만큼의 양육비 지급을 청구할 수 있는 것이다. 위에서 본 사례의 A남은 1년 동안 아들을 양육하며 B녀에게 양육비를 지급받지 못하였으므로, 양육비 청구를 할 때 이 부분에 대해서도 청구할 수 있다.

그러나 이 경우 과거의 양육비 전부를 상대방에게 부담시키게 되면 상대방은 예상하지 못했던 양육비를 일시에 부담하게 되고, 신의성실의 원칙이나 형

평의 원칙에 어긋날 수도 있으므로, 이행청구 이후의 양육비와 동일한 기준에서 정하기보다는 양육의 경위, 양육에 소요된 비용의 내용과 액수, 상대방이 부양의무를 인식하였는지 여부 및 부양의무를 인식한 시기, 당사자들의 재산 상황 및 경제적 능력 등을 고려하여 분담의 범위를 정한다. 즉, 과거의 양육비 액수는 적절한 선으로 감액될 수 있다는 것이다.

2) 양육비, 얼마나 받을 수 있나?

양육비는 기본적으로 자녀의 연령과 부모의 수입에 의하여 결정된다. 서울 가정법원은 자녀의 연령, 부모의 수입을 기준으로 하여 재판과정에서의 법원의 양육비 결정 및 부부 간 양육비 합의 시 양육비 결정의 기초자료로서 양육비산 정기준표를 공표한 바 있다.

위 양육비산정기준표는 부모의 합산소득과 자녀의 연령을 기준으로 하여, 자녀가 2명인 가구를 기준으로 할 때의 자녀 1명당 평균양육비를 보여주고 있다. 자녀가 2명이 아니라 1명인 경우에는 위 금액에서 약 10% 가산되고, 자녀가 3명 이상인 경우에는 약 20% 정도 감산된다.

앞서 봤던 사례의 경우 A남의 소득은 월 500만 원, B녀의 소득은 월 200만 원으로 부모의 합산소득은 월 700만 원이고, 아들의 나이는 5세다. 즉, X축에서 부모의 합산소득 700만 원 이상, Y축에서 자녀의 연령 3세 이상 6세 미만의 교차구간에 있으므로, 양육비산정기준표상 표준양육비는 1,759,000원이다. 한편, 이 가정은 자녀가 1명인 가구이므로, 양육비산정기준표상 금액에서 약 10% 가산을 하여야 한다. 따라서 A남, B녀 부부 아들의 월 양육비는 약 1,934,900원(=1,759,000원 × 1.1)이다.

양육비산정기준표는 강제력이 있는 기준은 아니다. 따라서 부부가 양육비에 대해 합의할 때 반드시 이를 따라야 하는 것은 아니며, 법원도 양육비 결정을 할 때 반드시 이 표만을 기준으로 해서 양육비 액수를 산정하는 것이 아니라 개별적인 사안을 고려하여 판단한다. 그러나 양육비산정기준표가 양육비 결정의 중요한 참고자료로 이용되고 있고, 양육비의 결정에서 부모의 소득과 자녀의 연령이 가장 중요한 요소인 것은 분명한 사실이다.

그런데 부모의 소득과 자녀의 연령 외에 양육비 액수를 결정할 다른 요소들도 있다. 예를 들어보자. 부모의 소득이 높더라도 부 또는 모가 거액의 채무를 부담하고 있다거나 부양가족이 많은 경우에는, 단지 소득 기준에 따라 높은 금액의 양육비가 인정되기는 어렵다. 반면, 부모의 소득이 낮더라도 보유하고 있는 재산이 많은 경우에는 높은 금액의 양육비가 인정될 수 있다. 한편, 자녀의 연령이 낮은 경우라도 조기유학을 떠났거나 예체능 교육을 받고 있어 고액의 교육비가 드는 경우에는 높은 금액의 양육비가 인정될 수 있다. 위 양육비산정기준표의 기초설명을 보면, 서울가정법원도 이러한 점을 고려하여 ① 거주지역, ② 자녀수, ③ 고액의 치료비, ④ 부모가 합의한 고액의 교육비, ⑤ 부모의 재산상황을 양육비 가산 또는 감산의 요소로 보고 있음을 알 수 있다.

이렇게 양육비산정기준표에 의한 표준양육비와 기타 사정을 고려하여 자녀 양육비 총액을 결정하였다면, 그 다음으로 양육자와 비양육자가 어떠한 비율로 양육비를 분담할 것인지를 정해야 한다. 양육비 분담비율은 부모 각자의 소득, 재산, 기타 사정을 감안하여 정해지고, 기본적으로는 소득에 따라 결정되는 경향이 있다.

위 사례의 A남의 소득은 월 500만 원, B녀의 소득은 월 200만 원이다. 그렇다면, A남은 1,934,900원 중 약 1,382,071 원(=1,934,900 원 × 500/700), B녀는 약 552,829 원(=1,934,900 원 × 200/700)을 부담해야 한다. 따라서 A남은 B녀에게 아들의 양육비로 매월 약 552,829 원을 지급해달라고 청구할 수 있다.

3) 비양육자가 양육비를 지급하지 않는다면?

부부가 이혼하면서 양육비 지급에 대해 합의했거나 양육비 지급을 명하는 가정법원의 심판 또는 판결을 받은 후에도, 비양육자가 양육자에게 양육비를 지급하지 않는 경우가 있다. 이럴 때는 양육비직접지급명령 신청, 담보제공명령 및 일시금지급명령 신청, 이행명령 신청을 통해 양육비를 받아낼 수 있고, 비양육자의 재산에 대해 강제집행을 함으로써 직접 양육비를 확보할 수도 있다.

a) 양육비직접지급명령 신청

가정법원은 양육비채무자(비양육자)가 정당한 사유 없이 2회 이상 양육비를 지급하지 않은 경우에 양육비채권자(양육자)의 신청에 따라 양육비채무자에 대하여 정기적 급여채무를 부담하는 소득세원천징수의무자(양육비채무자에게 급여를 지급하는 회사나 개인)에게 양육비채무자의 급여에서 정기적으로 양육비를 공제하여 양육비채권자에게 직접 지급하도록 명령할 수 있다. 이를 양육비직접지급명령이라 한다. 쉽게 말해, 양육비 채무자가 근무하고 있는 회사에게 양육비를 직접 지급받을 수 있다는 얘기다.

따라서 정기적으로 양육비를 지급해야 할 양육비채무자가 2회 이상 양육비를 지급하지 않는 경우, 양육비채무자가 공직에 재직하거나 회사에서 근로자로 근무하며 정기적으로 급여를 받는 사람이라면, 가정법원에 양육비직접지급명령 신청을 함으로써 양육비를 확보할 수 있다.

양육비직접지급명령을 신청할 때는 신청서에 ① 양육비채권자 · 양육비채무자 · 소득세원천징수의무자와 그 대리인의 표시, ② 집행권원의 표시, ③ 2회 이상 양육비가 지급되지 않은 구체적인 내역과 직접지급을 구하고 있는 기한이

도래하지 않은 정기금 양육비 채권의 구체적인 내용, ④ 집행권원에 표시된 양육비 채권의 일부에 관하여만 직접지급명령을 신청하거나 목적채권의 일부에 대하여만 직접지급명령을 신청하는 때에는 그 범위를 기재하여야 한다. 또 집행권원이 되는 양육비부담조서, 법원의 판결, 조정조서 등의 정본을 첨부하여야 한다.

만약 당사자가 정당한 이유 없이 양육비직접지급명령을 위반한 경우, 가정법원·조정위원회 또는 조정담당판사는 직권 또는 권리자의 신청에 의하여 결정으로 1천만 원 이하의 과태료에 처할 수 있다.

b) 담보제공명령 및 일시금지급명령 신청

정기금으로 양육비를 지급해야 할 양육비채무자가 정당한 사유 없이 양육비를 지급하지 않는 경우, 양육비채권자는 가정법원에 담보제공명령을 신청할 수 있다. 이 경우 법원은 양육비채무자에게 상당한 담보의 제공을 명하게 된다.

담보제공명령을 신청할 때에는 신청서에 ① 신청인, 피신청인과 그 대리인의 표시, ② 집행권원의 표시 및 내용, ③ 채무자가 이행하지 않는 금전채무액 및 기간, ④ 신청취지와 신청사유를 기재하여야 한다.

법원이 담보제공명령을 내렸음에도 불구하고 양육비채무자가 정당한 이유 없이 담보제공을 하지 않을 경우에 가정법원·조정위원회 또는 조정담당판사는 직권 또는 권리자의 신청에 의하여 결정으로 1천만 원 이하의 과태료에 처할 수 있다.

또한, 양육비채무자가 담보를 제공해야 할 기간 이내에 담보를 제공하지 않는 경우, 가정법원은 양육비채권자의 신청에 의하여 양육비의 전부 또는 일부를 일시금으로 지급하도록 명할 수 있다. 따라서 양육비채무자가 담보제공명령에도 불구하고 담보를 제공하지 않았을 시에는, 양육비채권자는 가정법원에 일시금지급명령신청을 함으로써 양육비를 한 번에 받을 수 있다.

일시금지급명령을 신청할 때엔 신청서에 ① 신청인, 피신청인과 그 대리인의 표시, ② 집행권원의 표시 및 내용, ③ 담보제공명령의 표시 및 내용, ④ 신청취지와 신청사유를 기재하여야 한다.

양육비의 일시금지급명령을 받은 사람이 30일 이내에 정당한 사유 없이 그 의무를 이행하지 않은 경우, 가정법원은 양육비채권자의 신청에 의하여 결정으로 30일의 범위 내에서 그 의무이행이 있을 때까지 의무자를 감치에 처할 수 있다. 따라서 양육비채무자가 담보제공명령에 이어 일시금지급명령까지 이행하지 않는다면, 양육비채권자는 감치 명령 신청을 통하여 양육비채무자를 압박할 수 있다.

c) 이행명령 신청

양육비채무자가 양육비를 지급하지 않는 경우, 양육비를 지급하라고 판결, 심판, 조정을 했던 법원에 양육비 지급을 명령(강제)하는 이행명령을 신청할 수도 있다. 법원이 이행명령을 내린 후에도 양육비채무자가 양육비를 지급하지 않으면, 법원은 1천만 원 이하의 과태료가 부과할 수 있고, 양육비를 3기 이상 지급하지 않으면 30일 이내의 범위에서 감치에 처할 수 있다.

d) 강제집행

양육비채무자에게 집행할 재산이 있는 경우에는 양육비부담조서, 법원의 판결, 심판 등을 집행권원으로 하여 강제집행을 신청하여 양육비를 확보할 수도 있다.

4) 아이가 자라면서 양육비가 증가했다면?
- 양육비변경심판 청구

예전에 자녀의 연령을 고려해서 적절한 액수의 양육비에 합의하거나 법원의 심판을 받았지만, 이후 자녀가 성장하면서 그들의 교육과 생활에 들어가는 비용이 증가하였다면 어떻게 해야 할까?

양육비에 관한 사항을 결정한 후에 상황이 변하여 기존에 정한 양육비가 적절하지 않게 돼버린 경우에는 양육비를 변경할 수 있다. 부모가 합의하여 양육비를 변경할 수도 있고, 합의가 이루어지지 않는 경우에는 법원에 양육비변경심판을 청구할 수 있다.

따라서 자녀의 성장에 따라 양육에 필요한 비용이 증가했을 경우에는 상대방과 합의하여 양육비를 증액하거나, 법원에 양육비의 증액을 청구하면 된다. 반대로 비양육자(양육비부담자)가 양육비의 감액을 청구할 수 있는 경우도 있다. 예를 들어, 비양육자의 경제사정이 악화되었거나 양육자의 경제사정이 나아진 경우 등에는 양육비의 감액을 청구할 수 있다.

제8장
아프지만
이혼 후가 더
중요하다

어렵사리 이혼을 결심하고, 고통스러운 과정을 거쳐 이혼을 했다. 그 동안의 정신적 피로 때문에 진이 빠진다. 다른 한편으로는, 이제 다 끝났다는 생각에 안도감이 든다.

그러나 이것으로 끝이 아니다.
이혼은 끝이 아닌 새로운 시작이다.

이혼 그 자체를 목표로 하는 사람이 어디 있겠는가! 보다 나은 삶을 위하여 이혼이라는 수단을 이용한 것뿐이다. 그렇다면, 이혼보다 더 중요한 것은 이혼 후의 행복한 삶이다.

이혼 앞에서 움츠러들거나 좌절해서는 안 된다.

스스로 선택한 이혼이다. 지금보다는 더 행복해지기 위해서 한 이혼이다. 스스로에게 당당해져야 한다. 결혼생활에 실패했다고 해서 인생에 실패한 것은 결코 아니다.

이혼을 함으로써 잃은 것들을 생각하지 말고, 이혼으로 얻을 수 있게 된 소중한 것들을 생각하라. 앞으로 얻게 될 것들, 얻고 싶은 것들을 생각하라.

자, 이제 다시 혼자가 된 당신의 인생 2막이 시작된다.

1장. 새로운 만남을 두려워하지 마라!

1년 전 남편의 부정행위로 인하여 이혼한 30대의 B녀. 가정주부였던 그녀는 남편과 헤어지고 나서는 친구와 함께 옷가게를 하며 분주한 나날을 보내고 있다. 대학원 졸업 후 바로 결혼했기 때문에 사회생활을 해본 적이 없는 B녀. 그래서 옷가게 일은 여러모로 힘든 일이 더욱더 많았다. 일 때문에 몸도 힘들었지만, 마음도 힘들었다. 벌써 이혼한 지 2년이 지났지만, 남편에 대한 배신감과 이혼녀라는 꼬리표를 받았다는 좌절감은 쉽사리 극복하기 어려웠다.

A남은 그런 B녀에게 위로가 되어주는 남자였다. A남은 B녀의 옷가게 바로 옆에서 베이커리를 운영하는 남자였다. A남과 B녀는 이웃에서 장사를 하는 사이로 안면을 트게 되었고, 둘이 동갑이라는 사실을 알고 친해졌다. 요새는 둘이 함께 가게 근처에서 맥주도 마시고, 자기 전에 통화까지 하는 사이로 발전했다.

"둘이 사귀는 거야?"

함께 옷가게를 하는 친구는 B녀가 요새 부쩍 A남과 가깝게 지내는 것을 보고, 놀리듯이 물었다.

"그런 거 아니야."

"그런 거 아니긴. 이혼서류에 잉크도 안 말랐는데 벌써 남자 만나고, 제법이다. 하하.”

만약 친구가 B녀의 속내를 알고 있었다면 이런 농담을 하지는 않았을 것이다. 사실 A남은 며칠 전 B녀에게 진지하게 교제하고 싶다고 고백을 한 터였다. B녀는 너무 급작스러운 일이라 생각할 시간이 필요하다고 대답했다. 물론 B녀도 A남을 좋아했고, 그와 사귀고 싶었다. 그러나 B녀는 자신이 이혼녀라는 사실 때문에 A남과 사귈 자신이 없었다.

“내가 이혼했다는 사실을 말해야 할까? 이혼 사실을 말해도 여전히 날 좋아해줄까?”

B녀는 며칠 동안 이런 고민을 하며 밤잠을 이루지 못하였다.

한편으로, B녀는 자기만 사랑하는 줄 알았던 남편이 다른 여자와 바람을 피웠던 사실을 트라우마로 갖고 있었기 때문에, 혹시 A남도 나중에 자신을 떠나지 않을까 걱정이 되기도 하였다.

“너는 참 착한 사람이긴 한데, 좀 질리는 스타일이야.”

잔인하게도, B녀의 전 남편은 왜 바람을 피웠냐고 묻는 그녀에게 그렇게 말했었다. 이 말 때문인지, B녀는 자신이 정말 매력이 없는 여자가 아닐까, 하는 자괴감도 갖고 있었다. 이러한 감정 역시 A남과의 진지한 교제를 망설이게 하는 요인이었다.

고민 끝에 B녀는 A남의 고백을 거절하였다. 그러나 A남에게 자신의 상황을 숨기지는 않았다.

“사실은... 나 이혼했어.”

A남은 놀란 듯이 B녀를 바라보았다.

“이혼을 했다고?”

“응. 1년 전에. 미안해. 진작 얘기했어야 했는데...”

B녀는 A남에게 모든 것을 털어놓았다. 남편의 불륜 때문에 이혼을 했고, 그 때문에 다른 남자들에게도 쉽사리 믿음이 가지 않는다... 그럼에도 불구하고, 너를 좋아했다... 그러나 네가 좋은 사람인 걸 알기 때문에 이혼녀인 내가

너와 사귀는 것은 아닌 것 같다... 나는 그럴 자신이 없다...

"하..."

B녀의 고백을 들은 A남은 괴로운 듯 옅은 한숨을 쉬었다.

"진작 얘기하지 그랬어. 네가 그런 것 때문에 가슴 아팠을 거라고 생각하니, 내 마음도 안 좋다."

A남은 잠시 눈을 감았다 뜨며 말을 이었다.

"자신을 가져보는 게 어떨까? 나 그렇게 잘난 남자 아니잖아. 나한테 자신이 없어서 내 고백을 거절하는 거라면, 다시 생각해줘. 네가 이혼녀건, 애가 있건, 그런 건 나한테 중요하지 않아. 나랑 사귀자."

결과는 해피엔딩이었다. B녀는 A남과 정식으로 교제를 시작하였고, 그러면서 이혼의 아픔을 이겨내고 있는 중이다.

****

이혼 후에 새로운 만남과 사랑을 두려워하는 사람들은 뜻밖에도 아주 많다. 이혼을 했기 때문에, 아이가 있기 때문에, 다른 사람 앞에서 떳떳할 수 없어서 움츠려드는 것이다. 지난 결혼이 실패로 끝났기 때문에 다음 만남과 결혼도 실패할까봐 두려운 마음이 드는 것이다.

사실 이혼 후에 다른 이성과 교제를 하고 재혼을 한다는 것이 쉬운 일은 아니다. 우리 사회에는 이혼녀, 이혼남에 대한 편견이 여전히 존재한다. 싱글의 입장에서는 아무래도 돌아온 싱글보다는 그냥 싱글을 선호할 것이다. 그럼에도 불구하고 이러한 외부적인 장애는 얼마든지 극복할 수 있다. 내면의 자존감과 자신감만 갖고 있다면 말이다. 스스로에게 당당해질 필요가 있다.

그래, 나 이혼했어. 뭐, 문제 되는 것 있어? 이혼했다는 이유만으로 나한테 무슨 흠이 생긴 거야? 한 번 결혼에 실패했다고 두 번째 결혼도 실패하란 법 있어? 지난 결혼을 타산지석 삼아 다음 결혼생활은 정말 잘할 수 있잖아!

이런 마음가짐으로 새로운 만남에 임하면, 행여 실패는 있을 수 있어도 결코 좌절은 없을 것이다.

다른 한편으로는, 자신과 같은 아픔을 겪은 사람과 만나는 것도 좋은 방법이다. 이혼녀, 이혼남이 서로 만나게 되면 서로를 편견 없이 바라볼 수 있다. 또한, 서로의 아픔을 공감해주고 치유해줄 수 있다는 장점이 있다. 요즘에는 이혼을 경험한 사람들이 모인 커뮤니티나 소모임 활동도 활발하게 이루어지고 있으니, 이러한 통로를 이용해서 만남을 기대해볼 수도 있다.

이혼한 다음 반드시 새로운 만남에 집착할 필요는 없다. 그러나 새로운 만남을 두려워하는 일은 없기 바란다.

2장. 이혼은 했지만 여전히 아이의 부모!

A남과 B녀는 10년의 결혼생활을 끝으로 이혼하였다. B녀는 결혼생활 내내 A남의 성격 때문에 힘들어했다. A남은 지나치게 자기중심적인 태도로 B녀를 대했고, 별것 아닌 일에도 B녀에게 화를 내고 험한 말을 내뱉기 일쑤였다. 이러한 A남의 성격 탓에 부부는 이혼을 하게 되었다.

그런데 두 사람은 슬하에 막 유치원에 들어간 쌍둥이 아들을 두고 있었다. 오랫동안 아이가 생기지 않아 인공수정까지 하여 힘들게 얻은 쌍둥이로, A남과 B녀의 사랑을 듬뿍 받는 아이들이었다. 아이들에 대한 사랑이 각별했던 만큼 A남과 B녀는 이혼 과정에서 끝까지 양육권에 대해 다툼을 벌였다. A남은 소송까지 가면 B녀가 양육자로 지정될 가능성이 높다는 걸 알면서도 계속하여 양육권을 양보하지 않았고, B녀는 A남에게 충분한 면접교섭권을 보장해주고서야 양육권을 가져올 수 있었다.

그런데 최근 B녀는 이렇게 아끼는 쌍둥이들의 대화를 듣고 큰 충격을 받았다.
"토요일에 아빠랑 뭐하고 놀지?"
쌍둥이 형이 동생에게 물었다. 쌍둥이들은 매주 주말마다 A남과 시간을 보냈던 것이다.

“아빠랑 안 놀 거야. 아빠는 나쁜 놈이야.”

“아빠가 나쁜 놈이야?”

“응. 엄마가 그랬어. 아빠가 나쁜 놈이라 우리 집에서 쫓겨난 거래.”

“그럼 이제 아빠랑 놀지 마?”

“응!”

쌍둥이들의 대화를 들은 B녀는 아차 싶었다. B녀가 예전에 친구와 전화통화를 하며 A남을 험담한 것을 쌍둥이 동생이 들은 모양이었다.

“아니야. 아빠는 나쁜 놈이 아니야.”

B녀는 쌍둥이들에게 다가가 말했다. 사실 A남은 B녀에게는 나쁜 남편이었는지 몰라도, 아이들에게는 누구보다 좋은 아빠였다. B녀는 아이들이 아빠에 대해서 나쁜 감정을 갖는 것은 원치 않았다. 오히려 아빠와 좋은 관계를 맺으면서 성장하기를 바랐다.

“그런데 왜 나쁜 놈이라고 그랬어?”

“응. 그건 엄마가 장난친 거야. 아빠는 좋은 사람이야.”

“그래? 그럼 아빠는 왜 쫓겨난 거야?”

“쫓겨난 게 아니야. 아빠가 일이 있어서 주말에만 너희들 데리러 오시는 거야.”

“정말?”

“그래. 엄마가 나쁜 놈이라고 한 건 아빠한테 비밀이야!”

주말이 되어, A남이 B녀의 집에 찾아왔다.

“아빠!”

A남은 현관문을 열어주는 B녀를 보며, 굳은 표정을 지었지만, 뒤이어 아빠를 부르며 달려오는 쌍둥이들을 안아주며 환하게 웃었다. 그런 A남을 보는 B녀는 자기도 모르게 웃음을 터뜨렸다.

“왜 웃어?”

A남은 영문을 몰라 고개를 갸우뚱했다.

“아니, 당신이랑 애들이 있는 게 잘 어울려서.”

“뭐, 당연한 걸 가지고. 아빠와 자식들인데.”

“당신, 오늘 애들이랑 같이 잘래?”

“정말? 오늘은 1박하는 날 아닌데… 그래도 돼?”

“그래.”

뜻밖의 제안에, A남의 얼굴이 밝아졌다.

“고마워.”

“나도 고마워. 애들이랑 잘 놀아줘서.”

“내 애들인데 뭐… 그럼 내일 아침에 애들 데려다 줄게. 내일 봐!”

“엄마, 내일 봐요!”

B녀는 집을 나서는 A남과 쌍둥이들에게 손을 흔들어줬다.

이혼을 하면 부부는 남남이 된다. 아니, 남남보다 못하게 되기도 한다. 그러나 부모자식 간의 혈연관계는 그대로다. 남편과 이혼을 했어도 그는 여전히 내 아이의 아버지이며, 아내와 이혼을 했더라도 그녀는 여전히 내 아이의 어머니다. 그렇다면, 혼인 중의 부부와 마찬가지로 이혼한 부부 역시 각자 아버지, 어머니로서의 역할을 하며 서로 협조해야 하는 관계인 것이다.

무엇보다 아이를 생각해야 한다. 물론 아이 때문에 이혼을 하지 말라고까지 충고할 마음은 없다. 가장 중요한 것은 아이가 아닌 당신 자신이기 때문이다. 그러나 부모의 이혼으로 인하여 아이가 불행해진다면, 그것은 곧 부모의 불행이기도 하다. 이혼 후에 상대방과 다투고 상대방을 험담하거나 상대방이 아이와 만나는 것을 방해하면, 그 피해는 고스란히 아이가 받게 된다. 부모의 불화나 한쪽 부모의 부재가 아이에게 미치는 악영향은 굳이 장황하게 이야기하지 않아도 모두들 알고 있을 것이다.

아이를 둔 부모라면, 이혼한 배우자와 원만하게 지내며, 그(녀)와 함께 아이의 부모 역할을 해야 한다. 부부로서의 관계는 끝났다 할지라도, 아이의 부모로서의 협력관계는 유지하도록 하자. 내 아이를 위해서다.

기억하라. 이혼했어도 당신은 여전히 아이의 부모다.

3장. 다시 혼자: 혼자를 즐겨라!

아내와의 성격차이로 괴로워하다 2년 전 협의이혼한 40세의 잡지사 에디터 A남. 그는 이혼 후 한동안 우울한 시간을 보냈다.

"뭐가 그렇게 힘든 건데? 소원대로 이혼했잖아."

"외로워."

A남은 친구들의 물음에 이렇게 대답했다. 이혼 후에 A남이 가장 참을 수 없었던 것은 퇴근 후 집에 돌아왔을 때의 기분이었다. 얼마 전까지만 해도 집에는 아내와 아들이 있었지만, 이제는 어둡고 텅 빈 집만이 A남을 맞이하였다. A남은 이 느낌을 도저히 견딜 수 없었다.

그러던 A남은 시간이 지나며, 조금씩 외로움을 잊고 예전의 활기를 되찾았다. 새로운 여자를 만났냐고? 아니다. 혼자만의 생활을 즐기기 시작했던 것이다.

소설책 읽는 습관을 되살렸고, 요리를 배우기 시작했으며, 친구들과 맛있는 식당이나 분위기 좋은 카페도 찾아다녔다. 주말이면 훌쩍 홀로 여행을 떠났고, 친구들이나 직장동료를 집으로 초대해 가벼운 요리를 대접하며 즐거운 시간을 가지기도 하였다. 패션 스타일도 달라졌다. A남은 총각 시절 패션에 관심이 많은 멋쟁이였지만, 결혼 후에는 늘 아내가 사주던 옷만 입곤 했었다. 유부남인데 뭐 어때? 하는 생각을 했던 것이다. 그러나 이제는 다시 예전처럼 옷에 관심을 갖기 시작했다. 이혼을 했다고 해서 초라하게 보이기는 싫었다. 몸에 꼭 맞는 수트를 몇 벌 샀고, 젊은이들이 입는 슬림한 청바지에도 도전을 했다.

그러다보니 회사 동료들로부터 "다시 부활했네," "꽃중년이 따로 없네요!" 같은 기분 좋은 칭찬도 들을 수 있었다.

그뿐인가, 초등학생 아들과의 관계는 오히려 이혼 전보다 더 좋아졌다. 예전에 A남은 아들과 둘만의 시간을 보낸 적이 거의 없었고, 아직 어린 아들은 아빠보다는 엄마를 더 좋아했다. 그러나 이제는 달라졌다. 이혼 후 A남은 2주에 한 번씩 아들을 만났는데, 이때마다 아들에게 맛있는 음식을 만들어주고, 아들을 데리고 교외로 드라이브를 하기도 하며, 아들과 가까워질 수 있었다. 마치 〈아빠 어디가?〉라든가 〈슈퍼맨이 돌아왔다〉를 찍는 기분마저 들었다.

무엇이 A남을 이렇게 바꾼 것일까? 그것은 다시 혼자가 된 것에 대한 긍정적인 태도였다. 하고많은 유부녀 유부남들이 습관적으로 하는 말이 바로 이런 것 아니던가? "처녀 때가 좋았어." "총각 때가 정말 좋았는데." 결혼이 주는 안정감과 행복을 부정하는 것은 아니지만, 혼자만의 자유로운 생활 역시 나름의 장점이 있다. 그런데 유부녀 유부남일 때는 처녀 총각 때를 그리워하면서, 이혼을 하고 나서는 오히려 결혼생활이 그립다고? 혼자라서 외롭다고? 굳이 그렇게 생각할 필요가 없다.

물론 이혼하고 난 뒤의 상실감과 외로움이야 어찌 없겠는가? 그러나 이혼 후의 건강하고 행복한 삶을 위해서는 철두철미 긍정적인 태도가 필요하다.

"난 이제 이혼했어." 그렇게 생각하지 말고 다시 처녀가 되었다고, 다시 총각이 되었다고 생각하자. "이제 나는 더 이상 남편 뒤치다꺼리할 필요 없어." "더 이상 아내의 잔소리를 듣지 않아도 돼. 아무런 간섭도 받지 않고 무엇이든 내가 원하는 걸 할 수 있다고!"
그렇다, 이 자유로움을 즐겨라!

조성구

일반적으로 변호사라고 하면, 영화 〈변호인〉처럼 사회적으로 소외된 약자들을 돕고 법치주의를 지키며 사회정의를 실현하는 이 시대의 영웅, 멋진 검은색 수트를 입고 기업소송이나 인수합병 등 프로페셔널해 보이는 분야만을 넘나드는 소송의 귀재, 천분의 일의 확률을 뚫고 억울한 의뢰인들을 위해 기어코 승소하고야 마는 법정의 마법사, 아마도 이런 이미지를 떠올릴 터. 하지만 그의 행보는 조금 남다르다. 어릴 적 두뇌풀가동하며 시청했던 〈사랑과 전쟁〉을 인생 교재로 삼고, 부모님의 이혼으로 아파하는 벗들의 넋두리를 눈물 찍어가며 들어주던 감성을 역량으로 삼아 오늘도 이혼법정을 제집 드나들 듯 종횡무진 돌아다니는 반전의 변호사가 된다. 물론 부동산, 재건축 분야를 전담하며 민사소송, 형사소송, 기업소송, 법률자문 등 다양한 분야에도 전문성을 마음껏 발산하고 있지만, 이혼으로 무너진 가정에 새 빛을 던져주고 절망으로 한숨짓는 의뢰인의 얼굴에 웃음꽃을 피워주는 보람이야말로 변호사로서 끊을 수 없는 매력이라고 당당하게 고백한다. 오늘도 부도난 결혼생활로 힘들어하는 숱한 사람들에게 "돼지에게 노래를 시키느니 차라리 돼지를 팔아 카나리아를 사라," "상처뿐인 결혼보다 행복한 이혼을 택하라"고 당당히 외치는 그는 이혼법정에서 법리를 몰라 허둥대는 이들을 돕는 일에 무한한 보람을 느낀다. 그 보람이 이제는 사명이 되었고 그 사명이 이 책을 쓰게 했다. 현재 법무법인 정향 이혼전담팀 소속 변호사로 이혼/가사 사건을 전담하고 있다.

그래도
이혼해야 한다면

이혼수업

초판 인쇄 2017년 8월 24일
초판 발행 2017년 9월 4일

지 은 이 조성구
펴 낸 이 권기대
펴 낸 곳 도서출판 베가북스
총괄이사 배혜진
편   집 백승기
디 자 인 김영민
마 케 팅 황명석 강나은

출판 등록 제313-2004-000221호

주 소 (150-103) 서울시 영등포구 양산로3길 9. 201호
주문 및 문의 02)322-7241 팩스 02)322-7242
ISBN 979-11-86137-54-3 (13330)

※ 책값은 뒤표지에 있습니다.
※ 좋은 책을 만드는 것은 바로 독자 여러분입니다. 베가북스는 독자 의견에 항상 귀를
   기울입니다. 베가북스의 문은 언제나 열려 있습니다.
   원고 투고 또는 문의 사항은 vega7241@naver.com으로 보내주시기 바랍니다.

홈페이지 www.vegabooks.co.kr
블로그 http://blog.naver.com/vegabooks.do
트위터 @VegaBooksCo 이메일 vegabooks@naver.com

※ 이 도서의 국립중앙도서관 출판시도서목록(CIP)은 서지정보유통지원시스템 홈페이지(http://seoji.
nl.go.kr)와 국가자료공동목록(http://www.nl.go.kr/kolisnet)에서 이용하실 수 있습니다. (CIP제어번
호: CIP2017021391)